新时代跨区划法院探索实践丛书

执行案件审判参考

主　编　单国钧
副主编　郭月清　贾丽英

ZHIXING ANJIAN
SHENPAN CANKAO

法律出版社
LAW PRESS · CHINA
北京

图书在版编目（CIP）数据

执行案件审判参考 / 单国钧主编 ；郭月清，贾丽英副主编．-- 北京 ：法律出版社，2024．--（新时代跨区划法院探索实践丛书）．-- ISBN 978-7-5197-9610-5

Ⅰ．D925.05

中国国家版本馆 CIP 数据核字第 2024Y7U528 号

执行案件审判参考

ZHIXING ANJIAN SHENPAN CANKAO

单国钧 主 编

郭月清 贾丽英 副主编

策划编辑 陈昱希 王 睿

责任编辑 陈昱希 王 睿

装帧设计 鲍龙卉

出版发行 法律出版社

编辑统筹 法规出版分社

责任校对 王晓萍

责任印制 耿润瑜

经　　销 新华书店

开本 710 毫米×1000 毫米 1/16

印张 18.75 **字数** 301 千

版本 2024 年 12 月第 1 版

印次 2024 年 12 月第 1 次印刷

印刷 北京盛通印刷股份有限公司

地址：北京市丰台区莲花池西里 7 号（100073）

网址：www.lawpress.com.cn

投稿邮箱：info@lawpress.com.cn

举报盗版邮箱：jbwq@lawpress.com.cn

销售电话：010-83938349

客服电话：010-83938350

咨询电话：010-63939796

书号：ISBN 978-7-5197-9610-5

定价：88.00 元

凡购买本社图书，如有印装错误，我社负责退换。电话：010-83938349

新时代跨区划法院探索实践丛书

编辑委员会

初心如磐践行使命　奋楫笃行继往开来

——北京四中院十年改革探索实践纪实

（代序）

设立跨行政区划人民法院是党中央全面推进依法治国的重要部署。2014 年 12 月 30 日，北京市第四中级人民法院（以下简称北京四中院）作为跨行政区划法院改革的试点应运而生。履职十年来，北京四中院坚持以习近平新时代中国特色社会主义思想为指导，紧紧围绕“努力让人民群众在每一个司法案件中感受到公平正义”的工作目标，立足在“特”字上做文章、在“专”字上下功夫、在职能作用上显风采，不断探索跨区划法院改革发展体制机制创新，努力提升审判质量、效率、效果，坚决护航首都发展大局，践行司法为民初心，以创新实干书写了新时代首都跨区划法院探索和实践的新答卷。

十年砥砺奋进，十年春华秋实

在历史的长河中，十年或许只是短暂的一瞬，但对于北京四中院而言，却是一段充满挑战与机遇、拼搏与奋斗的光辉岁月。十年来，在市委、市委政法委的坚强领导和市高级法院的正确指导下，历届院党组及全院干警同心同德、风雨兼程，执着向前、敢于斗争，锐意进取、勇于创新，推动北京四中院从无到有、从弱到强，改革建设发展各项事业均取得了显著成绩。

——这是政治统领激活改革发展动能的十年

人民法院既是政治性很强的业务机关，也是业务性很强的政治机关，讲政治是根本、是方向、是灵魂。自建院以来，北京四中院始终牢记“政法姓党”是永远不变的根和魂，坚持把党的政治建设摆在首位，牢记人民法院首先是政治机关，出台《党组理论学习中心组学习办法》《“第一议题”学习制度》等一系列学习制度规定，按照党中央、市委工作要求，深入开展党的群众路线教育实践活动、“三严三实”专题教育、党史学习教育、党纪学习教育等各类学习教育，教育引导干警进一步坚定理想信念，增强政治定力，确保深刻领悟“两个确立”的决定性意义，不断增强“四个意识”、坚定“四个自信”、做到“两个维护”。严格落实《中国共产党政法工作条例》《中国共产党重大事项请示报告条例》，制定请示报告清单，严格执行重大事项请示报告制度，切实把党的绝对领导落实到法院工作各领域各方面各环节。严格落实意识形态工作责任制，积极主动做好新闻宣传和舆论引导工作，坚决防范和抵制“三权鼎立”“司法独立”等错误思潮，坚定不移走中国特色社会主义法治道路。

——这是勇毅担当服务中心工作的十年

服务保障新时代首都发展是机遇、是考验，更是北京四中院的职责使命。经过十年的探索实践，涉外审判、行政审判、环境资源审判、涉互联网案件审判、走私类案件审判、涉铁路案件审判已经成为北京四中院独特的职能优势和鲜明特色。北京四中院持续优化跨区划法院案件管辖格局，先后推动北京法院国际商事纠纷一站式多元解纷中心（以下简称中心）、北京国际商事法庭在本院挂牌成立，制定《北京国际商事法庭建设发展规划（2022—2025）》《域外法查明指引手册》等一系列制度文件，全力推进北京国际商事法庭高水平运行，成功审结多起全国首例案件和有影响的案件，为首都更高水平对外开放、北京“两区”

建设提供了优质司法服务保障。积极探索行政审判“四中路径”，妥善审理涉中轴线申遗、大兴机场建设、副中心建设等一系列疏解非首都功能重大项目案件。注重强化互联网案件审判，切实以案件裁判完善互联网案件审理规则，为数字经济标杆城市建设提供优质司法服务保障，多篇案件信息被上级部门采用。紧紧抓住稳定这个关键，重拳出击严打走私犯罪，常态化开展扫黑除恶斗争，推进打击整治养老诈骗等专项行动，全力维护首都安全稳定。2023年，挂牌成立环境资源审判庭，进一步创新公益诉讼案件裁判方法，建立“多元共治”生态保护法治屏障，为深化生态文明体制改革，夯实高质量发展生态基础，打造中国式现代化建设先行区、示范区贡献司法力量。

——这是司法为民做实司法公正的十年

司法审判工作，必须始终把人民群众满不满意作为评判审判质效、改革成效的标准，让人民群众切实感受到公平正义就在身边。一直以来，北京四中院注重优化诉讼服务，持续加强诉讼服务中心建设，出台《涉外、涉港澳台民事案件立案指南》等制度规范，最大限度便利群众诉讼。2021年11月，顺利完成首例跨境当事人网上立案，在院网首页设置诉服工单查询入口的创新举措得到上级法院肯定。大力推进智慧法院建设，深度运用“云谈话”、“云庭审”、电子送达等方式妥善审理系列涉“两区”建设仲裁司法审查案件，得到当事人广泛认可与高度赞誉。积极落实善意文明执行工作理念，针对案款发还不及时问题，制定“1+3”工作法则，案款发还时限大幅缩减，最大限度提升执行事项办理效率。高度重视代表委员联络工作，主动接受人大监督，通过邀请代表委员参与庭审观摩、召开座谈会等方式，听取意见建议，及时回应社会关切，十年来，组织代表委员参与庭审观摩等活动累计达千余人次。加强信息化基础设施及智能化辅助办案系统建设，研发AI助手人工智能系统，搭建全市首家司法数据中台应用体系及涉外案款发还机制，顺利实现全市首例以线上方式通过银行跨境人民币结算服务直接发还案款人民币3000余万元，为全市法院办理该类案件提供参考，进一步提升了人民群众对法院工作的满意度。

——这是锐意进取推进改革创新的十年

作为跨区划改革法院，改革是发展壮大、行稳致远的关键一招。十年来，北京四中院锚定新时代首都发展战略定位，主动识变应变求变，不断深化具有跨区划法院特点的一系列改革举措，建院之初即出台《整建制改革试点框架意见》，以落实司法责任制为重点，优化司法资源配置，探索建立审判工作扁平化管理模式。扎实开展立案登记制改革，积极探索完善有效规制虚假诉讼、恶意诉讼、违法滥诉的制度体系和政策措施，做到有案必立、有诉必理，切实保障当事人的诉讼权利。深入推进以审判为中心的刑事诉讼制度改革，加大认罪认罚从宽制度适用力度，刑事案件当庭宣判率持续保持较高水平。进一步健全完善行政诉讼管辖制度，通过开展同堂培训、政府常务会会前讲法、发布审判白皮书、公开庭审观摩等多种方式，加强与行政机关沟通协调，推动行政机关负责人出庭应诉，促进法治政府建设。2016年12月，荣获第四届“中国法治政府奖”。出台《院庭长办案工作实施方案》，强化院庭长对重大敏感、疑难复杂和新类型案件的审核把关职能。制定《专业法官会议工作规则》《审判委员会工作规则》，充分发挥专业法官会议工作机制在辅助办案决策、统一法律适用等方面的作用。建立健全案件评查工作机制，制定《案件评查工作办法》，深化案件评查结果运用，助推各领域审判质效持续优化，改革成效逐步显现。

十年成果丰硕，十年亮点纷呈

习近平总书记指出，“历史是最好的教科书，也是最好的清醒剂”。经过十年的改革探索，北京四中院逐步形成了具有跨区划法院特色、符合司法审判规律的工作模式和业务格局，一支符合特殊案件审判要求、有力服务首都中心工作的干警队伍逐步建立，社会影响力和公众认可度日渐提升。

第一，坚持“党建引领”是助推改革发展建设的根基。跨区划法院可持续高质量发展，离不开高质量党建的引领和保障。建院以来，北京四中院始终将党建工作置于重要位置，院党组定期听取机关党建工作情况汇报，研究部署机关党建工作。出台《突出党建引领　推动党建与业务工作深度融合的若干措施》《党组书记抓基层党建责任清单》《党建工作手册》等系列制度文件，创新建立党建督导员机制，层层压实党建工作责任，确保将党建工作融入审判执行工作全过程、各方面，以高质量党建引领跨区划法院工作高质量发展。持续推行“一支部一品牌”建设，发布党建品牌矩阵创建方案，开展优秀党课评选、党史知识竞赛活动，举行“传承红色基因，铸就忠诚法魂”“追梦远航青年志　挺膺担当青年行”系列主题宣讲，全面激发干警队伍精气神。行政庭党支部获评“北京市直机关先进基层党组织”称号；杨晋东同志获评“北京市直机关优秀党务工作者”称号；机关党委“创新青年干警思想政治辅导工作法”获评北京法院示范党建创新案例；立案庭荣获北京法院党建工作先进集体称号；民庭党支部“‘五学五创’学创先锋党支部工作法”获评北京法院优秀党支部工作法；综合办党支部第三党小组“活用‘三融合’工作法”、行政庭党支部第三党小组“‘政研行’党小组工作法”分别获评北京法院优秀党小组工作法。

第二，坚持“调研贯穿”是提升干部队伍专业能力的基础。提高法院现代化审判能力，必须坚持以调研开路破题。北京四中院一直高度重视调研工作，尤其是2022年新一届党组班子组建以后，坚持把调研作为科学决策的基础、展示交流的载体、历练人才的平台。牢牢坚持调研工作为大局服务、为审判工作服务、为领导决策服务，制定《关于完善调研工作格局提升调研管理水平的意见》等一系列调研制度文件，探索建立调研联络员“一对一”对接庭室机制，进一步更新调研工作理念，创新调研管理机制，强化调研激励，全院调研热情和调研氛围空前高涨，调研工作全面开花、成果丰硕，为推动跨区划法院工作现代化奠定了坚实基础。多次中标司法部及最高人民法院、中国法学会等司法研究重大课题，获得市级以上优秀调研成果奖励40余次；审理的环境污染民事公益诉讼案，入选第四批联合国环境规划署中国环境司法案例，刊载于联合国环境规划署司法门户网站；干警论文、征文荣获全国法院学术讨论会一等奖、二等奖及其他重要奖项120余人次。

第三，坚持“管理支撑”是促进审判工作提质增效的保证。推动新时代法院工作高质量发展，进一步增强人民群众的司法获得感，必须贯通审判管理与政务管理、队伍管理。北京四中院始终高度重视审判管理工作，将其作为提升审判质效、确保司法公正的重要抓手。通过建立完善的审判管理工作体系，形成分管院领导主抓、审管办（研究室）组织、评查工作人员具体负责的“日常+重点+专项”全覆盖工作体系，明确各主体职责，确保了审判管理工作的有序开展。聚焦审判质效提升，研究制定审判权责清单“1+4+1+1”系列规定、《案件信息与审判数据管理办法》、《“百日攻坚”行动方案》等规章制度，定期组织召开审判执行工作点评会、数据会商会，建立健全节点管理、分类管理和全过程全员服判息诉机制，确保案件从立案到结案的全过程顺畅有序。与此同时，坚持做好收结案调度，强化案件监督管理，积极组织开展庭审观摩活动，常态化组织开展案件评查，进一步提升各审判领域审判质效，切实以审判管理现代化推进审判工作现代化。

第四，坚持“队伍保障”是推动跨区划法院工作现代化的关键。跨区划法院高质量发展，离不开人才支撑和队伍保障。北京四中院始终高度重视人才培养，在干部队伍建设和专业能力提升方面，常态化组织开展干部调整交流工作，实施优秀年轻干部质量提升工程，为高质量发展提供坚实的人才保障。制定完善人才培养发展规划，探索建设“四中知学堂”“四中自学堂”“四中智学堂”等分类培训平台，举办分领域、多层次的教育培训和技能比武活动，有效提升干警的专业素养和履职能力。建立廉政监察员和亲情廉政监督员工作机制，结合正反典型案例开展廉政警示教育，强化监督执纪问责，确保干警干事创业清正廉洁。认真学习贯彻习近平文化思想，建强多元文化阵地，做好关心关爱干警工作，建立健全安全问题“一票否决”机制，健全完善警务相关制度机制，有力提升“三服务”质效。此外，注重强化与高校合作共建，加大先进典型培树宣传，激励全体干警积极向上，营造浓厚干事创业氛围，进一步激发全体干警的工作热情和创造力。

第五，坚持“精品战略”是提升司法效能的抓手。习近平总书记深刻指出“一个案例胜过一打文件”，司法案例在法治建设中具有无法取代的重要作用。北京四中院积极推动司法工作向精品化方向发展，以打造精品案件、精品文书、精品庭审为目标，不断提升司法审判的质量和水平。立足特殊案件管辖与特色职能定位挖掘典型案例，加强对疑难复杂案件的研究和分析，制定《典型案例培育工作方案》，各部门主动加强典型案例选送培育工作，环境污染民事公益诉讼案入选最高人民法院指导性案例，多篇案例获全国法院系统年度优秀案例分析奖项。加强对裁判文书的撰写和审核，提高文书逻辑性、说理性和规范性，使裁判文书成为展示司法公正的重要载体，连续五年组织开展优秀裁判文书评选活动，10余篇文书获评全国法院优秀裁判文书。积极开展庭审规范化建设，组织庭审观摩系列活动，充分发挥优秀庭审在查明事实、认定证据、公正裁判、服判息诉中的示范标杆作用，提升法官驾驭庭审水平，在全国法院“百场优秀庭审”评选活动中斩获佳绩。丰富精品案例转化途径，鼓励法官将精品案例的研究成果转化为法学论文、调研报告等学术成果，推动法学理论发展，充分利用现代媒体手段，将精品案例制作成短视频、漫画等通俗易懂的法治宣传资料，众多案例受到中央及首都各级媒体广泛关注，跨区划法院知名度和影响力显著提高。

十年风华正茂，今朝扬帆起航

站在承上启下的历史关口，书写继往开来的宏伟篇章，面对新时代新征程对跨区划法院工作提出的更高要求，北京四中院将进一步提高政治站位，强化使命担当，立足跨区划法院职能定位和主责主业，紧紧围绕“政治建院、专业立院、人才兴院、改革强院、从严治院、文化铸院”的工作思路，创造性地推动党中央决策部署在司法实践中落地生根，确保跨区划法院工作与新时代同向同行，与党和国家事业同频共振。

一是围绕政治建院，永葆人民法院政治机关鲜明本色。以深入学习贯彻党的二十大和二十届二中、三中全会精神为契机，旗帜鲜明把党的政治建设摆在首位，学深悟透习近平新时代中国特色社会主义思想，准确把握习近平法治思想的丰富内涵和实践要求，切实把思想和行动统一到以习近平同志为核心的党中央决策部署上来。坚持以高水平机关党建为引领，将党建工作融入北京四中院工作的各方面全过程，特别是实现机关党建与重点工作同步提高、相互促进，在国际商事法庭建设、服务“两区”建设和京津冀协同发展等重点工作的开展中，切实以严格公正司法、切实为民履职的实际行动来检验党建工作的实际成效。

二是围绕专业立院，持续推动各业务管辖领域群芳竞艳。全力推进北京国际商事法庭高水平运行，依法公正高效审结涉外商事案件，深入推进涉外商事纠纷多元化解，有效助推北京打造国际商事纠纷解决优选地。依托北京四中院丰富的行政审判实践经验，持续深化府院良性互动，充分发挥行政审判对于法治政府建设的示范效能。持续提升涉互联网案件审判影响力，围绕网络治理深入开展调查研究，总结提炼案件审判规则，为数字经济标杆城市建设提供优质司法服务保障。深化推进环境资源审判“北京实践”，创新公益诉讼案件裁判方法，持续深化区域生态环境协同治理，建立“多元共治”生态保护法治屏障。切实发挥和延伸刑事审判职能，加大对走私类刑事案件审判经验和审判规律的总结，进一步加强与海关、公安、检察院等机关的协商联动，强化对走私刑事案件的审理和宣传。更加注重执行规范化建设，创新执行财产处置方式，深化执行联动机制，着力破解执行难题。

三是围绕人才兴院，着力培养一批高素质、高层次、专家型、复合型审判人才。进一步探索将政治素质、业务素质、职业道德素质融为一体的教育培训机制，深入务实组织开展“四中知学堂”“国商法谈”等特色活动，着力建设完备的梯次化人才队伍。充分发挥“行政审判特色人才高地”的示范引领、辐射带动作用，继续深化与高等院校和科研院所合作培养人才机制，努力推进国际商事审判人才高地建设。着眼未来发展、立足队伍实际、根据干部业绩，开展常态化的人员轮岗调整，最大可能实现人尽其才、才尽其用、用人唯才。以调研联络员工作机制为抓手，定期通报调研工作任务完成情况，切实推动形成人人参与调研、人人主动调研、人人善于调研的浓厚氛围，推动专家型、复合型审判人才不断涌现。

四是围绕改革强院，切实以审判管理现代化促进审判质效全面提升。坚持审判质量优先，进一步调整完善审判权责清单、院庭长监督管理、院庭长办案等相关制度机制，进一步提升评查工作办理制度化、规范化水平，持续强化各审判领域典型案例发掘、培育及发布工作。兼顾审判效率，坚持审判分层管理和精细化管理相结合，持之以恒强化审限监督管理，扩大积案清理成效，切实提高法定审限内结案率，降低延长审限率，缩短审判周期。重视审判效果，持续加大国际商事纠纷一站式多元解纷中心规范化建设力度，加强诉前、诉中全过程调解、和解和释明工作，提升国际商事纠纷“多元调解＋速裁”工作成效。

五是围绕从严治院，努力锻造一支堪当重任、敢打敢拼、清正廉洁、业绩一流的干警队伍。注重创新管理方式方法，教育引导广大干警始终保持锐意进取、敢为人先、迎难而上的奋斗姿态，为全院高质量发展贡献力量。持续夯实严管厚爱的认识基础，切实在全院树立“严是爱、松是害”“推动干部成长进步是厚爱，让干部知规矩、守纪律、不犯错误、不受处分、顺利成长、平安生活同样是厚爱”的理性认知。持之以恒推进全面从严治党、从严治院、从严管理，持续抓好防止干预司法“三个规定”等制度执行，认真开展审务督察、督导检查、案件评查，持续巩固深化政法队伍教育整顿成果。持续完善目标责任制考核机制，强化考核结果运用，进一步激励担当作为，营造风清气正的政治生态。

六是围绕文化铸院，不断提升法院文化软实力和影响力。突出培育审判文化，以审判工作现代化服务保障中国式现代化为目标，不断提升司法审判的质量、效率、效果，争取人民群众更广泛的理解和支持，实现政治效果、社会效果和法律效果相统一。推崇廉洁修身，筑牢拒腐防线，“用身边案身边事警示教育身边人”，切实达到反面典型案例的警示、震慑作用，让“按制度办、按程序办、按职责办”的审判文化在广大干警中形成风气。坚持以文育人，提升法院文化传播力影响力，强化舆论宣传和先进典型宣传，讲好法治故事，全面展现跨区划法院良好形象。

潮平两岸阔，风正一帆悬。十来年，北京四中院坚持服务大局、司法为民、公正司法，不断巩固提升、稳中求进、守正创新，立足跨区划法院职能特点，以全面推进法院工作现代化为目标，奋力推进跨区划法院高质量发展。下一步，我们要在全面总结的基础上，传承发展、开拓创新，进一步激发争创一流的志气，锤炼攻坚克难的作风，凝聚上下一心、心齐劲足的强大合力，坚决扛起跨区划法院工作责任担当，以高度的政治自觉、饱满的精神状态、顽强的斗争意志、科学的工作方法做好做实各项工作，持续巩固和增强全院工作“好的基础、进的态势”，努力推动全院工作展现新气象、开辟新境界、实现新作为。

北京市第四中级人民法院党组书记、院长 

2024 年 12 月 30 日

目录 CONTENTS

典型案例

经验交流

理论前沿

机制探索

典型案例

中国某银行与陇川某科技公司等执行实施案

——府院异地联动执行，助推沿边产业经济转型升级

【案件基本信息】

1. 执行案号

北京市第四中级人民法院（2023）京04执恢182号

2. 事由

金融借款合同纠纷

3. 当事人

申请执行人：中国某银行

被执行人：陇川某科技公司等

【基本案情】

申请执行人中国某银行与被执行人陇川某科技公司等金融借款合同纠纷一案，中国某银行依据北京市第四中级人民法院作出的（2018）京04民初300号民事判决书向本院申请强制执行，要求被执行人陇川某科技公司等支付欠款392819837.19元。北京市第四中级人民法院在案件执行过程中进一步了解到，被执行人陇川某科技公司位于陇川县，而陇川县地处祖国西南边陲，是典型的边疆民族欠发达地区。因当地主产甘蔗，为了发展经济，陇川县政府利用当地甘蔗产业优势，在2013年引进了甘蔗生物发电项目，后因项目工程烂尾，导致陇川某科技公司欠付的银行贷款无力偿还，公司停止经营，其名下的8万平方米的工业用地使用权被北京市第四中级人民法院进行首次查封并被其他法院多次轮候查封。作为首封法院，北京市第四中级人民法院执行局一直想方设法为案涉土地寻找出路。在与申请执行人的沟通中，法院了解到，银行对案涉工程及土地使用权的现状

进行了背调，也多方寻找了意向购买人，但是始终没有收获。

在边陲地区花大价钱接手这样一个“烂摊子”，未来能用于何种经营？前景是否足够光明？接手后多久能投入生产？司法程序和行政审批会不会“卡脖子”？这些问题横亘在前，让想来投资的企业望而却步。而案涉地块如何盘活利用亦成为困扰陇川县政府的十年难题。

【执行结果】

2023 年国庆节后，北京市第四中级人民法院正式启动了对案涉地块及地上建筑物价值的司法评估工作。招商引资则由陇川县政府主导，锁定了一家产业链配套目标印染企业。2024 年春节后，北京市第四中级人民法院将案涉土地使用权上拍，最终由上述印染企业成功拍下案涉土地使用权。同时北京市第四中级人民法院联合当地政府、法院为该印染企业完成了税收核算、过户交接等手续，加速完成了行政审批流程。后相应拍卖款经过分配，一部分用于支付此前发电公司拖欠的工程款，另一部分用于偿还发电公司的银行贷款。

现产业园内，烂尾建筑已被拆除，配套印染企业也已经入驻了产业园区并开工建设。根据评估，印染厂投产后将拉动全县桑蚕纺织业总产值提升 2.5 亿元，吸纳当地各族群众就业近 2000 人，县财政税收将增加 400 万元以上。

【执行要旨】

如何盘活案涉被封的地块及实现产业园区生产线闭环升级，是财产处置的关键焦点。

北京市第四中级人民法院认为：2023 年，随着县域经济转型，执行财产处置迎来了“突破口”。陇川县位于中缅经济走廊的桥头堡，在国家大力发展沿边经济的整体规划内。近几年，陇川县产业园抢抓“东桑西移”机遇期，将原本集中在长江中下游珠江三角洲等地的劳动密集型桑蚕产业吸引到本地，陆续建设成了以丝绸纺织为主的新经济支柱产业，为沿边少数民族同胞带来了更多的就业机会和较大的收入增长，丝织品出口规模持续扩大。园区的“桑园 + 蚕茧加工 + 纺织制造 + 丝绸制造 + 服装制造”的全产业链虽已初步形成，却唯独缺少印染厂，生产生丝后还需要运往外地进行染色，之后再运回陇川县。配套企业的缺失成为当地纺织产业的进一步发展的主要阻碍。

北京市第四中级人民法院了解到上述情况，积极与陇川县政府就如何盘活案涉查封地块进行多次沟通联络，最终双方达成一致意见：由北京市第四中级人民法院及时推动案涉土地完成司法拍卖，陇川县政府引入相关产业链配套企业入驻，对闲置土地资源重新整理开发利用，实现整个纺织产业的闭环升级。

【法官后语】

案涉烂尾项目工程及被封地块不仅占用并浪费了陇川县优质的土地资源，更阻碍了陇川县产业园区一体化规划的产业升级的发展之路。北京市第四中级人民法院在本案的执行过程中，充分发挥执行智慧，打通兴边富民“新丝路”。北京市第四中级人民法院通过“府院合力+联动执行”顺利完成对案涉土地的司法拍卖并加速完成税收核算、产权过户等各项行政审批手续，解绑被封地块，引进配套企业入驻，实现了“桑园+蚕茧加工+印染加工+纺织制造+丝绸制造+服装制造”的全产业链更新升级，不仅妥善处置了涉企财产，促使“十年被困”产业园区“蝶变重生”，更加以执行工作激发了当地新质生产力的蓬勃发展，推动了沿边县域产业延链强链，为当地实现沿边产业园区一体化升级、促进全县经济社会发展贡献了生动的“北京四中院执行案例”。

编写人：北京市第四中级人民法院　詹华东

北京市房山区人民法院　丛　丹

某资产管理公司与天津某发展公司、天津某房地产信托公司等协同执行案

——多措并举妥善执行天津历史风貌建筑，切实加强历史建筑保护

【案件基本信息】

1. 执行案号

北京市第四中级人民法院（2021）京04执247号

2. 事由

金融借款合同纠纷

3. 当事人

申请执行人：某资产管理公司

被执行人：天津某发展公司、天津某房地产信托公司等

【基本案情】

天津某发展公司为融资向某银行申请金融借款，天津某房地产信托公司以其名下坐落于天津市和平区睦南道90号的房产作为抵押物提供借款担保，后因天津某发展公司无力偿还借款，某银行诉至北京市第四中级人民法院。某资产管理公司受让债权后向北京市第四中级人民法院申请强制执行，并申请对抵押的房产进行司法拍卖。执行过程中，北京市第四中级人民法院调查发现涉案抵押房产属于天津市历史风貌建筑，坐落于天津市五大道文化旅游区，毗邻爱国商人李勉之故居，2006年天津市人民政府依据《天津市历史风貌建筑保护条例》的规定，将其纳入历史风貌建筑管理。为了妥善执行，北京市第四中级人民法院高度重视，专门成立执行小组，

多次研究后为该历史风貌建筑量身定制了执行方案。在评估拍卖阶段，北京市第四中级人民法院调查收集了大量天津市关于历史风貌建筑管理的资料，并实地走访天津市历史风貌建筑管理中心，调查了解关于历史风貌建筑的管理政策，在拍卖公告中精准告知涉案历史风貌建筑的信息，为顺利拍卖打下扎实基础。

【执行结果】

2022年9月25日网络拍卖开始，经过17人157次出价，该历史风貌建筑最终在延时两个多小时后以1703万元的价格溢价178%一拍成交，天津某企业管理公司成功竞得。拍卖成交后，因该历史风貌建筑被第三人占用，为依法妥善解决交付难题，同时兼顾历史风貌建筑的保护，北京市第四中级人民法院与天津铁路运输法院利用执行“5+5”联动机制，向天津铁路运输法院申请执行保障，共享执行信息，多次与被执行人及该第三人沟通，向相关主体送达了腾房通知，并在该历史风貌建筑所在地张贴腾房公告，在此基础上，制订了现场房屋交接的计划。

2023年5月10日，北京市第四中级人民法院和天津铁路运输法院协同在天津市的房产所在地向买受人天津某管理公司进行了房屋交接，天津市和平区历史风貌建筑管理单位、物业管理公司、属地街道有关负责人员联合参加。交接现场，北京市第四中级人民法院向竞买人现场送达了对历史风貌建筑未来妥善使用、管理、修缮的《承诺书》，买受人公司法定代表人丁某在交接现场接受并签订了承诺书。至此，北京法院首次司法处置历史风貌建筑圆满成功办结。

【执行要旨】

历史风貌建筑反映了一个城市的时代特色和地域特色，承载着历史、文化、科学、艺术、人文的价值。案涉房产的执行既要最大化实现债权人的胜诉利益，同时也要符合天津市历史风貌建筑管理的相关规定，最大限度地保护历史文物。因该历史风貌建筑被第三人占用，为依法妥善解决交付难题，同时兼顾历史风貌建筑的保护，北京市第四中级人民法院与天津铁路运输法院利用执行“5+5”联动机制，汇聚执行合力，扩大异地执行保障等执行协作范围，完成执行的无缝对接及执行信息共享，攻坚跨域执行难题，实现异地法院办案的“同城效应”，顺利执结首例位于天津地区的历史风貌建筑拍卖腾退案。

【法官后语】

历史风貌建筑是一座城市的名片，是城市历史的见证者，承载着城市的文化积淀。只有把历史建筑保护好、管理好，才能发挥“实物的文书”“历史的年鉴”“文化的载体”的作用。党中央、国务院历来重视历史建筑保护工作，十八大以来习近平总书记多次作出对历史文化遗产保护的重要论述和重要指示。因此，在法院的司法工作中，对历史风貌建筑进行妥善处置和合理保护具有重大意义，是践行新发展理念、树立文化自信的一项重要工作。本案为北京法院首次司法处置城市历史风貌建筑，为办理类似案件提供了两点重要参考：一是坚持强制执行与历史建筑保护并重。评估拍卖历史建筑的目的在于变现财产价值，及时实现胜诉判决确定的权益，但是对于历史建筑这类具有特殊社会价值的财产的处置，应当坚持效率与保护并重，做好历史文化遗产的传承和保护，实现法律效果和社会效果的有机统一。二是践行公正司法理念，主动延伸司法职能。对历史风貌建筑的执行既要考虑当下，也要着眼未来，通过与相关单位携手、制定承诺书等措施，解决了历史风貌建筑拍卖后的保护问题。本案的办理彰显了北京法院贯彻落实习近平总书记关于历史文化遗产保护、传承弘扬中华优秀传统文化的使命和担当，为推动京津冀地区城市历史建筑保护工作提供了有益参考。

编写人：北京市第四中级人民法院　叶建桥　詹华东

某建筑设计公司与崔某申请承认和执行丹麦临时仲裁庭仲裁裁决执行案

【案件基本信息】

1. 执行案号

北京市第四中级人民法院（2021）京04执恢98号

2. 事由

申请承认和执行外国仲裁裁决

3. 当事人

申请执行人：某建筑设计公司

被执行人：崔某

【基本案情】

某建筑设计公司曾任命崔某为其驻北京代表处的首席代表。2008年年底，某建筑设计公司拟退出中国市场，但在中国尚有部分合同款未收取，崔某则有意愿借助某建筑设计公司的品牌和客户资源在中国设立自己的公司。经协商，双方签订了《特许经营协议》，约定由崔某代某建筑设计公司收取未偿债务，收回的款额按照一定比例作为借款提供给崔某，同时双方约定由该协议引起的相关争议按照丹麦的仲裁法通过仲裁予以最终解决。因崔某怠于返还某建筑设计公司代收款项，某建筑设计公司在丹麦申请仲裁，丹麦临时仲裁庭审理后作出最终裁决书，裁决崔某向某建筑设计公司支付人民币120余万元及相应的利息并承担仲裁费用。最终裁决书生效后，崔某一直未履行，某建筑设计公司遂向北京市第四中级人民法院申请承认和执行。

北京市第四中级人民法院根据《承认及执行外国仲裁裁决公约》（以

下简称《纽约公约》）对丹麦临时仲裁庭作出的最终裁决审查后，裁定承认和执行该最终裁决。

首次执行案件中，某建筑设计公司与崔某达成了执行和解协议。后因崔某多次违反执行和解协议约定，未按照约定的时间及金额完全履行给付义务，某建筑设计公司申请恢复强制执行。恢复执行后，承办法官查封、冻结了崔某名下的车辆、银行账户、股权，划扣了其名下保险的现金价值，并对其采取了限制高消费的强制措施。之后，崔某称因其父亲生病，资金周转困难，希望仍按照执行和解协议约定的金额继续履行，某建筑设计公司则主张按照原仲裁裁决的金额执行。由于双方对剩余应给付金额分歧较大，承办法官在依法对崔某采取强制措施的基础上，多次组织双方谈话，促成双方达成共识，最终崔某履行了还款义务，丹麦临时仲裁庭裁决的债权人的权益得到了实现。

【执行结果】

双方当事人对剩余应给付金额达成一致意见，被执行人最终履行了全部款项，本案执行完毕。

【执行要旨】

基于国际法中的司法主权原则，一国仲裁庭作出的仲裁裁决只在其本国具有既判力和执行力，若想在他国发生效力，则必须得到该国的承认和执行，如果得不到一国法院的承认和执行，当事人付出再高代价赢得的仲裁裁决也可能只是废纸一张。从这个意义上讲，执行外国生效仲裁裁决既是各国之间相互尊重主权和司法礼让的具体体现，也是实现当事人既判利益的“最后一公里”。

本案中，我国和丹麦均为《纽约公约》的缔约国，北京市第四中级人民法院根据本案争议的法律性质审查后裁定承认和执行丹麦临时仲裁庭作出的最终裁决。在执行环节中，执行法官依法对应该执行的部分通过适当程序付诸执行，强制当事人履行外国仲裁裁决确定的义务，对被执行人采取了查封、冻结名下财产、划扣保险现金价值、限制高消费等强制措施，使外国仲裁裁决中具有财产给付内容的部分得到实现，充分保护了申请执行人的合法权利，展现了中国法院公正、公平、高效、权威的国际形象。

同时，在执行过程中，北京市第四中级人民法院贯彻了善意文明执行理念，充分考虑各方的实际情况，在保障债权人胜诉权益的基础上，促成双方积极沟通协商，实现了双方满意的执行结果，为营造诚实信用的国际营商环境提供了坚实的司法保障，也对促进各国司法交流与合作具有十分重要的意义。

【法官后语】

本案是贯彻《纽约公约》和文明善意执法的典型案例。北京市第四中级人民法院在该案被执行人有悖诚信的情况下，采取了众多执行措施，有力地保障了丹麦临时仲裁庭裁决书的执行，充分保护了债权人的合法权利；同时也考虑到被执行人的家庭困难，通过多次谈话、沟通，促使双方对执行金额达成一致，体现了我国建设诚实信用的国际营商环境的决心和文明善意执法的司法温度，有利于促进我国与各国之间司法协助及经济交流。

编写人：北京市第四中级人民法院 张 琮

某工学株式会社与某商贸株式会社申请承认和执行韩国法院民事判决执行案

【案件基本信息】

1. 执行案号

北京市第四中级人民法院（2020）京04执335号

2. 事由

申请承认和执行外国法院民事判决、裁定

3. 当事人

申请执行人：某工学株式会社

被执行人：某商贸株式会社

【基本案情】

某工学株式会社与某商贸株式会社申请承认和执行韩国法院民事判决一案，北京市第四中级人民法院立案审查后，申请执行人某工学株式会社向法院申请财产保全，法院经审查作出裁定，禁止某商贸株式会社对注册于中华人民共和国国家知识产权局商标局的“××”注册商标进行转让、注销、变更注册事项和办理商标质押登记。

经审查，北京市第四中级人民法院认为某工学株式会社要求承认韩国法院民事判决并要求执行部分判决内容的申请符合法律规定，裁定承认韩国法院的判决，执行韩国法院作出并生效的××撤销商标权登记及××损害赔偿判决中所确认和维持的某商贸株式会社须向某工学株式会社履行就所记载的登记于中华人民共和国国家知识产权局商标局的商标权履行商标权转让登记手续。

执行过程中，北京市第四中级人民法院发出执行令，命令执行韩国法院判决，并要求国家知识产权局商标局协助将“××”商标的商标权人变更为某工学株式会社。国家知识产权局商标局最终按照法院的协助执行内容将“××”商标的商标权人变更为了某工学株式会社。

【执行结果】

北京市第四中级人民法院前往国家知识产权局商标局送达协助执行通知书，国家知识产权局商标局将“××”商标的商标权人变更为某工学株式会社，本案执行完毕。

【执行要旨】

此案为北京市范围内首例申请承认和执行韩国法院民商事判决的案件，且本案申请执行的内容为行为执行，以知识产权变更为执行对象申请承认和执行外国判决的国际司法协助案件在全国亦无先例。

我国与韩国之间尚未缔结相互承认和执行法院生效判决的双边条约，也未共同参加有关相互承认和执行法院判决的国际公约。北京市第四中级人民法院面对申请依据了互惠原则进行审查，依职权进行外国法查明，并参考申请人提供的韩国法院承认和执行我国法院判决的先例，从事实上认定我国与韩国存在相互承认和执行民商事判决的互惠关系。依据民诉法规定，法院审查后认为韩国法院作出的判决未违反我国法律基本原则、国家主权、安全及社会公共利益，最终裁定对该韩国法院作出的生效判决予以承认和执行。

该案申请承认和执行外国法院判决中涉及韩国企业注册商标的变更，及时审结、执结案件，保障了外国企业在我国境内注册商标权益的有效实现，促进了司法领域中外企业知识产权同一保护机制的完善和发展，有利于国际投资和营商环境的改善和提升，相关外国企业对于北京市第四中级人民法院承认和执行程序的规范性和高效性均给予了充分肯定和高度赞誉。在“一带一路”建设的大背景下，北京市第四中级人民法院依据互惠原则，积极承认和执行外国民商事判决，在平等保护外国当事人合法权益等方面作出了积极努力，使国际司法交流与合作得到巩固和发展，提升了我国司法服务和保障的国际公信力，向国际社会展示了公正高效权威以及开放包容的国际司法形象。

【法官后语】

本案的执行意义分为以下三个重要方向：一是本案是依据互惠原则对外国法院判决予以承认和执行；二是本案是北京市范围内首例承认和执行韩国法院民商事判决的案件；三是本案是国内首例以知识产权为执行标的的外国法院判决司法协助案件。

在我国与韩国之间尚未缔结相互承认和执行法院生效判决的双边条约，也未共同参加有关相互承认和执行法院判决的国际公约的情况下，北京市第四中级人民法院勇于担当和创新，适用互惠原则依法承认和执行本案韩国法院生效判决；同时，在立案审查阶段保全了案涉商标，在裁定立案执行后完成商标过户，充分保证了执行的效率和效果。本案体现了我国开放包容的大国司法姿态，使国际司法交流与合作得到巩固和发展，为中国更高层次更大深度的开放、更广泛的国际经济合作提供了可以信赖的法律保障。

编写人：北京市第四中级人民法院　孙　彬

某科技公司与某香港公司申请认可和执行香港国际商会仲裁院仲裁裁决执行案

——强制划转股东清算收益至境外账户优化营商环境

【案件基本信息】

1. 执行案号

北京市第四中级人民法院（2022）京04执恢32号

2. 事由

申请认可和执行香港特别行政区仲裁裁决

3. 当事人

申请执行人：某科技公司

被执行人：某香港公司

【基本案情】

申请执行人某科技公司与被执行人某香港公司于香港发生借贷关系，某科技公司母公司与某香港公司在内地投资成立合资企业，之后合资企业解散清算，各股东一致协商将合资公司资本金账户内用于返还给某香港公司的股东清算收益直接支付给某科技公司，用于偿还某科技公司当年的借款，并约定清算协议涉及的争议适用于国际商会ICC（香港）仲裁。按照相关规定，某香港公司的实际控制人离开中国，受制于资本金账户的特殊要求，资本金账户内的清算收益必须由某香港公司办理相关手续。因疫情影响，某香港公司的股东无法派人前往内地办理相关手续，某科技公司遂向香港国际商会仲裁院提起仲裁，香港国际商会仲裁院作出最终裁决。后某科技公司向北京市第四中级人民法院申请认可和执行香港国际商会仲裁院作出的最终裁决，北京市第四中级人民法院依法对国际商会的裁决事项进行了认可，即将某香港公司于合资公司在北京某银行账户中的股东清算收益划转至某科技公司在香港特别行政区开设的银行账户内。

执行过程中，为保证案涉在内地资本金项下账户内的款项直接划转至境外账户符合内地外汇监管政策的要求，北京市第四中级人民法院多次与国家外汇管理局沟通，咨询相关专业意见，以确保执行行为合法、合规。其后，北京市第四中级人民法院向清算账户所在银行送达协助执行通知书，要求银行协助办理仲裁裁决确定的事项，但银行表示因银行内部的系统指令限制，无法将清算账户的资金划转至境外非原出资人的资金账户中。

针对银行的反馈，北京市第四中级人民法院进行了细致研判，在此基础上，以尊重执行依据为原则，重新制订了变通的执行方案，即先对该案的业务背景进行审核，排除涉嫌洗钱等违法犯罪的可能，然后对清算账户内的资金进行计息结算，之后将该笔结算后的资金托管至银行的中间账户，再通过中间账户将清算账户内的款项划转至在香港的银行账户。

【执行结果】

北京市第四中级人民法院以尊重执行依据为原则，按照内地外汇监管政策的要求，对本案的业务背景进行审核，制订变通方案，最终使仲裁裁决在符合国内相关规定的前提下得到了有效执行。

【执行要旨】

在我国，执行权由人民法院行使，人民法院在解决纠纷时往往会在审执兼顾的基础上作出裁判；与此相对的是，仲裁机构往往不会统筹裁执之间的关系，从而导致仲裁裁决在申请法院执行后，出现仲裁内容不明确而无法执行的情况。加之法系及政策法规的差异，境外仲裁机构在作出仲裁裁决时，一般也不会将境内的政策法规作为仲裁裁决的考量因素。由此，境内法院在受理承认和执行境外仲裁裁决案件时，不仅需要审查境外仲裁裁决是否具有不予执行的常规情形，还应当审查其是否具有违反内地社会公共利益的情形。在不具有上述情形的前提下，则应最大限度尊重境外仲裁裁决的裁决内容。在本案中，北京市第四中级人民法院在确保裁决内容不违反内地外汇监管政策的前提下，通过变通执行方案的方式最大限度地保障了申请执行人的利益。本案作为国际商会适用2017年版仲裁规则后首个在内地申请认可和执行的案件，其顺利执结完毕不仅得到了境外当事人的交口称赞，而且对营造我国开放、公平、法治的营商环境具有重要的标杆意义。

【法官后语】

本案的执行要旨主要有两点：一是作为国际商会适用2017年版仲裁规则后首起在内地申请认可与执行案件，其顺利执行完毕具有很强的示范效应。二是北京市第四中级人民法院在本案的办理中努力担当、克服困难，多次向有关行政机关咨询专业意见，统筹考虑案件业务背景，创造性地通过银行中间账户完成了本案的执行工作，满足了内地外汇监管政策，兼顾了裁决的执行和执行行为的合法、合规，得到了当事人的好评，展示了我国营造开放、公平、法治的营商环境的决心。

编写人：北京市第四中级人民法院　陈康辉

某股份公司与某食品公司、某贸易公司申请承认和执行国际商会仲裁院（西班牙马德里）仲裁裁决执行案

【案件基本信息】

1. 执行案号

北京市第四中级人民法院（2022）京04执恢210号

2. 事由

申请承认和执行外国仲裁裁决

3. 当事人

申请执行人：某股份公司

被执行人：某食品公司、某贸易公司

【基本案情】

某股份公司与某食品公司、某贸易公司签订协议，约定某股份公司授予某食品公司、某贸易公司在中国独家进口、分销和推广某股份公司产品的权利，并约定双方之间因协议产生的争议应依据国际商会仲裁院的仲裁规则在马德里工商会进行仲裁。后某股份公司与某食品公司、某贸易公司产生争议，向国际商会仲裁院提起仲裁，国际商会仲裁院作出终局裁决，确认双方之间的协议解除，并裁定某食品公司、某贸易公司向某股份公司连带支付违约金并将商业合作期间取得的网络域名等转交给某股份公司。之后，某股份公司向北京市第四中级人民法院申请承认和执行国际商会仲裁院的仲裁裁决。

本案执行过程中，北京市第四中级人民法院了解到案涉网络域名的变

更需符合互联网域名管理的有关规定。为此，北京市第四中级人民法院多次和相关的网络域名注册管理机构沟通咨询，了解关于域名转让的具体条件和办理流程。相关部门表示因申请人为外国公司，完全国外经营，在中国没有分支机构，根据相关规定，无法将案涉域名变更登记为申请人某股份公司名下。承办法官将具体情况详细向申请执行人作了解答，申请执行人了解后最终撤回了相关的执行申请。

【执行结果】

因案涉网络域名无法变更登记至纯外国公司，某股份公司最终撤回相关执行申请。

【执行要旨】

基于当事人的申请与抗辩，仲裁机构在进行仲裁裁决时重点在于定分止争，对仲裁裁决在后续阶段能否得到执行考虑较少，这一问题在涉外仲裁裁决执行中尤为突出。本案中，仲裁裁决的部分内容在执行阶段无法实现即为明证。这也显示了当前在办理承认和执行域外仲裁裁决及法院判决案件时，对域外仲裁裁决及法院判决应当采实质审查标准还是形式审查标准，以及对于无法执行的裁决、判决内容是否应当认可等问题仍然存在争议，本案的处理为此类问题的解决提供了参考。

【法官后语】

本案涉及互联网域名的执行和处置以及裁执衔接中存在的问题。北京市第四中级人民法院在认可和执行本国际商会仲裁院裁决过程中，公正严谨，认真负责，与被执行域名的注册管理机构及服务机构各方积极沟通，主动了解域名注册使用的相关法规政策以及域名转移的具体流程，工作务实扎实，向申请执行人进行了充分合理释明，得到了申请执行人的认可。

本案中对于特殊财产的执行和处置以及发现的裁执衔接中的问题为国际仲裁及执行工作提供了宝贵经验，有利于促使国际仲裁工作更多地关注裁决的跨法域可执行性问题，促进国际仲裁的健康长远发展。

编写人：北京市第四中级人民法院　陈康辉

某咨询有限公司、某有限公司与某足球俱乐部有限责任公司执行和解案

——执行境外仲裁裁决时应坚持善意文明执行理念

【案件基本信息】

1. 执行案号

北京市第四中级人民法院（2021）京04执35号

2. 事由

申请认可和执行香港特别行政区仲裁裁决

3. 当事人

申请执行人：某咨询有限公司、某有限公司

被执行人：某足球俱乐部有限责任公司

【基本案情】

某咨询有限公司、某有限公司分别与某足球俱乐部有限责任公司于2018年8月24日签署了《顾问协议》，约定某咨询有限公司、某有限公司向某足球俱乐部有限责任公司提供相关服务，同时约定如果双方在履行协议中发生争议，应将争议提交至香港国际仲裁中心通过仲裁解决，后双方就上述协议的履行产生争议。某足球俱乐部有限责任公司依据协议中的仲裁条款，向香港国际仲裁中心提起仲裁，某咨询有限公司、某有限公司对某足球俱乐部有限责任公司提出反请求，包括《顾问协议》项下到期应付的指称金额及拒不履行《顾问协议》的损害赔偿。香港国际仲裁中心经审理于2020年3月5日作出了案号为HKIAC/A18211的裁决：某足球俱乐部有限责任公司构成毁约性违约，应向某咨询有限公司、某有限公司支付

已开票费用、损失、律师费及相关利息和仲裁费用。某咨询有限公司、某有限公司向北京市第四中级人民法院申请认可和执行该仲裁裁决，北京市第四中级人民法院经审查后于2020年10月9日作出（2020）京04认港5号之一民事裁定书，裁定认可和执行香港国际仲裁中心的该仲裁裁决。

2021年1月8日，北京市第四中级人民法院作出（2021）京04执35号执行裁定书，裁定冻结、划拨、查封、扣押、扣留、提取、拍卖、变卖被执行人某足球俱乐部有限责任公司财产。执行中，被执行人某足球俱乐部有限责任公司表示因受疫情影响，公司营业收入大幅减少，面对债务正在积极想办法解决资金困难，因而向法院提交执行和解申请书。执行法官了解情况后，多次通过电话、云法庭等方式组织双方当事人进行沟通，一方面敦促被执行人积极还款，另一方面与申请执行人沟通给被执行人留出宽限期，最终促成双方当事人自愿达成了执行和解协议，明确了债权数额及分期履行的方式。2021年6月28日，本案以和解期履行方式终结执行。

【执行结果】

执行和解协议达成后，被执行人最终如期支付了全部相应的金额，至此，本案通过执行和解履行完毕。

【执行要旨】

人民法院在执行境外仲裁裁决中应展现积极支持国际仲裁的司法立场，始终秉持善意文明执行理念，积极发挥司法保障作用，最大限度找准双方当事人合法权益的平衡点，以执行工作的力度、温度助力国际商事纠纷的化解，保障境内外企业的合法权益和健康发展，努力实现保障胜诉当事人权益和被执行企业解困双赢，充分发挥仲裁在国际商事争端解决中的重要作用，推动形成稳定公平透明可预期的市场化、法治化、国际化营商环境。

【法官后语】

本案是实现内地善意文明执行理念和贯彻《最高人民法院关于内地与香港特别行政区相互执行仲裁裁决的安排》有机统一的又一典型案例。北京市第四中级人民法院在本案执行中，准确把握双方当事人利益诉求，考虑到被执行人的履行意愿和实际困难，积极组织当事人协商，促成了双方当事人和解并督促被执行人进行了执行，既保障了申请执行人的权利得到实现，又为疫情影响下经营困难的被执行人生存发展预留空间和时间，从根本上解决了当事人之间的纠纷，得到了双方当事人充分认同，体现了司法的严肃与温度。

编写人：北京市第四中级人民法院　陈　涛

某能源有限公司与某空调股份公司申请承认和执行米兰仲裁院仲裁裁决执行案

【案件基本信息】

1. 执行案号

北京市第四中级人民法院（2022）京04执恢4号

2. 事由

申请承认和执行外国仲裁裁决

3. 当事人

申请执行人：某能源有限公司

被执行人：某空调股份公司

【基本案情】

某能源有限公司与某空调股份公司签订合同，约定由某空调股份公司向某能源有限公司提供其拟建设项目所需的空气冷凝器等设备，并约定双方因此产生的争议应由米兰国内国际仲裁院予以解决。在合同履行过程中，因某空调股份公司违约，某能源有限公司将争议提交米兰仲裁院进行仲裁。米兰仲裁院审理后作出仲裁裁决，裁决某空调股份公司向某能源有限公司支付70多万欧元的损害赔偿并按意大利法定利率支付相应的利息、仲裁费用及其他法律费用。某空调股份公司不服仲裁裁决向米兰上诉法院提起上诉，请求法院宣告仲裁裁决无效。经审理，米兰上诉法院判决驳回某空调股份公司的全部上诉请求，某空调股份公司未向意大利最高上诉法院上诉。之后，某能源有限公司向北京市第四中级人民法院申请承认和执行米兰仲裁院作出的仲裁裁决。

在北京市第四中级人民法院审查过程中，某空调股份公司提出执行申请已超过申请执行的时效期间等答辩理由，经过审查，某空调股份公司的答辩理由均不能成立，北京市第四中级人民法院裁定承认和执行米兰仲裁院作出的仲裁裁决。

执行过程中，北京市第四中级人民法院对某空调股份公司的财产进行查找，发现某空调股份公司名下有足额的现金存款，因而采取了相应的冻结措施。某空调股份公司以裁定承认和执行的程序错误及违法为由，提出执行异议，要求撤销对案件的执行。经过执行异议和复议程序的审理，相关法院均认为异议内容不是针对具体的执行行为，不属于执行异议的审查范围，因此对某空调股份公司的异议、复议申请均予以驳回。之后，北京市第四中级人民法院恢复执行。因米兰仲裁院的仲裁裁决确定的某空调股份公司承担债务的金额是以欧元为单位计算，相应的利息是以意大利法定利率计算，为了明确执行的具体金额，减少双方争议，便于顺利执行，北京市第四中级人民法院组织当事人谈话，双方充分发表意见，最终确定了以人民币为计算单位的债权总金额，在此基础上及时划拨了案款并发还给了某能源有限公司。

【执行结果】

在双方对执行金额无异议的情况下，依法强制划拨了被执行人名下的银行存款，并全部发还给了申请执行人，该案最终全部执行到位。

【执行要旨】

根据我国现行的法律规定，承认和执行域外仲裁机构的仲裁裁决经合议庭审查后，如果裁定承认和执行，裁定一经送达即生效，当事人没有上诉、复议等的救济程序。在执行过程中，被执行人经常会以程序性的问题提出执行异议，要求法院停止执行。对于异议，当事人需要区分异议是针对具体的执行行为还是针对执行的依据分别作出判断，并预判相应的结果。本案执行过程中，某空调股份公司以申请执行超过执行时效期间为由认为承认和执行的民事裁定错误及违法，要求撤销执行，并提出执行异议及复议。但是其异议理由并非针对具体的执行行为，因此不属于执行异议审查的范围，最终被裁定驳回申请。本案在执行过程中充分保障了被执行人的权利，虽然被执行人在异议、复议被驳回后仍有异议，但是为使仲裁裁决及时得到执行，保障申请执行人的权利及时得到实现，北京市第四中级人民法院对某空调股份公司坚决采取强制执行措施，及时扣划并发还了全部案款，最终使仲裁裁决确定的金额全部得到实现。本案的办理也体现了北京市第四中级人民法院在承认和执行域外仲裁裁决时的专业、细致、责任及担当。

【法官后语】

本案是《纽约公约》与我国《民事诉讼法》等程序法有效衔接的典型案例。北京市第四中级人民法院在裁定承认和执行米兰仲裁院作出的仲裁裁决后，按照我国的《民事诉讼法》及强制执行的相关规定，处理了执行过程中的被执行人提出的异议和复议，并就确定履行义务的币种问题充分听取各方意见，依法果断作出判断，坚决执行。既充分保障了被执行人的权利，又保障了申请执行人的权利得到实现。体现了我国支持国际仲裁制度的包容性司法态度和贯彻实施《纽约公约》的决心，有利于进一步优化我国的营商环境和提高国际经济地位。

编写人：北京市第四中级人民法院　詹华东

某保险股份公司与某国际集团、某国际集团资本有限公司申请认可和执行香港国际商会仲裁院仲裁裁决执行案

【案件基本信息】

1. 执行案号

北京市第四中级人民法院（2017）京04执105号

2. 事由

申请认可和执行香港特别行政区仲裁裁决

3. 当事人

申请执行人：某保险股份公司

被执行人：某国际集团、某国际集团资本有限公司

【基本案情】

某国际集团、某国际集团资本有限公司与设立在国外的J公司签订《股权购买协议》，J公司在中国募集购买某国际集团下属公司股权的资金，某保险股份公司向J公司提供相应的资金。之后，某国际集团、某国际集团资本有限公司、J公司、某保险股份公司、M国际银行签订《资金托管协议》，约定某保险股份公司将相当于47000余万美元的人民币存放在M国际银行托管，用于J公司购买股权。托管资金的支付需要某国际集团、某国际集团资本有限公司与J公司共同向M国际银行发出联合指令函，依据该联合指令函的指示支付。后因J公司未能办理相关的审批手续，且某国际集团、某国际集团资本有限公司已将股份以更高的价格出卖给第三人，导致《股权购买协议》无法履行。某保险股份公司要求将资金返还未

果，遂将纠纷提请仲裁裁决。香港国际商会仲裁院审理后作出仲裁裁决，裁决某国际集团等公司向某保险股份公司支付数额相当于47000余万美元的等值人民币及应计利息的全部托管资金。仲裁裁决期间，J公司被注销。仲裁裁决作出后，某国际集团、某国际集团资本有限公司并未履行，某保险股份公司遂向北京市第四中级人民法院申请认可和执行。

执行过程中，M国际银行以需要某国际集团、某国际集团资本有限公司和J公司发出联合指令函才能放款为由，拒绝自动协助执行仲裁裁决和法院裁定书。北京市第四中级人民法院研究后认为J公司已注销，在客观上已不具备出具同意放款证明文件的可能，在仲裁裁决已经生效的情况下，M国际银行应当履行仲裁裁决书的裁决事项。经反复沟通协商，北京市第四中级人民法院向M国际银行发出协助执行通知书和裁定书，要求其履行放款义务，最后M国际银行向某保险股份公司支付了相应的资金。

【执行结果】

执行过程中，北京市第四中级人民法院向被执行人某国际集团、某国际集团资本有限公司送达执行通知书，某国际集团、某国际集团资本有限公司收到后向M国际银行发出了付款指令，同时北京市第四中级人民法院也向M国际银行发出协助执行通知书，M国际银行最终按照法院的执行通知书内容向某保险股份公司支付了全部的相应资金，仲裁裁决的内容执行完毕。

【执行要旨】

本案中，依据已经生效的香港国际商会仲裁院作出的仲裁裁决，M国际银行应当向某保险股份公司支付全部托管资金，但M国际银行认为付款指令不符合《资金托管协议》的约定，而拒绝向某保险股份公司付款。但是依据香港国际商会仲裁院作出的仲裁裁决，M国际银行负有履行相应行为的义务，《资金托管协议》中也有付款须服从生效的终审裁决的条款，因此M国际银行的抗辩理由没有依据。在香港国际商会仲裁院作出的仲裁裁决得到北京市第四中级人民法院的承认后，仲裁裁决具有绝对的执行效力，包括M国际银行在内的主体，均应当受到仲裁裁决的约束。

《最高人民法院关于内地与香港特别行政区相互执行仲裁裁决的安排》

是香港回归后解决内地与香港间区际法律冲突而进行的安排，是两地之间司法协助的重要成果。实践中该安排很好地解决了两地间仲裁裁决的执行工作，但是因为两地间司法制度、司法习惯方面的差异，存在某些衔接问题。本案中合同主体虽未被列为仲裁裁决的当事人，未明确要求其履行相应的义务，但已生效的仲裁裁决效力高于合同约定的效力，合同相关人应当按照仲裁裁决履行相应的协助义务。

【法官后语】

本案对香港国际商会仲裁院的仲裁裁决的认可与执行，是对《最高人民法院关于内地与香港特别行政区相互执行仲裁裁决的安排》有力贯彻。北京市第四中级人民法院在本案办理中，实体与程序并重，肯定了生效仲裁裁决的绝对效力，并在合同中找到了付款须服从生效裁决的条款，妥善地处理了非仲裁裁决当事人的协助执行义务。有力地维护了生效仲裁裁决的效力和仲裁制度公信力，保障了《最高人民法院关于内地与香港特别行政区相互执行仲裁裁决的安排》的有效实施。

编写人：北京市第四中级人民法院　王志鹏

某有限公司与吴某申请承认和执行法兰西共和国巴黎商业法庭裁定书执行案

【案件基本信息】

1. 执行案号

北京市第四中级人民法院（2021）京04执18号

2. 事由

申请承认和执行外国法院民事判决、裁定

3. 当事人

申请执行人：某有限公司

被执行人：吴某

【基本案情】

某有限公司与吴某签署了《交易意向书》，约定吴某向某有限公司支付4600余万美元，法国巴黎商业法庭出具裁定书，赋予《交易意向书》执行力。裁定书出具后，吴某未按照《交易意向书》规定的期限付款，因吴某财产所在地在北京市，某有限公司向北京市第四中级人民法院申请承认与执行上述裁定书（包括其赋予执行力的《交易意向书》）。北京市第四中级人民法院审查后裁定承认和执行巴黎商业法庭作出的该裁定书。

案件进入执行阶段后，北京市第四中级人民法院向被执行人送达了执行通知书等法律文书，但被执行人未履行。之后，对被执行人采取了限制高消费措施并纳入了失信被执行人名单。多次与被执行人电话沟通后，吴某均以各种理由拖延执行。随即，北京市第四中级人民法院对吴某持有的福建某公司的股权启动价值评估程序，通过全国法院询价评估系统摇号确定评估机构，同时向吴某及福建某公司送达协助执行通知书，要求其提供价值评估所需的资料，并向申请人的委托诉讼代理人开具调查令，调取福建某公司工商、税务登记材料。因提取的福建某公司相关材料不足，经摇号确认的先后六家评估机构均以无法获取股权评估所需资料为由，退回价值评估委托。执行过程中，北京市第四中级人民法院冻结了被执行人吴某名下保险保单，经与其沟通无果后，强制解除保险合同并扣划现金价值19万余元，将案款全部发还申请执行人。因被执行人名下发现的财产暂无法处置，该案终结执行。

【执行结果】

被执行人持有的股权经六次委托评估均未能确定处置参考价，暂时无法处置，本案在部分案款执行到位后终结执行。

【执行要旨】

本案在审查承认和执行过程中保全了被执行人财产，避免被执行人转移财产，有效地保障了申请执行人的合法权益。北京市第四中级人民法院在执行过程中，采取多种执行措施促使被执行人履行债务，但因股权评估面临的评估材料难以提取、目标公司不配合等客观问题，先后委托六家评估公司均未能确定股权价值，最终在与申请执行人沟通后终结执行。股权等类型的财产处置难题虽然是当前执行案件中普遍面临的难题，北京市第四中级人民法院在办理国际司法协助案件中坚持平等保护国内外当事人，积极探索执行新路径，坚决推动财产处置效率和成功率。

【法官后语】

承认与执行外国法院判决对于国际民商事诉讼具有十分重要的意义和作用，法国是较早与中国缔结民商事司法协助条约的国家，本案是中法两国之间关于民事、商事司法协助协定的践行。北京市第四中级人民法院裁定认可巴黎商业法庭作出的裁定书，在执行过程中保全了被执行人财产，六次委托评估股权，虽然由于现实的困难暂时未能完成股权的价值评估，但已经充分展示了中国法院公正、尽职、负责的司法形象，促进了中法两国民商事司法协助工作的良性发展，为中法两国的友好关系做出了贡献。

编写人：北京市第四中级人民法院　孙　倩

某投资有限公司与某工程建设有限公司申请承认和执行瑞士商会仲裁院仲裁裁决执行案

【案件基本信息】

1. 执行案号

北京市第四中级人民法院（2023）京04执恢70号

2. 事由

申请承认和执行外国仲裁裁决

3. 当事人

申请执行人：某投资有限公司

被执行人：某工程建设有限公司

【基本案情】

某投资有限公司与某工程建设有限公司、某工程建设有限公司海外公司签订合同，约定某投资有限公司协助某工程建设有限公司、某工程建设有限公司海外公司在某国开拓业务，并与某国公司就相关项目问题达成和解。某工程建设有限公司、某工程建设有限公司海外公司按最终和解金的一定比例向某投资有限公司支付佣金，并约定双方因此产生的争议应由瑞士商会仲裁院予以解决。在合同履行过程中，因某工程建设有限公司、某工程建设有限公司海外公司违约，某投资有限公司将争议提交瑞士商会仲裁院进行仲裁。瑞士商会仲裁院审理后作出仲裁裁决，裁决某工程建设有限公司、某工程建设有限公司海外公司向某投资有限公司支付3000余万美元及仲裁中发生的费用。某工程建设有限公司、某工程建设有限公司海外公司不服仲裁裁决向瑞士联邦最高法院提起上诉，请求法院宣告仲裁裁决无效。经审理，瑞士联邦最高法院驳回某工程建设有限公司、某工程建设有限公司海外公司的上诉请求。之后，某投资有限公司向北京市第四中级人民法院申请承认和执行瑞士商会仲裁院作出的仲裁裁决。审查过程中，某工程建设有限公司提出某投资有限公司的申请不符合《纽约公约》的规定等答辩理由，法院经过审查，认为某工程建设有限公司的答辩理由不能成立，裁定承认和执行瑞士商会仲裁院作出的仲裁裁决。

执行过程中，北京市第四中级人民法院依法向被执行人送达了执行通知书、报告财产令等法律文书，但被执行人某工程建设有限公司认为仲裁裁决针对其作出的履行金额不明，依据瑞士法的规定其仅承担部分责任，而不应承担连带责任，因此提起执行异议。针对仲裁裁决中不存在争议的部分某工程建设有限公司按照当日的外汇牌价，主动向法院缴纳了人民币1400余万元。对存在争议的部分，某工程建设有限公司提供了足额的银行存款担保，要求中止执行。经申请执行人同意后，北京市第四中级人民法院依法冻结了某工程建设有限公司提供担保的银行存款，案件中止执行。

【执行结果】

本案针对仲裁裁决中不存在争议的部分，被执行人主动履行，法院将案款发还给了申请执行人，针对争议的部分，因需待争议的仲裁裁决事项解决以后再决定后续的执行方式，本案在冻结担保的银行存款后依法中止执行。

【执行要旨】

在国际司法协助案件中，当事人对于域外仲裁裁决、法院判决等执行依据如何理解存在争议，在承认之后的执行程序中应区分不同情况进行处理。本案中针对应承担责任的类型如何理解双方当事人产生争议，均向法院提交了依据瑞士法律的专家论证依据，但是该争议无法在执行实施程序中予以解决，也不能依据中国的实体法对相关的争议问题进行判断。国际司法协助的目的是使域外的仲裁裁决、法院判决在不违背中国法律及公共利益等的情况下在中国境内予以执行。执行过程中，对于无争议的部分，法院应当先进行执行，对于仲裁裁决事项不明的争议部分，当事人提出执行异议要求执行中止的，法院可以要求提出异议的当事人提供足额的担保，在申请执行人同意的情况下，可以适用中止执行程序，待争议的仲裁裁决事项解决以后再恢复执行，本案的处理方式为此类案件的办理提供了解决思路。

【法官后语】

本案是在执行过程中当事人对作为执行依据的域外生效仲裁裁决的部分内容存在争议的情况下，应如何处理的典型案例。在当事人对执行依据存在争议的情况下，北京市第四中级人民法院对无争议部分积极执行，最大限度地保障了申请人的合法利益；对于存在争议的部分，一方面对于涉及实体法的内容需要作出裁决的机关予以释明，另一方面保障了被申请人在中国的程序法下的权利，比如申请执行异议、提供担保并申请中止执行程序等，有效地平衡了申请执行人和被执行人的利益，展示了中国法院专业、严谨、公正的国际形象。

编写人：北京市第四中级人民法院　范宗斌

某企管中心与某置业公司、某集团公司、蒋某、某实业公司、张某某执行和解案

——执行程序中公司诉讼代表权的认定

【案件基本信息】

1. 执行案号

北京市第四中级人民法院（2022）京04执恢81号

2. 事由

金融借款合同纠纷

3. 当事人

申请执行人：某企管中心

被执行人：某置业公司、某集团公司、蒋某、某实业公司、张某某

【基本案情】

申请执行人某企管中心与被执行人某置业公司、某集团公司、蒋某、某实业公司、张某某等金融借款合同纠纷一案。北京市第四中级人民法院于2020年6月4日作出判决：某置业公司于判决生效后10日内偿还某资管公司重组本金余额26000万元，并支付欠付的利息、罚息以及重组收益、其他违约金、保全责任保险费损失和保全费损失；某资管公司对已经办理抵押登记的位于安徽省合肥市政务区南二环路×××号某商业广场A区精品楼的五处房产折价或拍卖、变卖所得的价款享有优先受偿权；某集团公司、蒋某、某实业公司、张某某对判决确定的某置业公司对某资管公司所负担的债务承担连带保证责任。某置业公司不服一审判决，向北京市高级人民法院提起上诉。审理中，北京市高级人民法院作出民事裁定，准许某

企管中心替代某资管公司作为被上诉人参加诉讼，某资管公司退出诉讼。北京市高级人民法院于2021年5月31日判决驳回上诉，维持原判。

2021年7月14日，某企管中心向北京市第四中级人民法院申请执行。2021年7月23日，北京市第四中级人民法院依法作出（2021）京04执353号执行裁定书，裁定冻结、划拨、查封、扣押、扣留、提取、拍卖、变卖被执行人名下财产。2021年7月27日，某置业公司、某集团公司、蒋某向北京市第四中级人民法院提交授权委托书，继续委托一审、二审阶段的代理人葛律师作为执行阶段的代理人，代理权限为特别授权，上述授权有某置业公司和某集团公司法定代表人签字并加盖了公司公章。

2021年11月10日，某企管中心向北京市第四中级人民法院提交评估拍卖申请书，申请对案涉抵押房产进行评估拍卖，并就拍卖价款优先受偿。某企管中心申请北京市第四中级人民法院对查封的案涉抵押房产进行评估拍卖，并就拍卖价款优先受偿。

2022年4月8日，北京市第四中级人民法院依法作出（2022）京04执恢81号执行裁定书，裁定冻结、划拨、查封、扣押、扣留、提取、拍卖、变卖被执行人名下财产。北京市第四中级人民法院在依法对案涉抵押房产启动评估拍卖程序后，葛律师向北京市第四中级人民法院提出，某置业公司正与某企管中心进行协商以和解的方式履行债务，协调案涉抵押房产的管理方某品牌管理公司共同核算某置业公司的租金收入及管理成本费用，并同意将扣除管理成本费用后的剩余租金用以偿还案涉债权，在此基础上申请暂不对案涉抵押房产进行处置。2022年11月10日，北京市第四中级人民法院向某品牌管理公司发出协助执行通知书，要求该公司将收取的应支付给某置业公司的安徽某商业广场项目的租金在扣除管理费用后剩余款项支付至四中院已冻结的某置业公司特定账户。2023年1月7日，北京市第四中级人民法院依法扣划某置业公司账户内租金1500万元。

2023年1月12日，朱律师持加盖某置业公司新公章的授权书向北京市第四中级人民法院提交申请，表示某置业公司在2022年7月办理了新的营业执照，并向公安机关报案公章丢失，同时在《江淮晨报》上声明原公章作废，目前已刻制了新的公章；鉴于授权葛律师的公章已作废，其目前是某置业公司的执行阶段代理人，要求立即解除对某置业公司账户和资金的查封冻结措施；解除要求某品牌管理公司协助执行的执行措施；立即依法处置已查封的抵押财产清偿债务。

针对朱律师的代理权限和请求事项，北京市第四中级人民法院组织听取双方的意见。某企管中心的代理人向律师指出，案涉抵押房产评估价值不足以完全覆盖债权。根据某置业公司签订的《抵押合同》第 10.4 条约定："甲方（即作为抵押人的某置业公司）与债务人为同一人的，乙方可以对甲方的抵押财产之外的财产申请强制执行，且不以放弃抵押权或必须先处分抵押财产为前提条件。"某置业公司及其股东某集团公司、某实业公司均为本案被执行人，股东之间的纠纷与本案无关。某企管中心为保障债权的实现，有权选择执行某置业公司名下除抵押资产以外的其他财产，且不放弃对抵押资产的优先受偿权。

北京市第四中级人民法院综合考虑各方意见后，决定继续查封被执行人某置业公司名下案涉抵押房产不动产和银行账户，在确保可供执行的财产不流失的基础上，允许被执行人某置业公司利用查封的案涉抵押房产开展正常的经营活动，同时责令被执行人申报财产，尤其是申报其租金收入的动态变化，申请执行人同意在被执行人按期支付租金的基础上给予被执行人一定的宽限期。

【执行结果】

2022 年 4 月 10 日，经北京市第四中级人民法院主持，申请执行人某企管中心和被执行人某置业公司、某集团公司、蒋某的代理人葛律师在谈话笔录中达成执行和解，并签字确认，即被执行人某置业公司承诺在 2023 年 4 月底支付申请执行人 4000 万元，力争在 2023 年 7 月底再支付不低于 6000 万元。某企管中心在 2023 年 7 月底前暂不申请处置抵押物。本案于 2022 年 4 月 11 日以执行和解长期履行方式结案。

2023 年 5 月、8 月，北京市第四中级人民法院根据某企管中心申请分别扣划某置业公司账户内租金 2500 万元、2700 万余元。截至目前，北京市第四中级人民法院已发还申请执行人某企管中心执行案款 6700 万余元。针对本案案款发还，某置业公司新公章授权的朱律师未向北京市第四中级人民法院提出执行异议。目前案涉抵押房产上商场经营稳定，租金收入稳定，没有发生员工欠薪情况，在依法保障胜诉当事人合法权益的同时，最大限度地减少对被执行人权益的影响，实现法律效果与社会效果有机统一。

【执行要旨】

被执行人的公司内部股东之间争夺公司控制权，为了各自利益而持不同的公司公章授权委托不同代理人参加执行而产生诉讼代表权争议，在被执行人书面通知法院解除代理人的代理权限之前，代理人仍享有被执行人的诉讼代表权，其代表被执行人与申请执行人达成执行和解，应视为被执行人的真实意思表示。

【法官后语】

本案执行的核心问题在于，葛律师是否享有某置业公司的诉讼代表权以及其代理资格是否有效，其与申请执行人达成执行和解是否系被执行人的真实意思表示。诉讼中公司意志代表权应该由公司法定代表人以公司的名义行使。葛律师在本案执行中提交的授权委托书中由某置业公司法定代表人的签字及加盖了公司公章，故其有权代表某置业公司参与本案执行。本案进入执行后，葛律师根据授权代表某置业公司，负责本案执行事项。根据公司内外纠纷区分原则，某置业公司在变更法定代表人、领取新的营业执照及重新刻制公章后，并未向北京市第四中级人民法院发出书面通知，撤销葛律师的授权。葛律师在授权范围内与申请执行人沟通执行和解事宜，对于某置业公司具有约束力，某置业公司内部股东纠纷不应影响本案申请执行人的合法权益。

编写人：北京市第四中级人民法院　陈　涛　詹华东

某资源公司与北京某实业公司涉外仲裁执行实施案

——“执源导流 + 执调联动”一站式化解涉外商事纠纷

【案件基本信息】

1. 执行案号

北京市第四中级人民法院（2024）京 04 执 14 号

2. 事由

涉外仲裁执行

3. 当事人

申请执行人：某资源公司

被执行人：北京某实业公司

【基本案情】

某资源公司与北京某实业公司涉外仲裁执行一案，某资源公司依据中国国际经济贸易仲裁委员会作出的仲裁裁决申请执行，要求被执行人北京某实业公司按照仲裁裁决第一、四项的裁决内容向申请执行人某资源公司支付股权转让款人民币 7100 万元整并支付迟延履行期间的债务利息（自 2023 年 2 月 17 日起计算至实际支付之日止）。

执行过程中，双方当事人关于仲裁裁决第一、四项的理解存在分歧，被执行人北京某实业公司认为该仲裁裁决的第一、四项不具备执行内容。为准确理解仲裁裁决相关裁决事项，北京市第四中级人民法院向中国贸仲发函要求中国国际经济贸易仲裁委员会作出确认，中国国际经济贸易仲裁委员会回函表示该仲裁裁决为仲裁庭依双方当事人仲裁请求就股权转让的价款金额作出的确认。

【执行结果】

北京市第四中级人民法院以执行的仲裁裁决内容是对双方股权转让的价款金额作出确认，并没有给付内容，亦不属于交付财产和完成行为的执行为由，裁定驳回申请执行人北京某实业公司的执行申请。

【执行要旨】

如何在驳回某资源公司的执行申请后，解决双方之间的矛盾纠纷，完成股权变更及转让款支付是本案的焦点问题。

北京市第四中级人民法院认为：在本案驳回强制执行申请前，本案的争议事项已经梳理完毕，案件事实清楚，权利义务明确。经过前期调解，双方当事人对立情绪有所缓和，且双方均希望通过北京市第四中级人民法院以调解的方式及时完成股权变更和股权转让款项的支付。因此，为防止“一案结多案生”，有效减少“案—件比”，承办人在案件办结时，经过与双方当事人的沟通并征求其同意后，通过“执源导流”将案件导入北京法院国际商事纠纷一站式多元解纷中心进行调解。针对双方当事人在调解过程中出现的支付转让款的外汇障碍、缴税困难、股权转让协议的起草签订、信任修复等问题，承办人主动融入中心多元解纷工作中，发挥办理涉外执行案件的经验优势，积极与税务、银行、外汇管理局等部门进行沟通协调寻找解决办法。最终，经过“执调”高效联动，成功促成了双方当事人达成调解，本案得到圆满解决。

【法官后语】

本案系涉外案件管辖调整后我市首例涉外仲裁执行案件，执行局在执行办案过程中，积极顺应争议解决的全球化发展趋势，及时将我国的多元争议解决机制融入国际争议解决体系之中。在案件被驳回执行申请后，将案件导入北京法院国际商事纠纷一站式多元解纷中心继续为双方当事人开展多元解纷工作。以“法律指导 + 执调联动 + 司法确认”的一站式多元解纷机制，高效促成该起涉外商事纠纷于诉前化解，实现了“存量纠纷”的高效实质化解，推动了“增量纠纷”的源头分流化解，平等保护中外当事人的合法权益，减轻了当事人的诉累，促使我国多元争议解决机制的国际影响力不断提升。

编写人：北京市第四中级人民法院　詹华东

北京市房山区人民法院　丛　丹

某公司与某生物科技有限公司进出口代理合同纠纷执行实施案

——通过积极促成和解保障抗疫物资生产企业复工复产

【案件基本信息】

1. 执行案号

北京市第四中级人民法院（2020）京04执62号

2. 事由

进出口代理合同纠纷

3. 当事人

申请执行人：某公司

被执行人：某生物科技有限公司

【基本案情】

申请执行人某公司与某生物科技有限公司进出口代理合同纠纷一案，北京市第四中级人民法院一审、北京市高级人民法院二审均判决原告某公司胜诉。起诉前原告某公司申请诉前保全，北京市第四中级人民法院依法查封了被告某生物科技有限公司账户及存款300余万元。

判决生效后，某生物科技有限公司未在法定期限内履行还款义务，原告某公司向北京市第四中级人民法院申请强制执行，要求某生物科技有限公司给付本金及相关费用300余万元。执行过程中，某生物科技有限公司负责人致电北京市第四中级人民法院，称该公司生产的产品被列入中关村“首批抗击疫情的新技术、新产品、新服务清单”，急需扩大产量生产产品投入疫情防控当中，请求法院解封该公司账户，同时考虑公司当前存在的实际困难，与申请执行人协调减免部分给付义务，帮助其全面恢复生产。

【执行结果】

当时正值新冠肺炎疫情防控关键期，北京市第四中级人民法院迅速组织双方代理人开展远程谈话，经过充分深入的沟通交流，在法院引导下双方达成和解协议，申请执行人减免部分应由某生物科技有限公司承担的给付义务后，某生物科技有限公司按照判决支付欠款，同时，北京市第四中级人民法院根据某生物科技有限公司因生产与疫情相关产品的需要，依法减免了其应承担的执行费用。法院第一时间解封了某生物科技有限公司账户，保障其及时复工复产，而且将执行案款执行到位，快速实现了申请执行人的权益。

【执行要旨】

2019 年年底，最高人民法院印发《关于在执行工作中进一步强化善意文明执行理念的意见》，强调要强化善意文明执行理念，在依法保障胜诉当事人合法权益同时，最大限度减少对被执行人权益影响，实现法律效果与社会效果有机统一。北京市第四中级人民法院全面贯彻善意执行理念，从疫情防控大局出发，仅用不到 48 小时即积极促成双方和解，申请执行人合法权益得以实现，被执行人也顺利复工复产，积极投入防疫物资生产中，实现了“多赢”。

【法官后语】

2020 年 1 月底，我国暴发新冠疫情，并迅速在全国蔓延。疫情防控期间，最高人民法院下发《关于做好防控新型冠状病毒感染肺炎疫情期间执行工作相关事项的通知》，要求全国法院坚持服务保障大局，注重善意文明执行，广泛运用信息技术，灵活采取强制执行措施，助力新冠肺炎疫情防控。2020 年 2 月是新冠疫情防控的关键时期，全国防疫物资处于非常紧张的状态。某生物科技有限公司作为一家医疗器械生产企业，生产的检测试剂被政府根据疫情防控需要列入中关村“首批抗击疫情的新技术、新产品、新服务清单”，其扩大生产提高产品产量对于疫情防控具有非常重要的意义。北京市第四中级人民法院着眼疫情防控大局，积极促成双方达成和解协议，实现了多赢格局。

本案的办理实现了政治效果、法律效果、社会效果的统一，良好效果引起了强烈反响。本案例入选最高人民法院发布的第三批服务保障疫情防控期间复工复产典型案例。

编写人：北京市第四中级人民法院　范宗斌

某融资租赁公司与某图像技术公司等融资租赁合同纠纷执行实施案

——积极协调促成执行和解，保障民营企业正常生产经营

【案件基本信息】

1. 执行案号

北京市第四中级人民法院（2019）京04执54号

2. 事由

融资租赁合同纠纷

3. 当事人

申请执行人：某融资租赁公司

被执行人：某贸易公司、某图像技术公司

【基本案情】

申请执行人某融资租赁公司与被执行人某贸易公司、某图像技术公司融资租赁合同纠纷一案民事调解书生效后，被执行人未按照调解书确定的内容履行义务，某融资租赁公司向北京市第四中级人民法院申请强制执行，同时还向法院提交限制高消费申请书、将被执行人纳入失信被执行人名单申请书及限制出境申请书。

北京市第四中级人民法院接到该案后，迅速启动执行程序，依法向被执行人送达执行通知书和报告财产令，并告知其法院已收到申请执行人要求对其采取限制高消费、纳入失信被执行人名单及限制出境的申请以及可能会对企业产生的负面影响。被执行人一方面向法院提交被执行财产申报表，另一方面出具情况说明，请求法院不要将其纳入失信被执行人名单或

采取限制高消费措施。

执行法官在了解情况后，积极与双方当事人沟通核实。经了解，某图像技术公司是国家级高新技术企业，是全球第一家并且唯一一家可生产尖端手术影像设备移动式某射线成像系统的企业。由于国家宏观政策调整使公司融资款项未能如期到账，加之年初销售回款不足，导致公司资金链紧张、偿还能力不足。虽然在 2019 年 1 月 11 日被执行人某图像技术公司向申请执行人某融资租赁公司提供了 4 台移动式某射线成像系统设备作为融资租赁担保物，但是某融资租赁公司并没有途径将上述设备及时变现来实现自己的债权权益。

执行法官考虑到将某图像技术公司纳入失信被执行人名单或者采取限制高消费措施，将影响其正常招标和回款，影响其公司正常运营，同时也无法保障实现申请执行人的债权权益。因此，为最大限度维护双方当事人的合法权益，既保障申请执行人的债权权益，又实现被执行人某图像技术公司的正常经营，执行法官秉承善意文明执行理念，积极与双方当事人沟通协调，晓之以法，动之以情，反复释明。一方面敦促被执行人积极还款，另一方面与申请执行人沟通给被执行人留出宽限期，保证被执行人某图像技术公司的正常经营，以便实现其债权权益。

【执行结果】

经过执行法官多次细致、耐心地与双方协调沟通，促成双方自愿达成执行和解协议，约定分期履行债务。此外，申请执行人也向法院撤回了执行申请，本案终结执行。至此，本案仅在执行立案后 19 天内就得到圆满解决。

【执行要旨】

人民法院在执行过程中应当切实贯彻落实中央有关精神，秉持善意文明执行的理念，充分发挥司法保障作用，对资金紧张但仍积极运作经营、不属于恶意逃避还款义务的企业，应当依法审慎采取司法强制措施，积极协调申请执行人在执行前促成和解措施，从发展角度化解纠纷。

【法官后语】

党中央高度重视营商环境建设，习近平总书记先后作出“法治是最好的营商环境”“法治化环境最能聚人聚财、最有利于发展”等重要论述。人民法院在执行过程中应秉持善意文明执行理念，对资金紧张但仍积极运作经营、不属于恶意逃避还款义务的企业，应当依法审慎采取司法强制措施。如此，一方面能够合理配置执行资源，缓解执行压力，节约司法资源，提高执行效率。另一方面审慎对被执行人采取纳入失信被执行人名单或者采取限制高消费等强制措施，为企业生存发展预留空间和时间，保障企业生产经营和持续发展，以和解促执行，以和解促和谐，努力实现案结事了，在执行案件办理中实现政治效果、法律效果和社会效果的统一。正如本案被执行人向法院发来的感谢信中所言：“感谢执行法官正气浩然，一肩担两边，怀爱民之心办利民之事，使得企业免于危难，为企业保驾护航。”

编写人：北京市第四中级人民法院　孙　彬

某银行与河北某房地产开发有限公司等金融借款合同纠纷执行实施案

——第三方参与破解执行难题，实现多方共赢

【案件基本信息】

1. 执行案号

北京市第四中级人民法院（2016）京04执1号

2. 案由

金融借款合同纠纷

3. 当事人

申请执行人：某银行

被执行人：某房地产公司、祝某

【基本案情】

申请执行人某银行与被执行人某房地产公司、祝某金融借款合同纠纷一案的判决生效后，被执行人未履行生效法律文书所确定的义务。申请执行人遂向法院提出了强制执行申请，北京市第四中级人民法院立即对被执行人进行财产调查，发现被执行人已出现资金链断裂、丧失债务履行能力的情况，但由于其开发的房地产项目仍存在升值的空间，如果加以扶持，适度给予其经营空间，不仅可以实现债权人的权益，而且可以避免强制拍卖房产引发群体性事件问题。

为避免被执行人暗箱操作、抗拒执行，北京市第四中级人民法院多次前往河北等地，一方面查封了被执行人的财产，对被执行人采取了限制高消费等强制措施；另一方面根据申请执行人提供的被执行人抵押物的销售

情况，向房产管理部门送达了法律文书，防止房产管理部门为被执行人私自处分房产办理登记。同时，鉴于被执行人已丧失商业信用，处于破产边缘，无力盘活资产，北京市第四中级人民法院创新执行方式，积极推动由政府出面寻找资信良好的第三方企业对被执行人进行托管，承接被执行人的房产建设和销售活动，整合被执行人的资产，偿还其所负债务。

【执行结果】

北京市第四中级人民法院多次将当地政府、申请执行人、被执行人以及第三方企业等召集到法院进行沟通，经过多次协商，最终确定具体操作方案：首先申请执行人组建专业团队对项目工程进行管控，监督资金的流向和使用情况；其次由第三方企业引入建设公司，对未完成的工程继续施工，并通过自有销售网络对被执行人的可变现资产进行销售；然后将回款优先偿还对申请执行人的债务。随后申请执行人与被执行人达成了执行和解协议并积极履行。最终被执行人的项目被盘活，恢复正常销售，各方利益得到最大程度保护，也未引发更多的连锁矛盾。

【执行要旨】

本案的焦点问题是如何平衡购房者、申请执行人和被执行人之间利益，实现多方共赢，从而实现法律效果、社会效果、政治效果的有机统一。

本案在执行过程中，北京市第四中级人民法院查封了案涉抵押财产，但由于部分抵押财产前期已被售卖，无法实现抵押物的迅速变现；加之房地产企业也无法为房屋买受人办理过户登记，强制拍卖房产的话，极易引发群体性事件。北京市第四中级人民法院本着善意文明执行的理念，通过引入第三方盘活了被执行人的资产，不仅偿还了债务，最大限度实现债权人和购房者的权益，而且使被执行人渡过了难关，避免了群体事件的发生，实现了资源配置优化和社会整体价值最大化。

【法官后语】

为满足房产开发中的融资需求，债务人某房地产公司往往会以建设用地使用权及其上的建筑物作为担保物申请借款。近年来随着房地产形势下行，债务人由于资金链断裂无力偿还借款从而导致在建工程烂尾的情况时有发生。在建工程涉及的法律关系复杂，往往关涉众多购房者实际利益，若采用传统财产模式处置，难以兼顾多方利益，极易引发各种矛盾连锁反应，影响社会和谐稳定。本案中，北京市第四中级人民法院充分考虑案件实际情况，积极创新涉案财产处置方式，有效利用当地政府熟悉本地情况、资源广泛的优势，通过引入优质第三方托管被执行人的方式，不仅盘活了被执行人的项目，使债务人的各项活动得以正常运转；而且通过发挥政府在房产登记、市场管理等多方面的监督管理职能，保证执行方案的全面落实，进而最大限度地保障了债权人和购房者的利益，实现法律效果与社会效果的有机统一。

编写人：北京市第四中级人民法院　陈康辉

经验交流

关于行政诉讼执行案件的统计分析

孙 彬[*] 张丽同[**]

引 言

行政执行案件一般分为行政非诉执行案件和行政诉讼执行案件。行政诉讼执行案件一般是指行政机关在作为被告时败诉但未履行生效裁决被申请执行的案件。行政机关被诉后败诉的案件包括民事诉讼案件和行政诉讼案件。本次统计分析的样本均为本院受理的北京市各区人民政府（以下简称区政府）为被执行人的行政诉讼执行案件。北京市第四中级人民法院作为以北京市辖区内区政府为被告的行政诉讼案件的集中管辖法院，受理以区政府为被告或被执行人的行政诉讼案件和行政诉讼执行案件。区政府为被执行人的行政诉讼执行案件体现了各区政府面临的深层次的社会矛盾，集中反映了行政诉讼执行案件的独有特点及其执行难的表现形式和产生原因。通过对相关案件执行情况的统计分析，把脉“政民”矛盾，寻找化解方法，为政府依法施政提供参考，助力北京市以最高标准推进法治政府建设，在深化改革、扩大开放的同时，做好社会建设，打造首善之都。本文以北京市第四中级人民法院受理的 2016 年至 2022 年政府为被执行人的行政诉讼执行案件为样本。

---

* 孙彬，北京市第四中级人民法院民庭法官助理。
** 张丽同，北京市第四中级人民法院行政庭法官助理。

一、行政诉讼执行案件的基本情况

（一）收案情况

1. 整体收案情况

2016 年 1 月 1 日至 2022 年 12 月 31 日，北京市第四中级人民法院受理以区政府为被执行人的案件共计 90 件，其中，首执案件 89 件，1 件未结，结案率 98.89%；2016 年至 2019 年，共收案 36 件，平均每年收案 9 件；新冠疫情后，收案数量有所增加，2020 年至 2022 年，共收案 53 件，平均每年收案 17.67 件，较新冠疫情前平均每年收案上升 8 件，增长 88.9%。恢复执行案件 1 件，已执行完毕（见表 2.1）。

表 2.1　收案情况

单位：件

年份	2016	2017	2018	2019	2020	2021	2022
收案数	9	7	12	8	17	26	10
小计	36				53		
每年平均	9				17.67		
	12.71						
总计	89						

2021 年 9 月 27 日，最高人民法院发布《关于完善四级法院审级职能定位改革试点的实施办法》，明确了对政府信息公开、不履行法定职责等四类以县级、地市级人民政府为被告的第一审行政案件，由基层人民法院管辖。受此影响，2021 年第四季度、2022 年，北京市第四中级人民法院以区政府为被告的一审行政案件下降明显，2022 年度政府败诉案件和被执行的案件相比 2020 年和 2021 年也相应减少。综观北京市第四中级人民法院七年收案数量，2016 年至 2019 年收案数量相对平稳，2020 年至 2021 年收案数量明显增加，2022 年又有小幅下降（见图 2.1）。

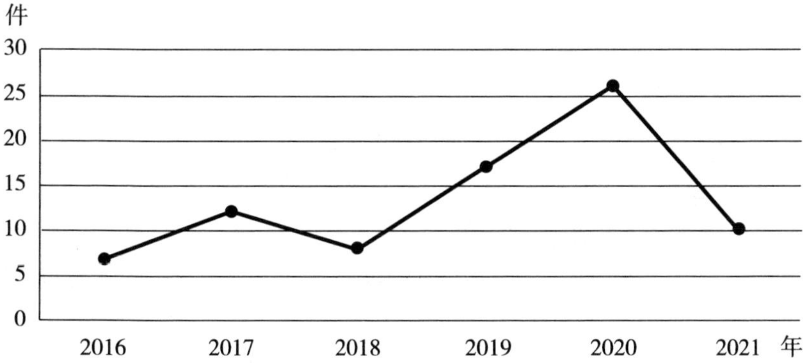

图 2.1　首执案件收案趋势

2. 行政诉讼执行案件数占区政府败诉案件比例

2016 年 1 月 1 日至 2022 年 12 月 31 日，被起诉至北京市第四中级人民法院的区政府为被告的案件共 10864 件（见表 2.2）。其中，因不符合法定立案条件，裁定不予立案的有 1883 件，经登记立案后进入审理程序的一审行政案件共 8950 件（见图 2.2）。审结的一审行政案件共 8971 件，其中判决区政府败诉的案件共 529 件，占审结案件数的 17.4%（见图 2.3）。申请执行人申请执行进入执行程序的案件 89 件，在败诉案件中占比 16.8%（见图 2.4）。

表 2.2　行政一审案件收案情况①

单位：件

年份	2016	2017	2018	2019	2020	2021	2022	总计
新收案数	2893	1722	1688	1749	932	1275	605	10864
受理案件数	1530	1542	1539	1593	916	1264	597	8981
败诉案件数	79	76	54	76	91	99	54	529

① 2016—2021 年数据来源于北京市第四中级人民法院 2016—2021 年度行政案件司法审查报告。

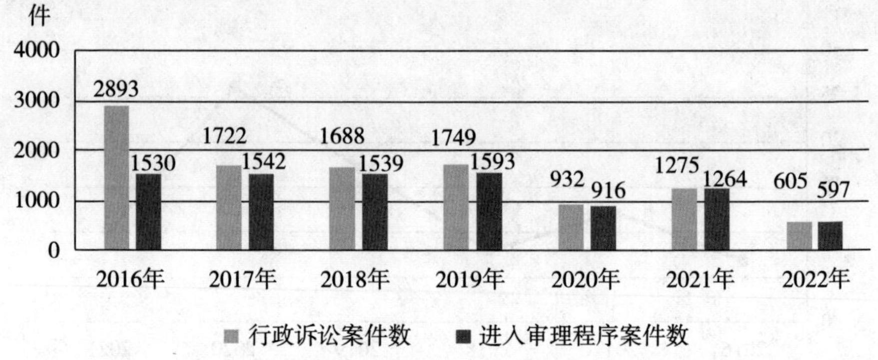

图 2.2　区政府为被告一审行政案件审理情况

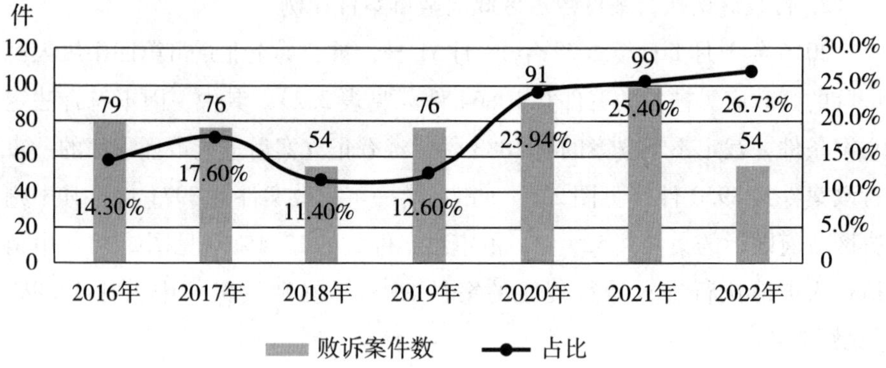

图 2.3　败诉案件数占实体判决占比

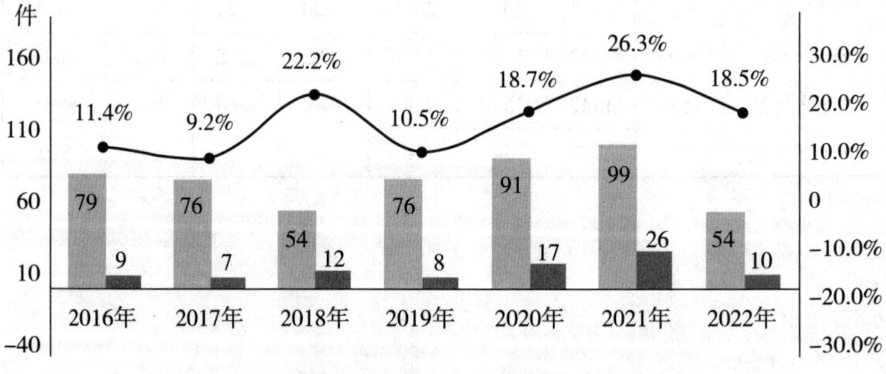

图 2.4　区政府被立案执行案件数量与占比趋势

3. 行政诉讼执行案件的地域分布

北京市16个区政府，七年间共有15个区政府被立案执行，各区区政府为被执行人的执行案件数分布区域并不均衡。其中，密云、东城、门头沟、怀柔、海淀案件居前五位，占受理区政府为被执行人案件总量的60.7%。延庆、石景山、通州、昌平、顺义案件量为全市后五位，占受理区政府为被执行人案件总量的7.9%，延庆区政府未被立案执行（见图2.5）。

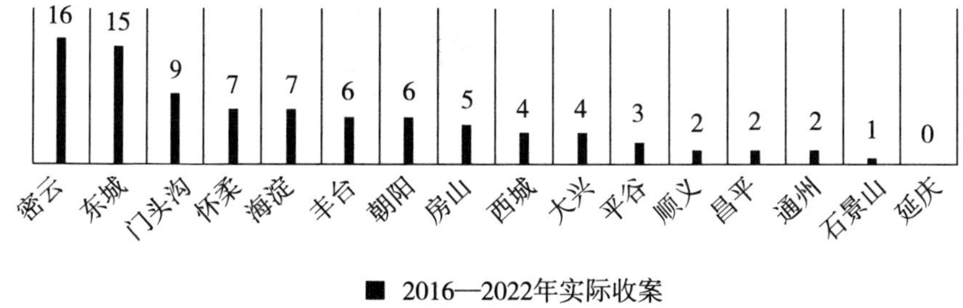

图2.5 2016年至2022年各区政府作为被执行人的案件情况（单位：件）

4. 行政诉讼执行案件的类型分布

案件的类型分布是指根据案件的案由统计的案件情况。然而，根据《最高人民法院关于规范行政案件案由的通知》，行政案件的案由分为作为类案件、不作为类案件、行政赔偿类案件。确定作为类案件、不作为类案件的案由的基本方法是划分案件的类别，以行政管理范围为“类”，以具体行政行为种类为“别”进行构造。案由的结构应当具备行政管理范围和具体行政行为种类。比如“海关行政处罚”“诉公安机关不履行保护人身权法定职责”。但是，该通知所附行政管理范围中并未将“区人民政府”明确列出，“区人民政府”作为综合施政机关在作为行政诉讼被告时的案由划分存在不统一的情形，这也给本次统计带来了极大不便。

从政府职责的类型来看，涉及村务公开监督履职类19件，国有土地上房屋征收补偿类16件，涉养殖行政补偿类12件，拆迁安置类8件，土地确权类6件，行政赔偿类9件，公房管理类7件，行政复议类6件，信息公开类3件，集体土地上菜田行政补偿类2件，土地和厂房过户审批1件，所涉行政职责类型多样；从政府职责来源来看，涉法定职责的案件88件，职责来源于先行行为的案件 1 件。

按照作为类案件、不作为类案件和行政赔偿类案件进行分类统计，作为类案件 30 件，不作为类案件 50 件，行政赔偿类案件 9 件。各类案件占比情况见图 2. 6。

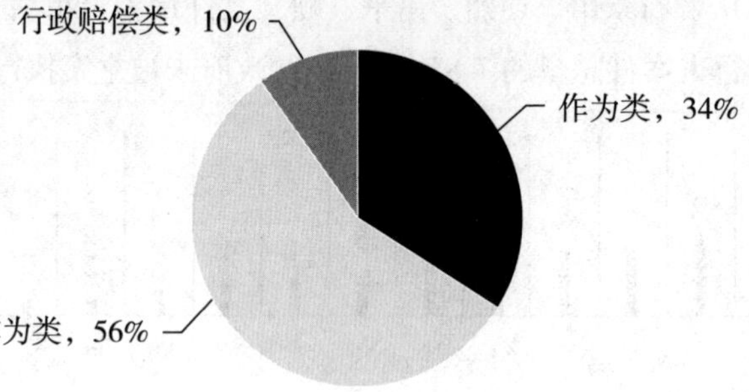

图 2. 6 行政诉讼执行案件类型占比

5. 新冠疫情前后的收案情况

新冠疫情期间，区政府为被执行人的案件收案总量大幅增加。新冠疫情前，2016 年至 2019 年，四年共收案 36 件，新冠疫情后 2020 年至 2022 年，三年共收案 53 件。本文对新冠疫情前后各区所涉区政府为被执行人案件数量进行统计，可以看出 9 个区新冠疫情后收案较新冠疫情前有所增加，其中门头沟、怀柔、房山、丰台、朝阳案件量增幅较高，西城区、海淀区、石景山区、延庆区新冠疫情后区政府均未被立案执行，详见图 2. 7。

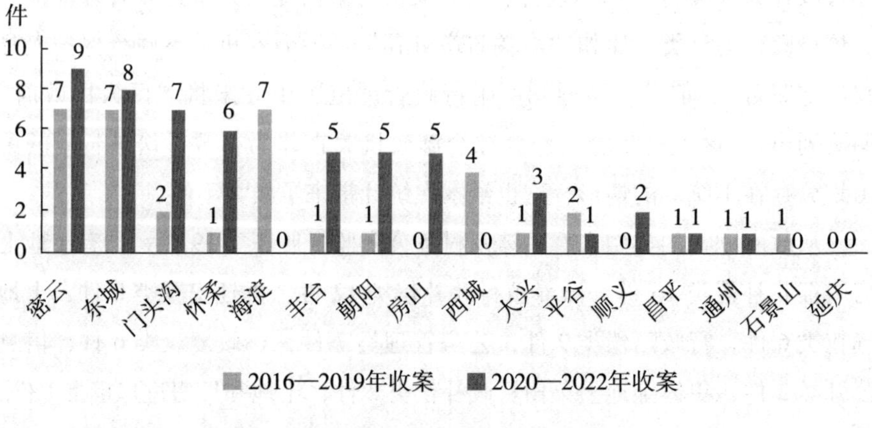

图 2. 7 新冠疫情前后各区案件收案对比

(二) 结案情况

根据《最高人民法院关于执行案件立案、结案若干问题的意见》的规定，执行结案的方式包括执行完毕、终结本次执行程序、终结执行、销案、不予执行和驳回申请六种。2016 年至 2022 年，北京市第四中级人民法院受理的区政府为被执行人案件结案方式包括执行完毕、终结执行、驳回申请三大类型。其中，执行完毕 82 件，占 92.13%；终结执行 3 件，占 3.37%；驳回申请 4 件，占 4.49%（见图 2.8）。驳回执行申请比例较低，反映出区政府履行进入执行阶段的生效判决的质效较低。

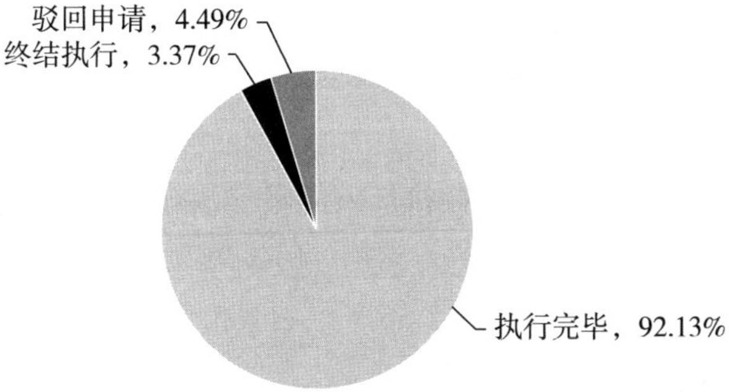

图 2.8 结案方式占比

(三) 执行用时情况

1. 执行用时的整体情况

样本案件中，最长的执行用时 421 天（含中止或扣除时间），最短的执行用时 18 天，平均用时（含中止或扣除时间）94.65 天。执行用时超过平均执行用时的案件共计 35 件，占比 39.3%，该 35 件案件平均执行用时 151.3 天。

以 30 天为统计区间，通过对样本案件执行用时的统计分析可见，执行用时小于 30 天的案件数量只占极小部分，占比 5.6%；31 天至 60 天的案件数量 26 件，占比 29.2%；执行用时超过 60 天的案件数量 58 件，占比 65.2%；执行用时超过 90 天的案件数量 36 件，占比 40.4%（见图 2.9）。可见，区政府为被执行人的案件执行用时整体较长，区政府对进入执行程序的判决履行情况较差。另外，因未履行先行行为而引起的履职义务的执行案件用时 421 天，是所有行政诉讼执行案件中用时最长的案件。

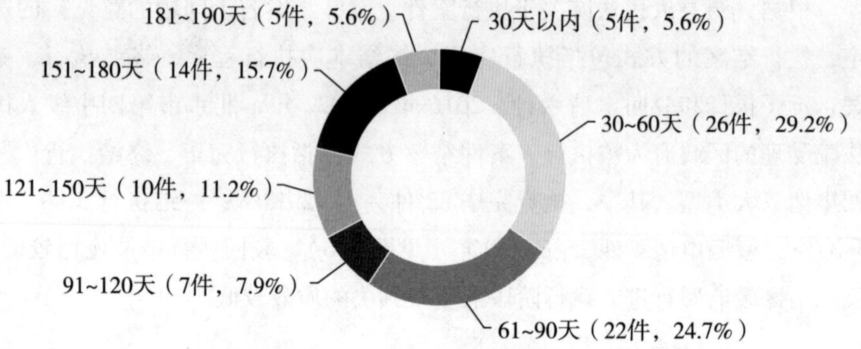

图 2.9 执行时长分布情况

2. 执行用时的区域差别

根据统计，各区区政府为被执行人的案件执行用时差距较大。其中，通州、海淀、顺义、丰台、大兴、房山、门头沟、东城执行用时居前 8 位，执行用时均超过平均执行用时 94.56 天。石景山、平谷、昌平、西城执行用时较短（见图 2.10）。

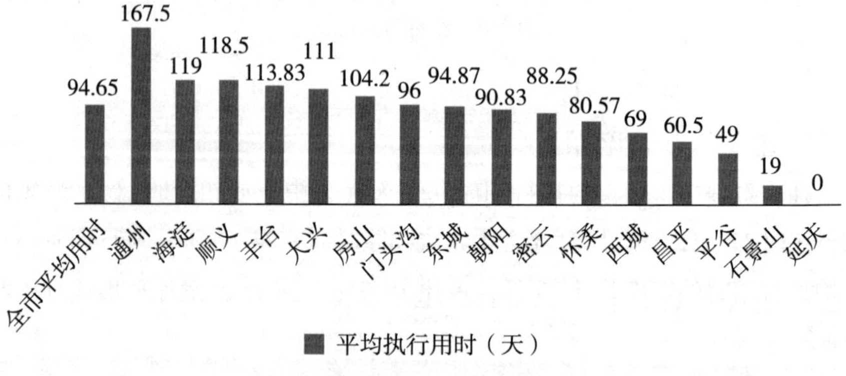

图 2.10 各区平均执行用时对比

3. 新冠疫情前后执行用时情况

新冠疫情前，2016 年至 2019 年，四年共收案 36 件，平均执行用时 80.33 天。2020 年至 2022 年，三年共收案 53 件，平均执行用时 104.38 天。受新冠疫情的影响，执行用时比新冠疫情前用时明显增加。

（四）小结

区政府被起诉案件量大、区政府为被执行人案件收案量占区政府败诉案件数的比例高、执行用时长与政府应当依法行政的要求不符。政府作为执法机关，理应有法必依、执法必严。经过法院裁判确定政府行为不合法之后，政府应当严格按照判决书履行，即使存在履行困难，其也应设法解决问题，化解矛盾，而非拖延履行、不当履行，任由申请执行人向法院申请执行，减损群众对司法公信力和政府依法行政的评价。

二、行政诉讼执行案件的特点与难点

（一）行政诉讼执行案件的特点

1. 执行依据的类型均为判决书，且以撤销判决和履行判决为主

行政判决可分为维持判决、驳回诉讼请求判决、确认判决、撤销判决、情况判决、履行判决、变更判决和行政赔偿判决等类别。据统计，与民事执行案件执行名义的种类多样不同，北京市第四中级人民法院七年来受理的行政诉讼执行案件的执行名义均为行政判决书和行政赔偿判决书，尚未有《行政诉讼法》中规定的行政诉讼调解书为执行名义的执行案件。从执行名义的判决方式来看，行政诉讼执行案件的执行名义判决履行法定职责的案件 50 件，占败诉案件总数 56.2%，判决撤销行政行为并责令履行的案件 30 件，占败诉案件总数 33.7%，两者占比达 89.9%；判决给付类案件 9 件，占败诉案件总数 10.1%（见图 2.11）。

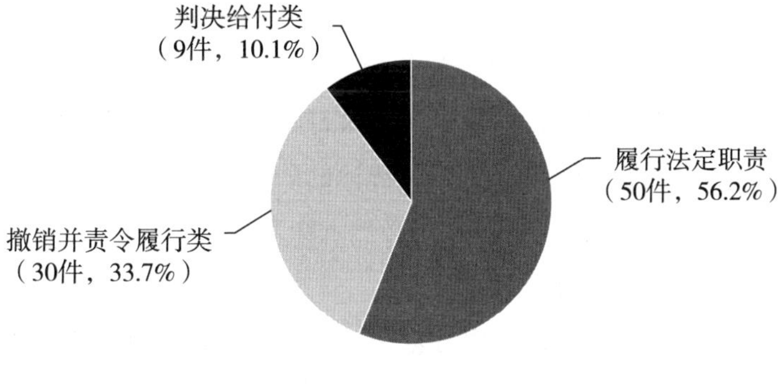

图 2.11　区政府被立案执行案件判决方式

2. 执行标的以行为执行为主

由于执行名义以履行判决和“撤销 + 履行”判决为主，因此，行政诉讼执行案件的执行内容主要是行为执行，即要求区政府履行生效执行名义中确定的履行义务，此类案件占比达 89.9%（见图 2.11）。

3. 执行方式以调解为主

行政诉讼执行更像是由法院执行部门主持的行政调解。所有执行案件均通过约谈、调解办理。所有案件中，均未对区政府采取过强制措施，无论是对行政机关负责人罚款、对直接责任人员采取罚款、拘留或者追究刑事责任，还是对区政府拒不履行判决进行公告、发出司法建议；也未直接冻结或者划拨区政府的银行账户。案件的执行推进多依赖于执行法官的约谈、调解、释法说理以及协调。

4. 结案方式以执行完毕为主，但是执行完毕并必然不意味着纠纷化解

一般而言，执行完毕率高意味着矛盾化解率高、执行质效较好。然而，行政诉讼执行并非如此。法院通过执行程序推进了涉案行政纠纷的实质化解进程。然而，通过法院的努力，案件因满足结案要件而执行完毕、终结执行，抑或是驳回执行后，“案了事未了”的情形仍时有发生。前述三种结案方式是统计范围内行政诉讼执行案件的三种结案方式，且均意味着执行的完毕或结束，然而实际情况并非如此。89 件样本案件中，“执行完毕”结案的案件占比 92.1%（见图 2.12）。然而，在结案后就执行结果提出行为异议的有 6 件；再次就区政府的履职行为进行诉讼的 15 件，因诉讼再次胜诉并进入执行的 6 件，向上级政府申请复议的 3 件；1 件得到支持；信访 3 件。一般民事案件，执行完毕后，该案纠纷即告解决。然而，除了判决行政赔偿或者行政补偿要求被执行人支付申请执行人一定数额的金钱的案件外，以履行行政行为为执行标的的行政诉讼执行案件，即使以“执行完毕”方式结案，该争议并不必然意味着得到了解决。

5. 驳回执行申请的案件用时较长

不同结案方式案件的执行用时差距较大，执行完毕的 82 件案件的平均执行用时 90.45 天，终结执行 3 件案件的平均执行用时 133 天，驳回申请 4 件案件的平均执行用时 152 天（见图 2.12）。可见，执行完毕结案的案件

执行用时较短，终结执行、驳回申请结案的案件执行用时较长。

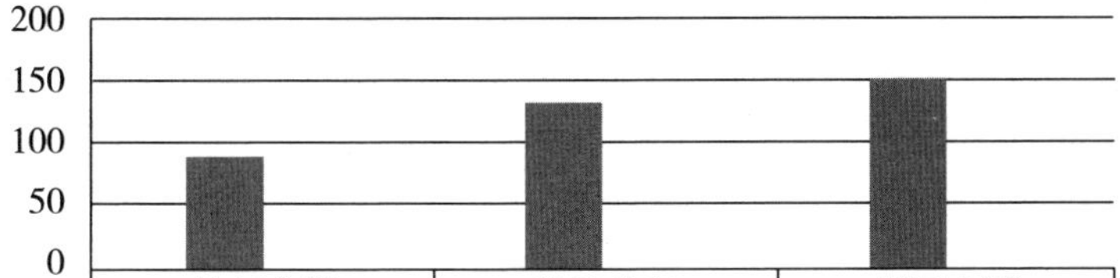

	执行完毕	终结执行	驳回申请
平均执行用时 / 天	90.45	133	152
件数 / 件	82	3	4

图 2.12　不同结案方式案件的执行用时

民事执行案件驳回执行申请一般用时较短。民事执行案件立案后，经审查不符合立案条件的裁定驳回执行申请，这一过程因为法律规定相对比较明确，一般用时较短。然而，行政诉讼执行案件驳回执行申请的用时达152 天。

6. 涉案争议持续时间长

据统计，从争议发生至执行案件办结，涉案争议最短的持续了 239 天，最长的持续了 5298 天，89 件案件共耗时 92388 天，每个涉执争议平均耗时 1038 天。多数案件所涉争议耗时 2 至 4 年，此类案件占比超过 80%，见表 2.3。

表 2.3　涉案争议耗时分布

耗时区间/天	365	730	1095	1460	1825	2190	2555	3650	5298
案件数/件	7	41	17	14	1	3	1	0	5
占比/%	7.8	46	19.1	15.7	1.1	3.4	1.1	0	5.6

（二）行政诉讼执行案件的执行难点

行政诉讼执行难的表现形式为实质化解纠纷难、统一执行标准难、协调政府配合难和执行措施适用难。

1. 实质化解纠纷难

区政府为被执行人案件的结案方式相对集中，其中 92.1% 案件以执行完毕结案，然而行政案件的执行完毕不同于民事案件执行完毕而达到争议实质解决的法律效果。行政案件执行中，执行权只判断生效判决是否得到履行，并不判断区政府行政行为是否实质合法，且履行标准并不明确具体，只要区政府按照生效判决内容进行履行，案件即可以执行完毕结案。但当事人依然不服区政府作出的行政行为的，会再次申请行政复议或者提起诉讼，导致当事人的权益迟迟不能得到有效保护，同时也浪费司法、行政资源。这也是行政案件循环诉讼的根源之一。

2. 统一执行标准难

各方对执行完毕的认定标准争议较大是指被执行人在行政诉讼执行中履行执行名义确定的行为义务的完成标准争议较大。

（1）判决内容不明确。有给付内容的判决书应当具有充分的可执行性，否则将会严重影响胜诉权益的实现和对各方权利人权益的保护。通过对行政机关败诉文书表述的分析，行政判决判项普遍存在在履行方式、期限、内容等表述不明确的情况，相关法律法规也没有规定行政行为履行完毕生效判决的形式标准或实质标准，致使行政机关在履行生效判决时遇到履行期限过于紧张或执行内容不明确等履行障碍，申请执行人与行政机关在执行中经常因没有统一的履行标准对是否完全履行判决确定的义务产生争议。虽然这种情况符合现行法律规定和法学理论，但是也造成了不利于执行的后果。作为被执行人的区政府应当如何履职、达到什么样履职效果，各方争议较大，且法律也没有明确规定，这也导致法院在执行中对被执行人的履职行为的监督也没有具体的标准，案件执行效率较低。表 2.4 统计总结了样本案件的判决模式。

表 2.4　执行名义履行判决的模式

案件类型	履行判决内容
征收补偿案件	责令被告于法定期限内履行征收涉案房屋的补偿职责。或责令被告于本判决生效之日起 7 个工作日内启动对征收范围内原告居住的未登记房屋的调查、认定、处理及结果公布程序
公房承租案件	被告在本判决生效之日起 60 日对原告的更名申请重新作出处理
行政复议案件	被告自本判决生效之日起于法定期限/60 天内对原告行政复议申请重新作出处理/答复

续表

案件类型	履行判决内容
政府信息公开案件	责令被告于本判决生效之日起法定期限内对原告《政府信息公开申请表》作出相应行为/重新答复
村务公开监督案件	被告在本判决生效之日起60日内对原告关于村村务公布事项进行调查处理/调查核实并作出处理。责令被告针对申请继续履行调查核实，责令村委会村务公开的法定职责
拆迁安置、养殖退养行政补偿	判令被告于本判决生效之日起的法定期限内/60日内，针对原告提出的履行法定职责（行政补偿）申请书/补偿安置请求予以处理/重新作出答复/重新处理。责令被告于本判决生效之日起法定期限内履行补偿职责
宅基地确权、土地权属及其他履行法定职责案件	责令被告在本判决生效之日起60日/法定期限/两个月内对原告提出的履行职责申请作出处理/履行调查核实及处理的法定职责并予答复

（2）行政行为复杂多样。区政府的行政职能来源不一，种类多样。样本案件中涉及征收拆迁、信息公开、村务公开、公房管理等11类行政行为，每类行政行为均不相同，涉及不同的管理领域。比如信息公开与村务公开类案件，虽然都涉及公开，但是区政府的职责却不相同。根据《政府信息公开条例》，政府在信息公开中的职责是推进、指导、协调、监督本行政区域的政府信息公开工作，并负有办理信息公开的职责。而在村务公开案件中，区政府的职责来源是《村委会组织法》，其主要职责是“监督”村委会的村务公开行为。统计涉及村务公开类案件为例，当事人对何谓“拒绝履行”理解不同。申请执行人申请执行后，政府负有“调查核实”村委会是否公开或实际公开村务、公开内容是否真实或全面并继续监督村委会的履行情况等职责，将履职情况答复申请执行人。

（3）救济路径不明确。行政机关在执行过程中作出履行判决的行政行为，明显未履行完毕判决所确定的义务的，行政行为的公定力、确定力与生效判决的既判力、执行力即产生冲突。对此，法院在执行中能否确定行政机关履行判决的行为效力，法院应该继续执行还是驳回执行申请，因没有明确的监督权力界限，执行法院也遇到执行障碍。假设法院认定政府履行判决的行为符合判决要求，以“执行完毕”方式结案，或者认定政府未履行完毕生效判决，要求政府继续履行，政府拒不履行，此时行政行为相对方的诉权如何保障，是否可以申请执行复议、行政复议或提起诉讼，时效如何计算，这些均无法律规定。

以（2019）京04执149号案件为例，该案判决“责令北京市×区人民政府于本判决生效之日起七个工作日内启动对征收范围内孟某华居住的未登记房屋的调查、认定、处理及结果公布程序”，判项中未载明履行完毕的期限。判决中确认“判决生效之日起七个工作日内启动”，但没有确认作出“调查、认定、处理及结果公布”行为履行的截至日期。判项中未明确、相关规则中也没有规定“调查、认定、处理及结果公布”行为履行完毕的形式标准或实质标准。×区政府以其已经启动了调查程序为由主张已经履行完毕生效法律文书确定的义务，而申请执行人认为×区政府启动调查程序并未履行完毕。若执行法院认定执行人履行完毕（见图2.13），申请执行人若对法院的认定不服，应当如何寻求救济，均无法律规定。在这种情况下，统一执行实施部门、执行审查部门、当事人、审判部门、上级复议部门的观点十分困难。

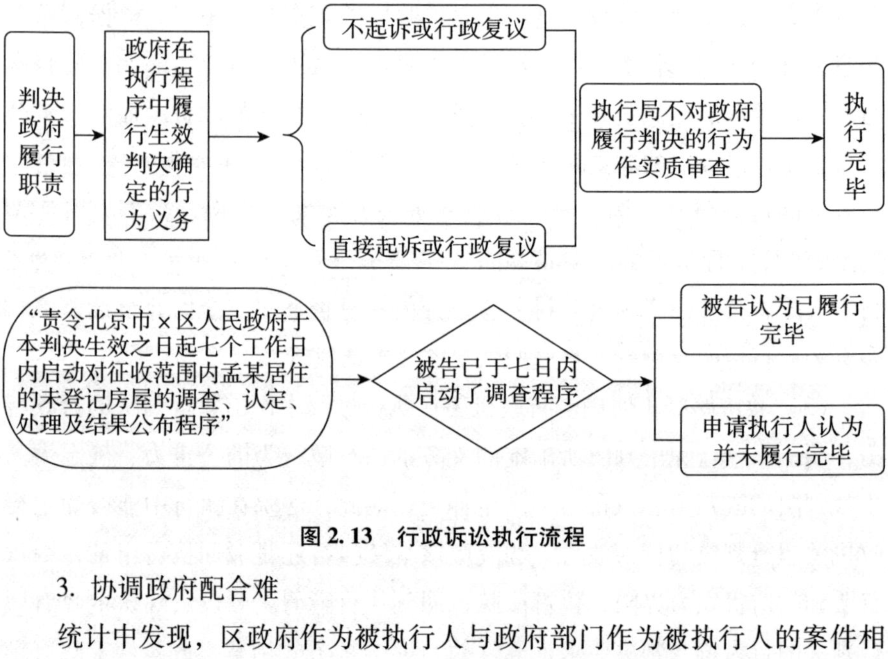

图2.13　行政诉讼执行流程

3. 协调政府配合难

统计中发现，区政府作为被执行人与政府部门作为被执行人的案件相比，协调区政府履职更加困难。区政府作为综合施政机关，政府职能多样，部门众多，并没有某个部门或内设单位专门负责由区政府直接负责的职责。当区政府履行职责时，其往往委托与其履职内容具有类似或相关的职能部门负责，比如土地确权的纠纷的解决、村务公开监督履职，有的区政府指定由农业农村部门负责，有的指定由镇政府负责，涉公房承租的案件，一般由某中心或公司负责；许多案件的执行甚至多个部门参与；而执行程序由司法局派人或委托律师参与负责传达。执行人员协调政府配合十分困难。

4. 执行措施适用难

规范、高效的执行需要系统全面的制度性保障，行政诉讼法对行政机关不履行生效判决的执行措施作出了规定，但是没有具体的实施细则，导致实操性不强。且囿于行政机关特殊的法律地位，可以适用的强制措施很少，无法对行政机关产生应有的约束力。具体分析而言，《行政诉讼法》第九十六条规定了五种措施。其一，划拨行政机关账户。行政机关一般没有专门的赔偿金的账户，常以影响行政机关正常运转为由拒绝划拨。其二，对行政机关负责人罚款。在实践中基于行政机关负责人的特殊地位，法院不会对行政机关负责人处以罚款，即使罚款也是根据《民事诉讼法》的规定对行政机关处于罚款。其三，对行政机关拒绝履行的情况予以公告。由于公告的形式、程序没有具体操作规则，操作困难且实际作用有限。其四，提出司法建议。司法建议只是提出一些建议，并没有强制力，实践中发出司法建议一般最多收到接收单位的回函，并没有取得实质效果。其五，对该行政机关直接负责的主管人员和其他直接责任人员予以拘留或追究刑事责任。

5. 行政诉讼执行案件的“执行难”与民事执行案件“执行难”不同

《最高人民法院关于人民法院解决“执行难”工作情况的报告》概括地指出“执行难”的表现形式有：一是查人找物难；二是财产变现难；三是排除非法干预难；四是清理历史欠账难。而导致“执行难”的原因则包括内因和外因两个方面，内因包括执行规范化水平不高、执行人员力量和能力不足、执行制度机制不够健全完善、执行工作管理不够规范四个方面。外因有社会诚信体系不够健全、执行依据复杂多样、执行标的种类繁多、法律和配套制度不够健全完善、多种经济社会矛盾交织五个方面。

通过对样本案件的分析可以看出，行政诉讼执行案件执行难的表现形式与产生原因与最高人民法院总结出的并不相同。行政诉讼执行案件并不存在查人找物难、财产变现难、排除非法干预难、清理历史欠账难等情况。行政诉讼执行难的产生原因与民事执行案件的原因亦不完全一致。

三、行政诉讼执行难的产生原因

通过对样本案件进行分析，可以发现行政诉讼执行案件执行难的原因主要包括以下几个方面。

（一）行政诉讼执行规则粗疏失范

1. 行政诉讼执行规则粗疏

合法的行政行为依托于规范、系统的法律制度。本文对涉行政诉讼执行的相关法律规范进行整理归纳，《行政诉讼法》在“执行”一章涉及行政诉讼执行的条款主要是第九十六条、第一百零一条，分别对行政机关不履行生效判决可采取的强制措施、行政诉讼法没有规定的参照民事诉讼法作出了原则性规定。《行政诉讼法司法解释》第一百五十二条至第一百五十四条对行政诉讼执行的申请期限、管辖法院作出了概括规定。可见，目前关于行政诉讼执行的相关法律规范笼统散乱，明显供给不足，粗疏的法律规范在面对复杂多样的行政行为执行时，必然会显得捉襟见肘，容易造成申请执行人、行政机关、执行法院在对生效判决要求作出的行政行为的理解存在不同解释，从而导致申请执行人对行政机关作出的行政行为不服重复诉讼、执行，行政诉讼执行工作用时长等一系列问题。

2. 政府履行判决的规则缺失

行政机关作出行政行为须依据具体的法律指引。《行政诉讼法》《行政处罚法》等法律法规对行政机关具有作出某种行政行为的主体资格、职责范围等作出了规定，但是就如何履行生效行政判决没有具体法律法规，包括履行期限、履行完全的标准等，这导致了行政机关对履行行政判决存在懈怠心理，拖延履行，进而增加了区政府败诉案件进入执行程序的数量。

同时，进入执行程序中，行政机关因缺乏有效的规范指引，导致区政府在履行生效判决时缺乏执行标准导致用时过长。

3. 行政执行的救济规则不明

根据统计，区政府根据判决履行后，当事人寻求救济的有路径有三：一是就执行法院对区政府履行生效判决的履职行为提起执行行为异议；二是就区政府履行生效判决的履职行为另行诉讼；三是对区政府履行生效判决的履职行为提起行政复议。但是，三种路径的适用条件、相互关系，以及如何相互衔接以发挥其应有的制度功用，缺乏法律规定。且由于被执行人的特殊性，行政诉讼执行的救济规则无法直接适用民事执行规则的救济程序。

4. 民事执行规则难以直接适用于行政执行

虽然《行政诉讼法》第九十六条、第一百零一条对行政机关不履行生效判决可采取的强制措施及没有规定的可以参照《民事诉讼法》作出了规定，但是行政行为的执行不同于民事财产的执行，现行执行规则在实践中遭遇“强制不能”的困境，在个案执行中无法对作为被执行人的区政府产生规制作用。

因行政诉讼执行的被执行人为具有执法权的行政机关，其特殊地位与职能区别于一般民事主体，从而导致实践中民事执行规则在行政诉讼执行中应用受阻。行政诉讼标的为行政机关作出的行政行为，也只能参照《民事诉讼法》中关于行为执行的规范,然而很多民事执行规则无法适用于行政机关。比如在民事案件执行中，对被执行人不履行生效判决可以直接对被执行人的财产采取查封、扣划措施，但因区政府特殊的行政主体地位，在行政赔偿案件中不可能对区政府的财政账户径行冻结、扣划；又如在民事案件执行中可将被执行人列入失信被执行人，如果将区政府列入失信被执行人，相应的区政府法定代表人区长则被限制高消费，采取此类强制措施不仅影响各区区长履行职务，而且严重损害区政府的形象。因此行政诉讼执行只能在执行流程等形式上参照《民事诉讼法》中的规定，对被执行人具有实质影响的强制措施无法适用。

（二）行政诉讼执行的理论缺位

在民事执行理论对执行权的性质尚未有明确定性之时，虽然《行政诉讼法》通过转致条款将政府作为被执行人的行政诉讼执行案件的执行规则适用民事执行规则，这明显是不合理论、不合实践、不合社会现实的。行政诉讼执行理论的研究是十分欠缺的①，各种行政法、行政诉讼法教材对于行政诉讼执行的介绍还停留在介绍法条的解释上②，许多实务中面临的难题的解决需要理论支撑，行政诉讼执行理论亟待推进、向深发展。

（三）行政诉讼执行中的政策考量与历史遗留问题交织

相关争议的产生时间久远，进入执行时往往已是“陈年旧案”，且其背后多有国家政策和历史遗留问题相互交织，这些案件往往涉及的是各区甚至是北京市和国家重大项目，比如密云水库保护退养涉及的案件、老城区棚户区腾退搬迁和公房承租人变更等案件，都伴随着深刻的政府政策因素或者历史遗留问题。此种情况下，相关案件执行十分困难。同时，考虑到北京作为首都的特殊地位，为了达到法律效果、社会效果和政治效果的统一，对区政府适用强制措施往往持比较谨慎的态度。

（四）被执行人方面的原因

虽然案件均以区政府为被告，但是，在具体案件中，区政府仅仅是名义被执行人，实际被执行人是各行政行为的具体经办部门。比如，退养腾退的实施部门是各区农业农村局；公房承租的经办部门是改制后的公司；征收拆迁的实施主体虽然是区政府，但具体经办部门是拆迁办公室；村务公开的监督部门也是农业农村部。司法局的功能没能充分发挥。司法局在具体案件中起到的是沟通协调的作用。

四、提高行政诉讼执行质效的建议

行政机关作为执法主体，在判决生效后，应当及时履行判决。首先应当加强附院联动，强化纠纷实质化解，减少区政府因为在法定期限内不履行、人为原因导致争议进入执行程序，从根源上减少循环诉讼问题。其

① 参见王学辉、程怡：《构建中国特色行政判决强制执行制度》，载《学习论坛》2020年第1期。

② 一些行政法行政诉讼法权威著作中均缺少对行政诉讼执行理论阐述，参见姜明安：《行政法与行政诉讼法》，北京大学出版社、高等教育出版社2019年版；余凌云：《行政法讲义》，清华大学出版社2019年版。

次，完善行政诉讼执行规则，为执行法院、申请执行人和行政机关提供明确的执行指引，减少争议，降低申请执行人的诉讼成本。最后，加强行政执行的理论与实务研究，为健全完善行政诉讼执行体制机制提供理论支撑。

（一）加强省级府院联动，推进行政诉讼执行纠纷实质化解

1. 行政诉讼执行“府院联动、纠纷实质化解”与民事执行“综合治理执行难工作格局”的区别

（1）“构建综合治理执行难工作格局”的提出、构建与完善

人民法院在推动解决执行难的过程中提出要构建综合治理执行难工作格局的构想，然而这一构想也经历了由浅入深、由单一到全面、由概括到具体的过程。自2009年始，最高人民法院十余次发文强调要“构建综合治理执行难的工作格局”①；“初步构建了综合治理执行难问题的工作格局”②；“切实形成社会各界综合治理执行难的合力”③。

2017年，最高人民法院提出要“全面构建综合治理执行难工作格局”④，“党委领导、政法委协调、人大监督、政府支持、法院主办、部门配合、社会参与的综合治理执行难工作格局进一步发展完善”⑤。2018年，最高人民法院再次强调要“推动完善党委领导、政法委协调、人大监督、政府支持、法院主办、相关部门配合、社会参与的综合治理执行难工作格局”⑥。2019年，将这一表述调整为“‘党委领导、政法委协调、人大监

① 如《关于深入贯彻落实全国政法工作电视电话会议精神的意见》（法发〔2009〕59号）、《最高人民法院关于认真贯彻落实全国人大常委会审议意见进一步做好人民法院执行工作的通知》（法〔2009〕417号）、2010年7月7日最高人民法院会同19个中央和国家机关联合发布的《关于建立和完善执行联动机制若干问题的意见》、2011年《最高人民法院关于开展反规避执行专项活动的工作方案》、2011年8月1日《最高人民法院关于人民法院加强法律实施工作的意见》、2011年1月4日《二〇一一年人民法院执行工作要点》（法执明传〔2011〕1号）、2011年10月27日《关于充分发挥审判职能作用加强和创新社会管理的若干意见》（法发〔2011〕16号）等。

② 中国法学会《中国法治建设年度报告（2010）》（2011年6月）。

③ 《人民法院工作年度报告》（2011年）。

④ 《最高人民法院关于为改善营商环境提供司法保障的若干意见》（法发〔2017〕23号）。

⑤ 2017年11月1日，最高人民法院院长周强在第十二届全国人民代表大会常务委员会第三十次会议上作《最高人民法院关于人民法院全面深化司法改革情况的报告》。

⑥ 《2018年人民法院工作要点》（法发〔2018〕3号）。

督、政府支持、法院主办、部门联动、社会参与’的执行难综合治理工作大格局”①。2019 年，最高人民法院提出，要“健全完善综合治理执行难工作格局……推动完善和发展中国特色社会主义现代化执行制度，构建切实解决执行难长效制度体系”②，并要求“标本兼治”，“完善综合治理执行难工作大格局”，“从源头综合治理执行难”，“进一步推进综合治理执行难工作格局制度化机制化，把执行工作纳入国家治理体系和治理能力现代化总体框架，从源头综合治理执行难”③。首次提出“完善民事、刑事、行政案件执行一体化工作机制……进一步规范行政执行案件范围、执行规则和流程”④。

2021 年，最高人民法院发文再次强调，“充分发挥党总揽全局、协调各方的领导核心作用，统筹各方资源，构建从源头综合治理执行难的工作格局和常态化工作机制”⑤。2022 年提出要“加强执行难综合治理、源头治理考评，推动将执行工作纳入基层网格化管理”。

（2）在构建综合治理执行难工作格局的进程中，应将行政诉讼执行难纳入

通过对样本案件的分析，可以看出行政诉讼执行案件所涉主体及法律关系与民事执行案件存在本质不同。然而，在“综合治理执行难”的顶层设计阶段，就未将行政诉讼执行考虑在内。在 2016 年至 2018 年“用二至三年时间基本解决执行难”的实践中也未在将行政诉讼执行案件的特殊性考虑在内。直至 2019 年，《最高人民法院关于深化执行改革健全解决执行难长效机制的意见——人民法院执行工作纲要（2019—2023）》中才提出

① 《最高人民法院关于深化执行改革健全解决执行难长效机制的意见——人民法院执行工作纲要（2019—2023）》（法发〔2019〕16 号）。

② 最高人民法院关于印发《最高人民法院关于深化人民法院司法体制综合配套改革的意见——人民法院第五个五年改革纲要（2019—2023）》（法发〔2019〕8 号）。

③ 《最高人民法院关于深化执行改革健全解决执行难长效机制的意见——人民法院执行工作纲要（2019—2023）》（法发〔2019〕16 号）。

④ 《最高人民法院关于深化执行改革健全解决执行难长效机制的意见——人民法院执行工作纲要（2019—2023）》（法发〔2019〕16 号）。

⑤ 2021 年 12 月 6 日，《最高人民法院关于进一步完善执行权制约机制加强执行监督的意见》（法〔2021〕322 号）。

“完善民事、刑事、行政案件执行一体化工作机制……进一步规范行政执行案件范围、执行规则和流程”。然而，至今却无新的进展。“综合治理执行难”的推进重点在于查人找物、财产处置、诚信建设、廉政建设、威慑惩戒等方面。如前文分析，这些方面却非行政诉讼执行案件的执行难点所在，考虑到行政诉讼执行案件被执行人作为政府的特殊性，民事与行政执行一体化工作机制如何构建、行政执行案件范围、执行规则和流程如何确定和设计还需要大量研究梳理明确。

（3）行政诉讼执行“纠纷实质化解”的内涵更窄

根据2019年6月3日《最高人民法院关于深化执行改革健全解决执行难长效机制的意见——人民法院执行工作纲要（2019—2023）》，执行难源头治理的措施包括提高社会信用体系基础信息的完整性、全面性和准确性、积极参与并推进构建完善的社会诚信体系、推动提升全社会法律意识、风险防范意识及诚信意识、强化执行程序与社会保障体系、商业保险体系的有效衔接、加大司法救助力度、完善执转破工作机制、推进完善强制执行法律体系及配套制度。中央全面依法治国委员会《关于加强综合治理从源头切实解决执行难问题的意见》指出，强化执行难源头治理制度建设要加快社会信用体系建设、完善市场退出工作制度机制、完善司法救助制度、完善责任保险体系、完善相关法律制度。这些纠纷实质化解措施均非针对行政诉讼执行难提出。行政诉讼执行案件的“府院联动、纠纷实质化解”有其自身的特殊内容。

2. 行政诉讼执行“府院联动、纠纷实质化解”的内容

通过对统计样本的分析，可以看出，行政诉讼执行案件所涉矛盾历时长、执行规则欠缺，执行手段匮乏，执行过程中更需要政府各部门“上下左右”的全方位通力配合。否则，矛盾只会在行政机关之间、上下级之间沟通协调的过程逐渐积累膨胀。

第一，坚持行政权与司法权相互独立原则。民事执行的府院联动是为了形成合力提高针对行政诉讼执行的执行质效。而行政诉讼执行“府”本身即是被执行人，因此行政诉讼执行中的府院联动要坚持“行政权与司法权”的相互独立原则，否则容易使民众误以为法院与政府串通一气侵害申

请执行人。

第二，行政诉讼的纠纷实质化解在于被告政府积极履职化解纠纷，避免因未履行生效判决再次进入法院成为被执行人。行政机关作为执法机构和社会治理的主管部门，负有管理社会的职能，理应在判决生效后模范遵守法律，积极履行职责，即使存有争议，也应尽量化解，减少进入司法程序的数量，维护政府权威和公信力。改变“办事的人不参与、参与的人不办事”模式，让办事的人参与诉讼执行，减少推诿、沟通成本，提高执行时效。加强经办人人员业务培训，提高履职能力和化解矛盾纠纷的责任心和能力。将履行生效判决纳入各区政府绩效考核，加强上级政府对下级政府履行生效判决的监督力度。

第三，行政诉讼执行中的府院联动应当主要由高级法院与省级政府的联动。基层或者中级法院作为行政诉讼执行的执行法院，不宜与同级政府就行政诉讼执行相关问题直接联动，否则同样会造成司法与行政“合谋”的错误印象。因此，应由高级法院和省级政府联动，就相关问题加强沟通、协调，提高行政诉讼执行的质效。

（二）制定并完善行政诉讼执行规则

（1）明确法院执行部门对履行执行名义的行政行为合法性的审查权限，让执行权有限介入履行判决的行政行为中。

法治政府建设的价值需求下，公正司法理念深入民心，对行政行为公定力的尊重不是对法律上具有监督权的国家机关的要求，有监督权的国家机关，可以对具体行政行为进行实质审查，并依法予以否定。对具有重大而明显瑕疵的具体行政行为，法院不作为其判决和裁定的前提，并可以在并非该行政行为的争议中予以否定。因此，法院作为法律上具有监督权的国家机关，对于行政机关明显未履行判决的行政行为，法院可以予以否定，要求行政机关继续履行。

“一般认为，行政机关有义务按法院判决的旨意重新作出具体行政行为……不是指责令行政机关重新作出具体行政行为的判决具有执行力，而是指行政机关不按法院判决旨意重新作出具体行政行为应承担的不利法律后果，法院可以适用针对行政机关强制执行措施的规定来处理。”①

因此，可以赋予执行权在执行此类案件时依据判决内容对行政行为进行审查。比如，执行村务公开监督履责案件时，执行权应当以裁判论述和主文确定的行为为边界，以经过审理的村务公开申请内容为判断基点，对政府履职即履行判决的行为进行审查。相反，此类案件的执行不能坚持形式履责原则，不能以被执行人作出责令并答复申请人为标准。否则，只会增加当事人讼累，导致矛盾的不断积累、激化。而其根本原因在于，不顾申请人的申请是否全部得到回应，仅要求政府责令村委会履责并答复申请执行人，则生效的判决可能并未履行完毕。笔者在执行村务公开监督履责案件时，执行的根本争议正在于此。申请执行人有多项公开请求，政府败诉后“一令一复”了之，或遗漏诸多请求，或调查并不彻底，或责令内容、期限不明确，或未监督责令履行情况等。此时，已经经过庭审确认的申请事项却没有得到执行，判决实际未履行完毕。需要注意的是，执行权只判断判决是否得到履行，并不判断政府行为的实质合法性，只要政府逐一对申请内容逐一回应，并就村委会公开村务是否真实、全面、及时回复申请人即可。

（2）出台行政诉讼执行履行判决规定为行政诉讼案件执行提供更明确的规范指引。比如通过规定，明确当事人对行政机关履行生效判决作出的处理不服时的救济路径、明确执行各强制措施的适用条件和程序、明确行政诉讼执行案件执行中止、暂缓的条件等问题，减少执行程序的模糊性，提高行政诉讼执行的规范性。再如，行政机关通过制定主动履行生效判决操作细则，明确履行判决的程序、部门间的职责划分、内部争议的解决程序等，避免因内部职能不清导致未完全履行生效判决而进入执行。

（三）加强行政诉讼执行理论研究，统一行政诉讼执行认识

行政诉讼的理论构建可以为行政诉讼执行的理论构建提供指导，但是行政诉讼理论并不能有效解释司法权、执行权、行政权之间的关系，三者之间的关系并未形成逻辑闭环。比如，行政诉讼与行政诉讼执行的实质是

① 向忠诚：《行政诉讼执行程序制度研究》，中国政法大学出版社2014年版，第32页。

司法权对行政权的监督与制约，行政机关对行政事务在自由裁量范围内具有判断权和处理权，司法权力只是被动地对行政机关的判断及处理进行监督，而不能直接干预行政权。目前法院在行政审判中只能对行政机关行政行为的合法性进行司法审查，在行政诉讼执行程序中只是确保判决内容得以完全履行，没有权力对行政机关依据生效判决作出的行政行为的合法性进行审查，即使该行政行为明显不当，也不能径行认定该行政行为不合法而直接要求行政机关重新作出履职行为。因此，应加强行政诉讼执行的理论研究，比如加强审判权、执行权及行政权在行政诉讼执行程序中的关系的研究；加强行政诉讼执行强制执行措施的制定与适用的研究；加强行政诉讼执行案件评价体系的研究；加强行政诉讼执行在新时代推进全面依法治国中的作用的研究等。

关于“一带一路”背景下我国承认和执行外国仲裁裁决司法实践相关问题的调研报告

张　卫[*]　贾丽英[**]　詹华东[***]　陈康辉[****]

一、概述

党的十九大报告指出“中国开放的大门不会关闭，只会越来越大。要以‘一带一路’建设为重点，坚持引进来和走出去并重，推动形成全面开放格局”。随着“一带一路”建设的深入推进，相关的跨境纠纷也日渐增多。作为《承认和执行外国仲裁裁决公约》（以下简称《纽约公约》）的缔约国，国际商事仲裁所特有的中立性、一裁终局性、可执行性和保密性等优势，使其日渐成为“一带一路”建设中日渐风靡的跨境纠纷解决方式。因此，正确解释和适用《纽约公约》、及时承认和执行外国仲裁裁决，不仅是平等保护中外投资者、优化营商环境的必然要求，也是展示我国建设诚实信用营商环境的决心和努力的应有之义，更有助于提升“一带一路”建设争端解决的效率，提振外商在华投资的预期和信心。

为服务和保障“一带一路”建设和北京“两区”建设，最高人民法院出台了一系列文件，例如，2015年最高人民法院发布《关于人民法院为“一带一路”建设提供司法服务和保障的若干意见》，明确指出要正确理解

---

* 张卫，原北京市第四中级人民法院执行局局长，现任北京市第一中级人民法院审判委员会专职委员。

** 贾丽英，北京市第四中级人民法院执行局副局长。

*** 詹华东，北京市第四中级人民法院执行局法官助理。

**** 陈康辉，北京市第四中级人民法院执行局法官助理。

和适用《纽约公约》，依法及时承认和执行与“一带一路”建设相关的外国商事海事仲裁裁决；要探索完善撤销、不予执行我国涉外、涉港澳台地区仲裁裁决以及拒绝承认和执行外国仲裁裁决的司法审查程序制度，统一司法尺度，支持仲裁发展。2021 年最高人民法院印发《关于人民法院为“两区”建设提供司法服务和保障的意见》，更是明确提出要支持境外知名仲裁及争议解决机构在自由贸易试验区内设立业务机构，就国际商事、投资等领域民商事争议开展仲裁业务。依法支持和保障中外当事人在仲裁前和仲裁中的财产保全、证据保全、行为保全等临时措施的申请和执行，并明确要求人民法院要恪守国际公约义务，严格依照《纽约公约》承认和执行外国仲裁裁决。这些顶层设计明确表示了我国支持仲裁制度改革和仲裁机构创新发展的态度，极大提升了我国纠纷解决机制的国际竞争力和公信力。

人民法院作为承认和执行外国仲裁裁决案件的受理和执行机关，一直承担着正确解释与适用《纽约公约》、及时承认与执行外国仲裁裁决的国际义务。北京市第四中级人民法院自 2018 年开始集中管辖北京全市范围内的申请承认和执行外国仲裁裁决案件以来，秉承着有利于执行的公约理念，办理了一大批具有典型性、创新性的承认与执行外国仲裁裁决案件，发现了一些问题，也积累了一些经验，亟须进行系统性总结。本课题组以北京市第四中级人民法院办理的外国仲裁裁决的执行案件为调研素材，对承认和执行外国仲裁裁决的法律制度规定进行了系统梳理，对司法实践中遇到的难题以及形成的有益做法进行了总结和归纳，并在此基础上提出相应的对策建议，以期为优化首都营商环境，服务保障国家“一带一路”重大战略和北京“两区”建设实施做出贡献。

二、承认和执行外国仲裁裁决的主要法律制度规定

（一）国际公约

在国际司法协助体系中，承认和执行外国仲裁裁决最重要的国际公约是《承认及执行外国仲裁裁决公约》，该公约是在 1958 年在纽约召开的联合国国际商业仲裁会议上签署的，故也称《纽约公约》。1987 年 4 月 22

日，该公约对中国正式生效。截至2023年1月17日，《纽约公约》的缔约国共有172个国家，其建立的国际商事仲裁裁决的承认和执行制度为世界所公认。

（二）双边司法协助条约

除《纽约公约》外，申请人如欲向我国法院申请承认与执行该外国仲裁裁决，还可依据仲裁机构所在国与中国签订的民事和商事司法协助条约。截至2023年12月31日，我国已经与39个国家签订了双边民事和商事司法协助条约。

（三）国内法相关规定

我国《民事诉讼法》《最高人民法院关于适用〈中华人民共和国民事诉讼法〉的解释》《最高人民法院关于审理仲裁司法审查案件若干问题的规定》《关于仲裁司法审查案件报核问题的有关规定》等法律和司法解释对承认与执行外国仲裁裁决案件的办理作出了程序性规定，同时也进一步明确了只要该国与中国建立了互惠关系，即使其并非《纽约公约》缔约国，也未与我国签订双边条约，该国仲裁机构作出的仲裁裁决同样可依据互惠原则向中国法院提起承认和执行的申请。

（四）其他制度性规定

在承认和执行外国仲裁裁决相关领域，最高人民法院还相继从不同维度发布了多项司法文件，例如1987年发布的《关于人民法院处理与涉外仲裁及外国仲裁事项有关问题的通知》对层报制度进行了规定；《关于仲裁司法审查案件归口办理有关问题的通知》《关于承认和执行外国仲裁裁决收费及审查期限问题的规定》两个司法文件对仲裁司法审查案件的管辖进行了规范，力图提高案件审判质量，统一司法尺度，这些司法文件充分展示了我国支持仲裁事业健康发展，助力营造法治化营商环境的决心。

三、北京市第四中级人民法院承认和执行外国仲裁裁决的基本情况

按照上级部署和要求，北京市第四中级人民法院集中管辖北京市辖区内诉讼标的额在50亿元以下的第一审涉外、涉港澳台地区商事案件以及由北京市中级人民法院管辖的仲裁司法审查案件和外国法院裁判审查案件。

自集中管辖全市申请承认与执行外国仲裁裁决和法院判决审查案件以来，北京市第四中级人民法院共受理外国仲裁裁决和判决执行案件共计332件，其中进入执行阶段的案件共计35件，立案执行总标的50余亿元。

从申请人的角度进行梳理，在该类案件审理中，按照申请人国别进行划分，涉及十余个国家和地区，其中多为亚洲、欧洲、北美洲国家。案件涉及诸多国际知名仲裁机构，如ICC国际仲裁院、美国仲裁协会、新加坡国际仲裁中心、国际棉花协会。从申请人选择承认与执行外国仲裁裁决的管辖法院来看，大多数申请人选择向被申请人住所地的法院进行了申请，占比为92%；少部分向被申请人财产所在地的法院进行了申请，占比为8%。从申请人的申请事项来看，大多数申请事项包括对仲裁裁决内容的承认和对仲裁裁决内容的执行两项，仅有1宗案件当事人仅申请承认仲裁裁决，部分案件（占比为56%）同时请求将仲裁司法审查所产生的费用由被申请人承担。

从被申请人的抗辩理由进行分析，该类案件中被申请人的抗辩理由多样，基本覆盖《纽约公约》第五条规定的全部理由，包括无仲裁条款或仲裁条款无效、未生效，超裁，仲裁违反法定或约定程序、违背社会公共利益等。其中提出仲裁程序不当占比最高，该项程序异议主要包括了仲裁规则与约定不符、仲裁庭组成不当、未予合理通知、审理程序违反强制性规定等抗辩理由。当事人提出的抗辩理由也存在并不属于法定的抗辩事由范畴的事项，例如申请人提交材料存在形式瑕疵、关联案件未审结、被申请人无力履行等。

从审查结果上来看，此类案件审理的结果包括了承认（部分承认）、承认和执行、移送其他法院审理、当事人自愿撤回申请等，暂无拒绝承认和执行外国仲裁裁决的案例。从承认事项来看，有的案件承认事项包括仲裁裁决书及上诉裁决书，有的案件不仅承认仲裁裁决书，同时承认裁决附录内容。这些案件集中体现了北京市第四中级人民法院开放包容、适度审查，在有效司法监督的基础上保持尊重和支持仲裁的立场。

四、办理承认和执行外国仲裁裁决执行案件中发现的问题

（一）救济途径不通畅

在申请承认和执行外国仲裁裁决案件中，对法院审查后作出的裁决，如一方当事人不服，是否可以通过提起上诉寻求权利救济，这属于各国国内法律规范之事宜，当前国际上尚无全球性国际公约对此予以规定。我国《民事诉讼法》对申请承认和执行外国仲裁裁决的司法审查案件采用一裁终局的程序设置，对于人民法院裁定不予承认和执行外国仲裁裁决的案件设置了内部层报最高人民法院审核批准的救济途径，由此可见，我国司法制度对于拒绝承认和执行外国仲裁裁决相当慎重，这符合国际公约的要求，对于支持国际仲裁发展、提升我国法治的开放化水平具有重大意义。但对于人民法院裁定承认和执行外国仲裁裁决的案件，却没有赋予被申请人权利救济途径，由此导致被申请人在后续的执行过程中通过执行异议复议甚至信访监督等程序维权，既为外国仲裁裁决的执行带来了很多不确定性，也浪费了司法资源。

案例一：以北京市第四中级人民法院办理的一起承认与执行意大利米兰仲裁裁决为例，该案在审查过程中，被申请人提出申请承认和执行已过执行时效、存在违反《纽约公约》第五条的情形等抗辩理由，法院审理后驳回了其抗辩理由，裁定承认和执行仲裁裁决。案件进入执行后，被申请人不服承认和执行的裁定结果，坚持认为仲裁裁决已过执行时效，不应当继续执行，并提出被申请人是国有企业，法院如果执行会造成巨额国有资产流失问题，因而对执行过程中的具体的执行行为提出执行异议、复议。经审理，两级法院一致认为该执行异议并非针对具体的执行行为，其异议的实质是认为承认和执行外国仲裁裁决的裁定存在错误且违法，因而其异议不属于执行异议的审查范围，最终驳回了其异议申请。后被申请人向最高人民法院提请执行监督。除此之外，被申请人还可能对司法仲裁审查程序中的送达和当事人资格审查等程序性问题提出异议，对裁定表示不服。

以上问题足以说明，对被申请人的抗辩权利的保护与对申请人及时兑现仲裁裁决的权利保护具有同等重要的地位，任一缺失都会有违司法公正

与效率的基本原则。被申请人在司法审查过程中的救济途径的缺失，必然演变为其对执行异议、复议、信访程序的滥用。

（二）保全制度不明晰

保全制度设置的目的在于防止被申请人转移、隐匿、处分财产，从而避免判决难以执行，最大限度地保障胜诉当事人的合法权益。在一般的民事诉讼案件中，我国当前的民事诉讼法及配套的司法解释已经构建出了完善清晰、可操作性强的诉前、诉中以及执行前财产保全机制。但在承认和执行外国仲裁裁决的案件中，申请人可否申请财产保全、如何申请财产保全，无论是《纽约公约》还是现行民事诉讼制度均付之阙如。与此形成鲜明对比的是，在承认和执行香港、澳门特别行政区仲裁裁决的案件中，申请人完全可以依照区际间的制度安排在仲裁裁决作出前以及受理执行仲裁裁决申请之前和之后申请对被执行人采取保全措施。这种差别对待，实质上剥夺了外国仲裁案件中当事人的权利，也与司法支持仲裁、支持执行的大背景相悖。

（三）审查程序缺乏实操性

《仲裁司法审查规定》尽管规定仲裁司法审查案件均应当组成合议庭并询问当事人，从而尽最大可能保障当事人的程序性权利。但由于缺乏相对应细化规定和配套机制，例如对申请承认和执行外国仲裁裁决案件审查是否需要通知双方到庭参与听证等关键问题并未涉及，由此导致各地的司法实践也不相同。而依照《民事诉讼法》《纽约公约》之相关规定，只有在被申请人提出拒绝承认和执行的要求时，人民法院才能就外国仲裁裁决中的程序性问题进行审查，部分法院在办理承认和执行外国仲裁裁决案件仅进行书面审查或者仅通知申请人一方参与听证的做法显然不利于平等保护被申请人的合法权益。

（四）审查与执行阶段脱节

受制于不同法系法律规定、法律习惯之间的差异，外国仲裁机构一般较少将我国国内的相关法律法规和监管政策作为裁决的考量因素。与我国现行普通民商事案件诉讼程序将审判程序和执行程序相分离的制度设计不同，承认和执行仲裁裁决案件的程序设计采合并审查的模式，即申请人向人民法院申请承认和执行外国仲裁裁决，承认审查与执行审查一般是由审查部门（通常为审判庭）同时进行，在人民法院裁定承认和执行后，审查部门再将案件移送执行部门。但审查阶段的承办人由于缺乏相关的执行工作经验，在办理该类案件中往往容易忽视审查外国仲裁裁决在得到承认后其能否具备顺利执行的基础等问题。在办理某些行为给付类案件时，执行依据虽然被承认，但是由于裁决的具体执行事项与国内相关法律、政策相冲突，也会导致某些执行事项遭遇无法执行的困境。而在办理金钱类执行案件时，则会出现以下情况。

案例二：以北京市第四中级人民法院办理的一起承认与执行瑞士商会仲裁院仲裁裁决为例，该案在审查过程中，被申请人主张申请人的申请遗漏当事人、仲裁协议未生效、违反公共政策、不应当承担连带责任等抗辩理由，法院审理后驳回了其抗辩理由，裁定承认和执行仲裁裁决，但由于在审查中未确定被申请人承担责任的类型以及具体金额，从而导致执行标的不清，加之被申请人不断提起执行异议复议等程序，执行进程被极大拖延。

（五）执行情况查明难

在香港、澳门特别行政区的仲裁裁决的认可与执行案件中，由于内地法院和香港、澳门特别行政区法院已经建立起了相应的沟通联络机制，双方可以应要求提供仲裁裁决的执行情况，而且双方同宗同文，仲裁裁决的执行情况是比较容易查明的。但在申请承认和执行外国仲裁裁决时，《民事诉讼法》《纽约公约》均未要求当事人在申请承认和执行的申请书中载明提供仲裁裁决的执行情况。在这种情况下，如果被申请人主张其已履行了全部或者部分仲裁裁决，内地法院如何查明该情况、什么时候查明该情况以及举证责任该何分配，当前的法律、司法解释中对此均没有规定，加之语言和法系的巨大差异，外国仲裁裁决执行情况的查明迷雾重重。

（六）案款发还程序烦琐、周期较长

在金钱给付类的申请承认和执行外国仲裁裁决的案件中，案款发还难、案款发还慢的问题一直受到关注。这类案件中，生效仲裁裁决确定的多是给付外币，但由于受我国外汇监管政策的要求限制，外币不能在我国境内流通，法院的执行案款也不能直接汇出到境外，因此，发还案款的手续较为烦琐，发还周期较长，通常比国内的案款发还周期要长1个月以上。根据目前的执行实践情况来看，在办理外国仲裁裁决的执行过程中通常会遇到以下几种情况：第一，以何种货币计算应执行的案款，汇率风险由谁承担。在这类案件中，部分申请执行人主张要以生效仲裁裁决确定的外币数量直接支付，但由于外汇监管的原因，执行到的案款均是人民币，申请执行人的要求无法满足。第二，目前尚未明确规定涉外案件的执行案款发还方式，导致法院将案款直接发还至境外账户缺乏依据和流程指引，案款因为种种原因无法正常发还。例如有的申请执行人在中国没有账户，也没有授权代理律师或者授权给我国第三方公司代为领取案款，这种情况通常导致虽执行回案款，但是无法发出，案款只能提存，即使发还问题得到最终解决，但发还周期大幅延长；而有的申请执行人虽然会授权代理律师所在的律所或者授权境内的第三方公司代为领取，但是律所及第三方公司通常需要经过翻译、公证认证、国际邮递等手续，烦琐的相关手续极大降低了案款的发还效率，尤其是疫情期间，公证认证程序更被无限期拉长。第三，通过第三方代为接收大额案款是否会被认定为营业收入进而需缴纳税款存在不确定性，第三方代收案款的积极性和参与度不高。第四，有的申请执行人想临时在我国银行开户以领取案款，但是经过多方尝试，发现受制于多种政策限制，即使在自由贸易试验区也无法办理，导致案款无法发出。

五、完善外国仲裁裁决在中国境内承认和执行制度的建议

（一）建立承认和执行外国仲裁裁决司法审查上诉制度

在办理承认和执行外国仲裁裁决的案件中，对拒绝承认和执行规定了层报制度，对于承认和执行的裁定则规定一经送达即发生效力。在这种法律制度下，很多在审查过程中产生的针对审查程序的争议问题无法得到救济。当前，在英国、美国等英美法系国家中，规定了当事人对拒绝承认和执行外国仲裁裁决的法院裁判以及承认和执行的法院裁判均可以提出上诉。大陆法系国家中，以法国、瑞典、葡萄牙等代表的国家也分别以特别

法的形式对此作出了类似规定。例如，在瑞典仲裁法的“国际事项”下规定了当事人对承认和执行外国仲裁裁决案件的裁决或判决不服的，可以提起上诉。上诉制度作为法院防错纠错机制和当事人维权机制是诉讼程序争议的要求，其终极目标是追求司法公正，某种程度上讲，上诉制度是保障司法公正、促进和约束法官理性司法、纠正法院错误的重要制度，这也是诉讼程序正义的要求。在后续的立法过程中，我国可以将对外国仲裁裁决申请承认和执行的内部报核制度修改为上诉制度或者明确赋予当事人上诉的权利，将当事人对司法审查中产生的争议问题引导到正常的权利救济程序中，以保证诉讼两造均衡，从而明确、公开、公平地保障双方当事人的合法权益。

（二）构建外国仲裁裁决保全程序规则

《全国法院涉外商事海事审判工作座谈会会议纪要》明确规定，人民法院受理承认和执行外国仲裁裁决申请后，当事人可以向人民法院申请财产保全。但其与内地（大陆）和港澳台地区建立的区际仲裁裁决执行的安排相比，该纪要仍未明确规定当事人可以在申请承认和执行外国仲裁裁决申请之前或者同时向人民法院申请财产保全。尽管区际仲裁裁决执行的安排仅适用在内地（大陆）和港澳台地区，但我国多法域的特性决定了在不同法域之间的制度设计和制度创新亦可作为我国处理与其他国家类似问题的借鉴，因此原则上应当允许当事人在申请承认和执行外国仲裁裁决之前提出财产保全的申请。同时，建议积极制定建立境外仲裁机构仲裁保全的程序规则，明确仲裁机构与法院保全的衔接程序，对涉及保全请求事项、材料审查、提供担保、保全费收取、采取保全措施和解除保全措施以及救济程序进行全面明确规定。

（三）优化外国仲裁裁决审查程序

为保证审查程序规范化，充分保障申请承认与执行外国仲裁裁决各方当事人的程序性权利，建议在后续的立法中应当明确规定申请承认和执行外国仲裁裁决的案件应当在借鉴民事诉讼一审普通程序庭审流程的基础上，一律以公开听证的方式，采取承办法官谈话询问、合议庭法官合议审查的形式进行审理，以保证合议庭法官可以在法庭上充分开展法庭调查、举证质证、法庭辩论、法庭陈述等各个环节，保障当事人充分享有发表意见，维护其自身合法权益的权利；同时保证合议庭法官就案件进行充分合议，在遇到疑难案件时召开法官会议或者交由审委会审议的基础上，作出更为公正的裁决。

（四）建立审查、执行统筹协调机制

针对外国仲裁裁决执行难的症结，为了促进承认和执行两个阶段衔接顺畅、流转便捷、沟通方便，应当探索审查执行一体审查的工作机制。短期内，办理该类案件时的合议庭可以由审判庭和执行局法官共同组成；长效机制上，应当加强法院干警轮岗和流动，培养既懂审判又懂执行的复合型法官，从而确保在审查阶段对裁决内容作出合理的阐释，以兼顾裁决内容在国内执行的特殊性。与此同时，要在执行过程中，秉承平等保护和开放包容的法治理念，最大限度尊重外国仲裁裁决和法院判决的内容，充分听取当事人意见，灵活采取便利于外国仲裁裁决和法院判决得到执行的方式，尽最大努力保障中外当事人的合法权益，努力为中外当事人提供公开参与竞争、同等受法律保护的法治环境。

（五）完善仲裁裁决执行情况的审查方式

针对外国仲裁裁决执行情况查明难的问题，建议参考《最高人民法院关于内地与澳门特别行政区相互认可和执行仲裁裁决的安排》的相关规定，要求申请人在申请承认与执行申请书中必须载明仲裁裁决的执行情况。如果被申请人主张债权已消灭或者丧失强制执行效力等情况，由于审查阶段只是对已生效的外国仲裁裁决作形式审查，从而判断该外国仲裁裁决能否在国内得到承认与执行，因此不宜在审查阶段对债务是否已经清偿作出实质审查。建议借鉴《最高人民法院关于办理执行异议和复议案件若干问题的规定》第七条第二款之规定，在执行阶段通过执行异议和复议程序对被申请人提出的主张进行审查，同时根据举证责任的分配原则，应当由被申请人提供其相应的证据。

（六）探索建立便利执行案款发还机制

执行案款发还难、发还周期长直接影响外国仲裁裁决的执行结果，对我国国际营商环境也有一定程度的影响。建议针对制约执行案款发还难的因素及时进行改革。一是诉讼程序中预先告知，比如以制定立案材料清单指引的方式，明确将案款发还委托公证材料作为立案材料的一部分，由申请执行人在立案时即指定委托收款账户，并与委托授权手续等一并进行公证认证后提交法院；二是积极同税务部门进行协调，制定律师事务所等第三方代为接收涉外执行案款相关免税政策，简化以第三方为主体发还执行案款的手续材料；三是充分借助智慧法院的方式，引入第三方合作机制，交由固定银行网点等办理涉外主体的案款发还业务，以法院签发提款单，申请执行人自行前往银行网点提款的方式，简化案款发还方式，提升发还效率；四是探索在自由贸易试验区放宽涉外商事主体银行开户的要求，便利临时账户开立需求。

关于“保交楼”背景下在建工程强制执行疑难问题的调研报告

北京市高级人民法院课题组*
北京市第四中级人民法院课题组

近年来，受经济下行等因素影响，全国房地产行业呈现疲软态势，部分房地产开发企业出现了因流动现金紧张而停工，甚至正在开发的房地产项目被法院查封等情况。在我国房地产的经营和交易模式中，承载着购房人利益的房地产项目尽快复工交付，不仅关系到房地产开发企业债权人债权利益的实现，更是保障民生福祉和防范化解系统性风险的政策要求。2022 年 7 月，中央政治局会议明确指出，要稳定房地产市场，实现“保交楼”。次年 4 月，中央政治局再次召开会议强调，要因城施策，支持刚性和改善性住房需求，做好保交楼、保民生、保稳定工作，促进房地产市场平稳健康发展，推动建立房地产业发展新模式。为了响应中央政策要求，各部委及各地政府陆续制定出台了一系列切实承担“保交楼、稳民生”责任的政策，全力以赴保障“烂尾”房地产项目复工、复建，切实保障购房人权益，推动房地产开发企业化解风险。

在建工程在法律专业术语中的称谓是“在建建筑物”，《不动产登记暂行条例实施细则》第七十五条第三款将其界定为“正在建造、尚未办理所有权首次登记的房屋等建筑物”。竣工验收是建设过程的最后一道程序，

* 课题组由北京市高级人民法院执行局、北京市第四中级人民法院执行局联合组成。课题主持人：王运涛；负责人：张卫、贾丽英；参与人：赵奇、孙倩、陈康辉、陈涛、王志鹏。

建筑物是竣工验收合格的房屋，相应地，在建建筑物就是已经建造但尚未竣工验收的房屋。这种界定与《商品房销售管理办法》第三条对现售和预售的区分是一致的，即将现售对象界定为竣工验收合格的商品房，将预售对象界定为正在建设中的商品房，也就是已经建造但尚未验收的商品房。①

本文以“保交楼”背景下对在建工程的强制执行作为研究对象，通过梳理涉及“保交楼”相关政策文件，收集并分析近几年涉在建工程强制执行案件的基本情况，揭示在建工程强制执行存在的主要难题和成因，并提出在建工程强制执行规则，以期为完善在建工程强制执行实践提供理论参考和借鉴。

一、近几年在建工程强制执行案件基本情况梳理

（一）案件情况

执行工作的关键环节在于财产变现，随着《最高人民法院关于人民法院网络司法拍卖若干问题的规定》的颁布，网络拍卖成为人民法院处置财产最主要的方式。根据《最高人民法院关于建立和管理网络服务提供者名单库的办法》的规定，当前主要有七大司法拍卖平台。凭借其自身的电商业务，淘宝网和京东网成为其中当前最大的两家司法拍卖平台。

本课题组向京东网调取了2020年1月至2023年9月人民法院通过京东网司法拍卖平台处置在建工程的公开数据。以下公开数据，在一定程度上也客观展现近四年来在建工程强制执行案件的基本情况，具体如下：

（1）收案数量较高：2020年1月至2023年9月人民法院通过京东网司法拍卖平台拍卖的在建工程数量共1471件。其中，2020年一拍案件数量为122件、2021年一拍案件数量为1090件、2022年一拍案件数量为90件、2023年1月至9月一拍案件数量为101件。从图2.14数据来看，由于受房地产市场的波动和调控因素导致房地产开发企业资金链出现问题从而无法按时完成在建工程或者无力偿还金融机构的贷款，相较于2020年涉及在建工程强制执行案件的受理数量基本上呈现出逐年增长的趋势。特别是

① 参见常鹏翱：《实践中的中国房地产法》，法律出版社2023年版，第31页。

在2021年，执行案件数量增长尤为明显。2022年和2023年，受到“保交楼”政策影响，房地产开发企业“暴雷”风险得到一定程度化解，房地产市场情况略有改善，但涉及在建工程强制执行案件数量仍然保持在较高水平。

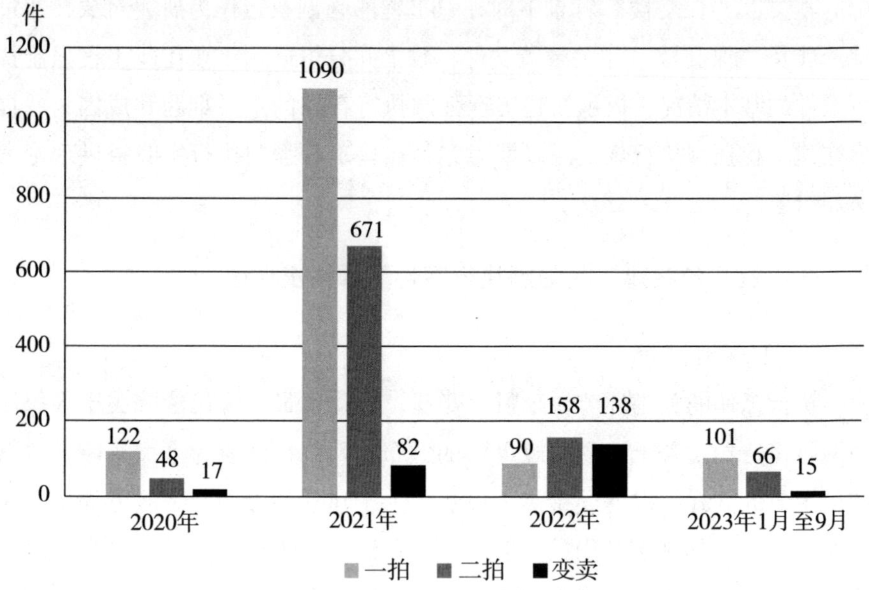

图2.14　2020年1月至2023年9月京东网司法拍卖平台涉在建工程强制执行案件数量

（2）拍卖成交率持续走低：根据京东网司法拍卖平台公开数据，2020年1月至2023年9月人民法院通过京东网司法拍卖平台一拍、二拍和变卖在建工程的成交率分别为：2020年在建工程一拍成交50件，成交率为40.9%；二拍成交12件，成交率为25%；变卖成交1件，成交率为5.8%。2021年在建工程一拍成交60件，成交率为5.4%；二拍成交9件，成交率为1.3%；变卖成交1件，成交率为1.2%。2022年在建工程一拍成交10件，成交率为11.1%；二拍成交8件，成交率为5%；变卖成交3件，成交率为2.1%。2023年1月至9月在建工程一拍成交2件，成交率为1.9%；二拍成交16件，成交率为24.2%；变卖成交2件，成交率为13.3%。从图2.15数据来看，由于人民法院拍卖的在建工程尚未办理竣工验收，不具备办理产权登记的基本条件，加之受知名房地产开发企业陆续出现“暴雷”现象，社会公众的市场信心明显不足，通过司法拍卖平台购买在建工程持有谨慎态度，因此人民法院通过公开拍卖处置在建工程的成交率虽有波动，但是总体上呈现降低趋势。

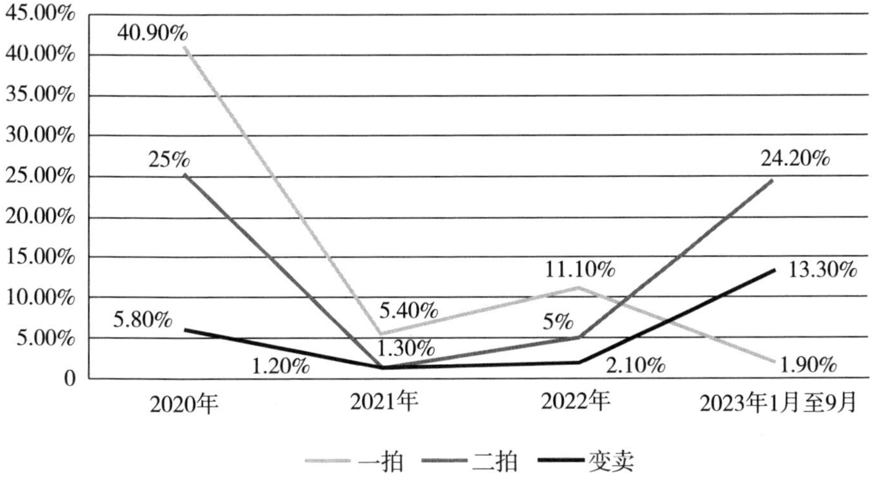

图 2.15　2020 年 1 月至 2023 年 9 月京东网司法拍卖平台涉在建工程强制执行案件成交率

（3）在建工程类型受市场影响不同。根据京东网司法拍卖平台公开数据，2020 年 1 月至 2023 年 9 月人民法院通过京东网司法拍卖平台首次拍卖在建工程涉及住宅用房、商业用房、工业用房等多个领域。2020 年一拍案件中涉及住宅用房 56 件，商业 26 件，工业用房及其他用房 34 件。2021 年一拍案件中涉及住宅用房 119 件，商业 948 件，工业用房及其他用房 23 件。2022 年一拍案件中涉及住宅用房 39 件，商业 24 件，工业用房及其他用房 27 件。2023 年 1 月至 9 月一拍案件中涉及住宅用房 45 件，商业 43 件，工业用房及其他用房 13 件。从图 2. 16 数据来看，在房地产市场波动和经济下行的影响下，住宅用房和商业住房最容易受到冲击。同时，工业用房也受到了一定的影响。

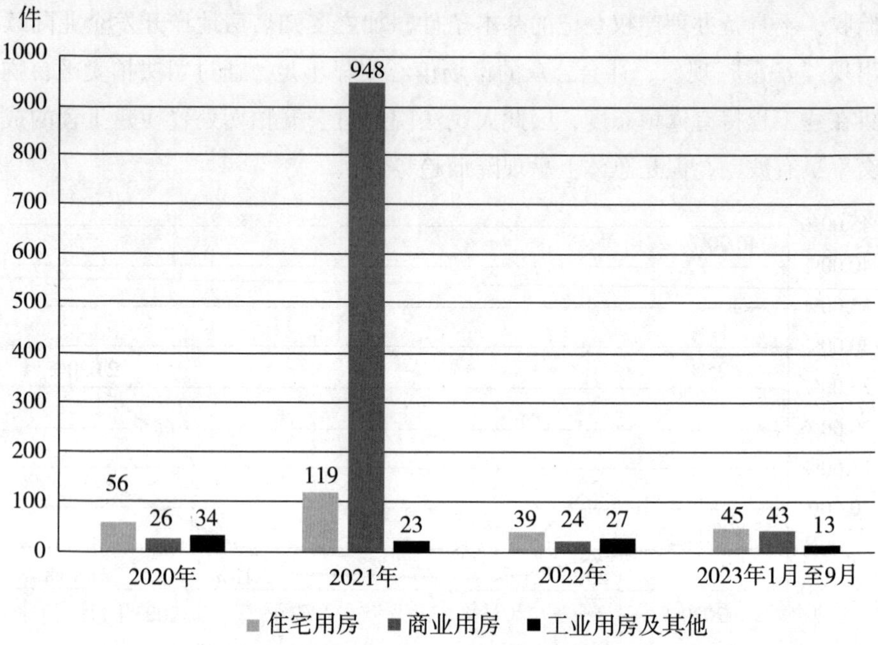

图2.16 2020年1月至2023年9月京东网司法拍卖平台首次拍卖在建工程的类型分布

（4）地域差异较大：根据京东网司法拍卖平台公开的数据，2020年1月至2023年9月通过京东网司法拍卖平台公开处置在建工程分布排名前十的城市分布如下：2020年排名前十的城市中，一线城市1个，共52件；二线城市3个，共18件；三四线城市为6个，共35件。2021年排名前十的城市中，一线城市2个，共896件；二线城市2个，共801件；三四线城市共6个，共49件。2022年排名前十的城市中，一线城市2个，共242件；二线城市3个，共28件；三四线城市为5个，共33件。2023年1月至9月排名前十的城市中，一线城市为2个，共8件；二线城市为3个，共74件；三四线城市共五个，共32件。

从图2.17数据来看，司法处置的在建工程主要分布在一二线城市。近年来这些城市的城市化进程较快，房地产市场活跃度较高，房地产开发企业也相对较为集中，房价也呈现较大涨幅，但是由于商品房预售资金监管制度落实不严等原因，当房地产开发企业资金链断裂时，在建工程因不能获得新的资金投入而出现停工、停建现象，这些城市涉及在建工程的案件数量自然相对较多。同时，可以明显看出，受到“保交楼”政策等有利影响，自2022年后一二线城市的在建工程进入执行程序的数量明显回落。

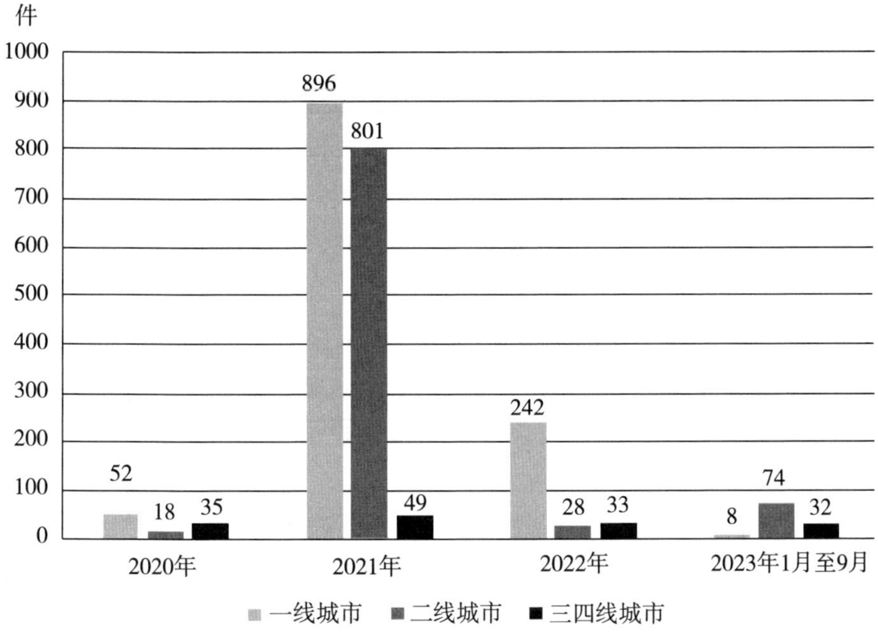

图2.17　2020年1月至2023年9月京东网司法拍卖平台首次拍卖在建工程在不同等级城市的分布数量

（二）案涉在建工程特点

涉在建工程强制执行案件中的房地产开发项目往往位于市中心或者发展潜力大的新区，主要具备以下几个特征：

（1）利益关系复杂。从收案类型来看，涉在建工程强制执行案件的案由一般是为借款类合同纠纷和建设工程施工类合同，这两类案件在审判阶段虽然法律关系较为清晰明了，但是在处置阶段，由于在建工程牵涉到众多消费者，处置不慎，极容易引发群体事件，因此在处置在建工程中如何平衡好债权人、被执行人以及消费者等各方的利益，对人民法院来说是一个巨大的考验。

（2）执行周期较长。在建工程的处置变现涉及查封、评估、拍卖以及案款分配等环节，各个环节中还会衍生出各类异议和诉讼，例如常见的行为异议（复议）、案外人异议、评估报告异议以及案款分配异议等程序性异议，还包括案外人异议之诉及分配方案异议之诉这类实体性异议。加之维稳及政策因素的考量，大多数涉在建工程强制执行案件完结常常需要数年时间。

（3）从在建工程的进度来看，涉及在建工程强制执行案件的在建工程特点各异。一些工程可能已经建设至一定阶段，但因房地产开发企业资金链问题而停工；另一些工程可能尚未完全开工，甚至处于规划阶段。这些在建工程的处置涉及复杂的法律程序和技术评估，对执行效率和质量产生一定影响。此外，在建工程强制执行案件中，大部分的在建工程还存在施工质量、安全、环保等方面的风险和隐患，人民法院需要进行细致的调查和评估，根据在建工程的规模、复杂性以及可能产生的社会影响等因素，合理选择执行方案，以最大限度地保障购房者、施工方和金融机构的利益。

（三）在建工程司法处置情况

民事强制执行的制度目的是通过对被执行人名下的财产进行变价，从而保障胜诉申请执行人合法权益。在建工程的处置概莫能外，都要经历查封、确定处置参考价以及变价三个环节。

首先，查封作为一种公法行为，区别于扣押就在于其在不转移物的占有的前提下，以一定方式公示财产被控制，从而剥夺所有权人的处分自由。[①] 在实践中，对于已办理产权登记的不动产，查封该类财产的方式是向不动产登记机关发协助执行通知书，要求不动产登记部门禁止为被执行人办理转移登记以及抵押登记，从而控制所有权人对财产的处分。不同于已办理产权登记的不动产，在建工程属于正在建造的建筑物，其不属于可以办理产权登记的财产。因此，通过什么样的方式可以实现对在建工程的控制就决定了查封的方式。

---

① 参见陈杭平：《中国民事强制执行法重点讲义》，法律出版社2023年版，第96－97页。

其次，就确定在建工程的处置参考价而言，由于土地和建材市场波动大，且在建工程建设周期比较长，组织各方当事人通过议价的方式确定在建工程的处置参考价的难度比较大，而定向询价和网络询价因缺少基础数据不具备可操作性，委托评估便成为了确定在建工程处置参考价的最佳方式。就在建工程的评估，按照城市房地产管理法的相关规定，房地产项目在开发之前必须取得建设用地规划许可证、建设工程规划许可证、建设工程施工许可证，这为在建工程的评估提供了基础的评估数据。但与此同时，由于在建工程往往属于未通过竣工验收的半成品，便经常出现实际施工与建设规定不一致的情况，有时还需要委托相关的专业机构重新对在建工程的现状进行测绘，直接导致周期大大延长。

最后，就在建工程的变价，由于在建工程往往涉及多方权利人的合法权益，这其中除了申请执行人、被执行人之外，还包括其他债权人，例如建设工程施工主体、消费者以及职工，如何最大限度实现在建工程的价值，从而尽可能平衡调和各方当事人的合法权益，很大程度上取决于人民法院对在建工程的变价方式。

近几年，人民法院在建工程强制执行案件中，面临着在建工程司法处置的难题，本文第三部分将就在建工程司法处置困难详细论述。

二、各级法院出台的涉“保交楼”文件梳理

实践中，部分房地产开发企业因陷入债务纠纷，其名下在建工程被抵押、查封而进入司法程序的不在少数，尤其是进入强制执行阶段的在建工程往往处于停工、停建阶段，各级人民法院陆续采取各类司法举措，为“保交楼、保民生、保稳定”提供高质量司法服务。根据各地“保交楼”相关政策，纳入各地“保交楼”项目的在建工程，往往根据地方性政策进行统筹协调处理，但对于未纳入“保交楼”项目的在建工程，人民法院如何在执行过程中克服其查封、处置、权利冲突等难题，不仅事关房地产市场的平稳健康发展，还是维护当事人权益的应有之义，尤其是在“保交楼”背景下，如何通过有效发挥司法职能推动被查封的在建工程复工、复建更是本课题研究重点。

（一）最高人民法院

为解决房地产开发企业“暴雷”情况下各类权益交织、冲突问题，最高人民法院陆续出台了系列司法解释、规范性文件并发布大量相关判例。

1. 司法解释及规范性文件

表 2.5 “保交楼”相关司法解释及文件概览

年份	名称	发布单位	条款	要点
2002	《关于建设工程价款优先受偿权问题的批复》（以下简称《建设工程价款批复》）	最高人民法院	第二条	商品房消费者权利优先于工程价款受偿权
2005	《最高人民法院关于人民法院民事执行中查封、扣押、冻结财产的规定》（以下简称《查扣冻规定》）	最高人民法院	第十七条	购房者在特定条件下可排除强制执行
2014	《针对山东省高级人民法院就处置济南彩石山庄房屋买卖合同纠纷案请示的答复》	最高人民法院	第二条	商品房买受人优先权既包括房屋交付请求权，也包括购房款返还请求权
2015	《最高人民法院关于人民法院办理执行异议和复议案件若干问题的规定》（以下简称《执行异议复议规定》）	最高人民法院	第二十八条、第二十九条	限定情形下购房者权利保护
2019	《全国法院民商事审判工作会议纪要》（以下简称《九民纪要》）	最高人民法院	第一百二十五条至第一百二十七条	对上述第二十八条、第二十九条进行解释
2019	《最高人民法院关于在执行工作中进一步强化善意文明执行理念的意见》（以下简称《善意文明执行意见》）	最高人民法院	第五条	对查封在建工程后如何妥善处置进行了指引，提出“活封”+和解/自行销售方案
2022	《关于规范人民法院保全执行措施　确保商品房预售资金用于项目建设的通知》	最高人民法院、住建部、中国人民银行	全文	对法院就预售资金监管账户采取保全措施进行规范
2023	《最高人民法院关于商品房消费者权利保护问题的批复》（以下简称《消费者权利保护批复》）	最高人民法院	全文	明确商品房消费者房屋交付请求权和价款返还请求权的绝对优先权

2002年，最高人民法院针对上海市高级人民法院《关于合同法第286条理解与适用问题的请示》作出《建设工程价款批复》，其中第二条规定“消费者交付购买商品房的全部或者大部分款项后，承包人就该商品房享有的工程价款优先受偿权不得对抗买受人”，第一次明确了在房企“暴雷”情况下，商品房消费者相对于享有法定优先权的工程价款受偿权的优先权。2005年施行的《查扣冻规定》第十七条规定（2020年修正后为第十五条），“第三人已经支付全部价款并实际占有，但未办理过户登记手续的，如果第三人对此没有过错，人民法院不得查封、扣押、冻结”，明确了购房者在特定条件下排除强制执行的权利。2014年，《最高人民法院针对山东省高级人民法院就处置济南彩石山庄房屋买卖合同纠纷案请示的答复》第二条明确，“对于《建设工程价款批复》第二条‘承包人的工程价款优先受偿权不得对抗买受人’的规定，应当理解为既不得对抗买受人在房屋建成情况下的房屋交付请求权，也不得对抗买受人在房屋未建成等情况下的购房款返还请求权”，对商品房买受人权利的保护更加明确和全面。2015年，《执行异议复议规定》第二十八条、第二十九条对在查封前已购买房屋的购房人权益保护进行了限定情形的保护。2019年，《九民纪要》第一百二十五条至第一百二十七条对《执行异议复议规定》第二十八条、第二十九条的具体适用进行了明确解释，对保护购房者权益提供了更具操作性的指引。2019年，《善意文明执行意见》第五条对查封在建工程后如何妥善处置进行了指引，要求原则上进行“活封”，并通过促成双方当事人达成和解协议、在能控制相应价款前提下允许被执行人自行销售房屋等方式，发挥财产最大价值。2022年，最高人民法院与住房和城乡建设部、中国人民银行联合发布了《关于规范人民法院保全执行措施　确保商品房预售资金用于项目建设的通知》，避免人民法院保全、执行预售资金监管账户内的款项导致施工单位工程进度款无法拨付到位，商品房项目建设停止，影响项目竣工交付。2023年，最高人民法院针对河南省高级人民法院《关于明确房企风险化解中权利顺位问题的请示》作出《消费者权利保护批复》，明确商品房消费者以居住为目的购买房屋并已支付全部价款，其房屋交付请求权和价款返还请求权优先于建设工程价款优先受偿权、抵押权以及其他债权，对商品房消费者权益的保护更加全面。

2. 典型司法判例

再审申请人王某诚、王某博、王某宝（以下简称王某诚等三人）因与被申请人中国建设银行股份有限公司青海省分行（以下简称建行青海分行）、一审第三人青海越州房地产开发有限公司（以下简称越州公司）金融借款合同纠纷一案，王某诚等三人与越州公司签订《商品房预售合同》，购买越州公司开发的房产，并与建行青海分行、越州公司签订《借款合同》《抵押合同》，向建行青海分行贷款，以上述房产进行抵押。后因越州公司未按约定期限交付房屋，《商品房预售合同》《借款合同》《抵押合同》均被解除，建行青海分行要求王某诚等三人返还贷款本金及利息。(2019）最高法民再 245 号民事判决书明确，因房地产开发企业无法交付房屋，致使商品房预售合同、借款合同、抵押合同解除的，应由房地产开发企业将收取的购房贷款本金及利息返还贷款银行和购房者，购房者无须向贷款银行偿还贷款本金及利息。

该判决书首次明确，因房地产开发企业烂尾导致房屋预售合同、借款合同被解除的，应当由房地产开发企业将收取的贷款本息返还贷款银行，购房者无须承担贷款返还义务。尽管判例不是我国的正式法律渊源，但最高人民法院公布的参考案例对全国裁判具有相当程度的指导作用。在“烂尾楼”频频引发社会热议的背景下，该判例安抚了购房者焦虑的心情，回应了人民群众对公平正义的呼声，具有极高的实践意义。

（二）江苏省高级人民法院

2020 年，江苏省高级人民法院发布的《关于强化依法规范公正善意文明执行理念进一步做好优化营商环境工作的指导意见》第十五条明确，正在正常建设的建设项目，应积极促成当事人达成执行和解协议暂缓执行，待工程建设完毕后再行变价；已经停止建设且丧失复工续建能力的，人民法院可探索协调政府有关部门及当事人，通过委托第三方代建等方式予以复工建设，促进建设项目尽快竣工。

三、在建工程强制执行存在的困难

（一）查封方式与效力不明晰

所谓“查封”是指在民事诉讼和执行中，由法院作出保全裁定后，采取措施，禁止被执行人转移或者处分财产。作为一种公法行为，执行法院因对财产的查封，取得对标的财产强制处置权。由于在建工程都属于未进行权属登记的建筑物，按照《查扣冻规定》第八条之规定，人民法院只需要将司法查封的强制措施通知在建工程的管理人或者实际占有人，并在建筑物的显著位置张贴公告，便完成了在建工程的查封，这种查封方式可称为公告查封。与此同时，为了简化权利配置，保障房权和地权一体转让，《查扣冻规定》第二十一条规定了查封土地使用权的效力及于地上建筑物。由此可见，人民法院只要在不动产登记部门对土地使用权进行查封登记，也就实现了对未进行权属登记在建工程的查封，这种查封方式，可称为登记查封。除了上述两种查封方式之外，基于交易和司法实践，对在建工程的查封还有预查封的方式，这种查封方式孕育于商品房预售制度，其所针对的是在建工程中已办理了预售许可证但尚未出售的房屋，人民法院可要求住建部门禁止为涉案在建工程办理抵押、转让以及销售备案等权属变更、转移登记手续。预查封是通过对单个未进行权属登记商品房的查封登记，从而实现对在建工程整体的查封登记。

如上所述，涉在建工程的房地产开发企业存在多宗诉讼的情况下，根据什么样的标准确定首封法院，采取哪种查封方式的人民法院可以取得对标的物的处置权，无疑是横亘在人民法院和当事人面前的难题。

（二）法院处置权冲突难协调

《民事诉讼法》第一百零六条第二款明确规定禁止针对同一财产的重复查封。但考虑到查封作为临时性限制措施，会因期限届满等事由而消灭，为了保障司法权的高效运作，《查扣冻规定》第二十六条将针对同一财产的查封后的查封称为轮候查封，其在前手查封消灭前不发生查封效力。禁止重复查封原则一方面表明了查封所具有的垄断性和独占性，同时也表明了只有首先查封的法院才具备处分涉案财产的权力。

具体到涉在建工程执行案件中，不同的法院可能采取不同的查封方式，例如甲法院在建筑物的显著位置张贴查封公告，乙法院在不动产登记部门对土地使用权进行了查封登记，丙法院则在住建部门对在建工程上的未销售的房屋进行了预查封登记，但基于禁止重复查封原则，首封法院都应当是唯一且确定的。就此而言，即使不考虑已经出现的除了甲、乙、丙三家法院其他法院的轮候查封，也会出现甲、乙、丙三家法院均主张自家法院是首封法院的局面，以什么标准确定首封法院相关规定对此付之阙如。加之在建工程上尚可能存在抵押债权以及建设工程价款优先受偿权等权利，在不同法院存在信息不对称且信息无法互联互通的背景下，如何协调确定处置法院，无疑是司法实践中的另一大难题。

（三）在建工程评估存在障碍

在司法实践中，一旦在建工程成为涉案待处置的财产，发包人往往会存在欠付承包人工程价款的情况。按照相关法律规定，建设工程价款作为优先权，其优先性仅及于在建工程的变价款。加之交易实践中，房地产开发企业在将土地使用权抵押后，往往会再将新增的在建工程抵押给第三人，甚至将其拆分抵押给不同的第三人，故考虑到在建工程上权利的复杂性，方便公平分配在建工程的变价款，人民法院一般委托评估机构就土地使用权的价值和在建工程的价值分别作价，甚至要求就在建工程分层作价。

对于评估机构而言，面对那些彻底烂尾的在建工程，就土地使用使用权和在建工程的价值分别作价并非难事；但对于那些已经具备竣工验收基本条件的在建工程，按照地权份额说，由于土地使用权实际上已经被一个个未进行权属登记的不动产所吸收，从而成为建筑物区分所有权的一部分，评估机构往往无法就土地使用权的价值进行单独作价，而只能就这些未进行权属登记的不动产单独作价。此外，如何判断承载在建工程的土地使用权能否单独作价，即以什么样的标准来判断土地使用权是否已经被在建工程所吸收，既是一个理论上的难题，更是司法实践中的难题。

（四）财产权竞合规范缺失

为了充分发挥在建工程的融资功能，在建工程上往往并存着多重的权利，如果在建工程的价值能满足多重权利的实现，自然不需要相应的规范对此进行调整，但这种情形实属少数，更多的还是权利相互冲突，部分权利的实现导致其他权利不能实现或不能完全实现，相关的法律规范制度不得不对此问题予以规范，此即财产权的竞合。一般而言，财产权在民法中分为债权和物权，以它们为变项，财产权竞合存在三种形态：债权竞合、物权竞合、债权和物权竞合。依通常学理而言，基于债物二分原则，以平等原则来解决债权竞合问题、以先来后到的原则来解决物权竞合问题、以物权优先于债权来解决物权与债权竞合问题，似乎已经足够。但其实不然，从权利实现的角度来看，形态差异的各种权利由于其产生机理各不相同，因此对各种权利的排序规则往往需要综合考虑对各种权利的管制强弱因素以及权利产生的时间因素。

涉在建工程案件中往往涉及多方主体，不同主体之间的权利义务关系错综复杂，基于不同的法律关系，在建工程上往往承载着不同性质的权利，这些权利有作为维系传统观念认识中弱者生存权益的债权（职工债权），有借助登记予以公示的债权（预告登记债权），有普通债权，有无须进行公示的法定物权（建设工程价款优先受偿权），有须公示才能设定的意定物权（抵押权）和物权有期待权。如何平衡这些纵横交织的各类权利，当前的法律规范既没有具体的顺位规则，也没有统合的判断原则。

（五）对商品房消费者保护机制不完善

民事活动涉及的主体形态众多，利益关系和格局极其复杂，为了建立和谐稳定的交易秩序，民事法律遵循生存利益优于商业利益的法理。在涉在建工程的执行案件中，为了保护商品房消费者生存权这一合法权益，无论是已经废止的《建设工程价款批复》，还是《执行异议复议规定》和《消费者权利保护批复》均强调消费者的权利优于建设工程价款优先受偿权、优先于抵押债权和普通债权这一基本原则。

虽然我国已经建立了上述对商品房消费者的保护机制，但这对于购房者似乎仍然是不够的，例如人民法院查封了在建工程中的土地使用权，由于对土地使用权的查封一般由自然资源部门下的不动产登记部门负责，囿于不同部门之间的信息的不对称、不共通，住建部门往往还会继续为商品房消费者办理商品房的销售（网签）备案。如果按照《查扣冻规定》第二十一条的规定，由于查封土地使用权的效力及于地上建筑物，那么这些已办理网签备案的消费者显然不满足《执行异议复议规定》第二十九条规定的查封前签订有效的书面购房合同这一要件。但现实生活中，政府部门允许房地产开发企业销售房屋并准予网签备案，是商品房消费者作出购房决策并支付房款的重要因素。要求购房者在购房前去查阅不动产登记簿以了解建设工程有没有被查封或者有无抵押权、有无建设工程价款优先受偿权或其他债权，对消费者也未免太为苛刻。[①]

（六）拍卖过户困难重重

通过拍卖、变卖等强制执行措施实现对在建工程的变现，是涉在建工程案件债权人的最终目的和根本诉求。如上所述，在建工程往往涉及众多消费者的合法权益，在保护消费者合法权益的基础上，在建工程在处置阶段往往以分散在不同楼层的单套房屋的面目登场，对于这些已建成但未办理登记的房屋，究竟是采取整体拍卖还是单独拍卖的方式就是摆在人民法院面前的一大难题。一方面，单独拍卖虽然会最大限度实现在建工程的价值，但其巨大的工作量大对当前案多人少的人民法院是个极大的挑战，而且最终由众多买受人自行组织起来去办理在建工程的竣工验收，既没效率也不现实；而另一方面，整体拍卖的方式虽然减少了人民法院的工作量，但由于在建工程价值往往巨大，如果不提前找好实力雄厚的买家，在建工程的处置流程就必然成为走程序，即拍卖流拍后由债权人申请以物抵债的模式化操作，严重背离债权人的预期，加上整体拍卖无法最大限度实现在建工程的价值，因此往往会出现申请执行人和被执行人均对法院整体拍卖提出异议的局面，极大拖延了执行的效率。

即使在建工程拍卖成功，由于在建工程未办理竣工验收，不具备办理不动产登记的基本条件，因此法院在向买受人出具成交裁定后，往往面临着无法为买受人在不动产登记中心办理过户的情况。如果让买受人直接去协调被执行人协助办理竣工验收手续，被执行人拒不配合，其对于买受人

① 参见常鹏翱：《商品房消费者交房请求权优先地位的法理分析》，载《人民法院报》2023年6月1日，第2版。

无疑将是巨大的负担，只会进一步加剧在建工程无人竞买的现状，使在建工程的处置陷入无穷无尽的恶性循环中；但如果由人民法院协调被执行人和住建部门、自然资源部门等主管部门，则会大大加重人民法院的执行负担。

四、涉在建工程执行难成因

（一）法律法规缺位

如上所述，强制执行的制度目的是变价被执行人名下的财产从而实现债权人的债权。在建工程处置难的成因很大一部分就在于对于在建工程的变价过程中的关键环节缺乏清晰明确的法律规定或者可操作性的规则。例如，《善意文明执行意见》第五条虽然对查封在建工程着了大量笔墨，但却没有明确如何查封在建工程。当不同的受案法院对在建工程采取不同的查封方式的情况下，如何判断处置权花落谁家，当前的法律法规并没有明确的法律规定，从而出现了兄弟法院争夺处置权的尴尬局面。

（二）全国不动产管理制度不统一

我国的不动产登记模式长期存在分散登记、多头管理的弊病，土地使用权一般由国土资源进行审批、登记和管理，而房屋则主要由住建部门进行审批、登记和管理。2014 年，国务院颁布了《不动产登记暂行条例》试图改变不动产登记分散的现状，但分散登记的弊病并没有在《不动产登记暂行条例》中得到系统的解决，因为其本身也没有规定统一的不动产登记主管机构，只是在第六条中作了一个模糊的规定，提出由国土资源主管部门对全国的不动产登记工作负责监督和指导，回避了统一登记机构这个现实问题。此外，由于不动产登记机构由县级以上地方人民政府授权指定，加之《不动产登记暂行条例》没能从制度层面和法律层面解决当前我国不动产登记机构分散的现状，这也直接导致了全国不动产管理制度不统一，而不动产管理制度不统一又直接导致在建工程登记和管理的混乱。各地对在建工程的管理权力分散在自然资源和规划局、行政审批局等名称不一的权力机关。执行法院在处置在建工程的过程中，疲于在不同登记机关调查材料、沟通协调处置事宜，往往事倍功半，最终甚至还是无法顺利对在建工程进行处置。

（三）历史遗留问题

实现不动产的统一登记不仅是新时代行政机关实现机构改革和职能转变的重大改革任务，更是完善和健全新时代中国特色社会主义市场经济的必然要求。但制度是有惯性的，改革的过程就是不断解决过去分散登记而导致的历史遗留问题的过程。具体到在建工程而言，这些历史遗留问题主要表现为：

（1）不动产信息不共享。为了简化权利配置，保障房地一体处置，《城市房地产管理法》《民法典》确立了“房随地走”“地随房走”的原则，但由于没有统一的不动产登记管理体制，土地、房屋的登记工作主要分别由两个部门管理，部门之间信息的不共享，经常导致土地和房屋登记信息不能全部一一对应。

（2）配套法律政策不完善。不动产登记管理的配套政策不完善也是导致历史遗留问题滥发的重要因素之一，比如土地出让金抵顶政策，房地产开发企业欠缴土地出让金，用建好的房屋来抵顶。这个政策的弊端在于这种先上车后买票的方式，导致大量的房地产开发企业欠缴土地出让金，有些至今都未交齐，一旦出现纠纷，进入强制执行阶段，欠缴的土地出让金以及各种税费将会严重影响执行工作的进行。

（3）房企工作人员法律意识淡薄，缺少不动产登记意识。有些房地产开发企业经营管理人员的法律素质整体不高，法律意识淡薄，特别是房地产开发领域的相关法律法规掌握的不全面，对法律的重视程度也不高，不能主动按照法律规定进行各种登记或备案。

（4）购房者法律专业知识缺乏，购买期房时没有办理网签以及办理预告登记手续的意识，甚至在期房交房后也不及时去办理不动产权证，一旦房地产开发企业出现纠纷，很容易造成房产被查封，不仅导致自身权益得不到有效保障，也给法院执行工作带来巨大困扰。

五、构建在建工程强制执行规则

（一）构建在建工程查封规则

查封是处置的前提，因此构建同一的在建工程构建查封规则有助于解决在建工程执行过程中面临的困难，有效推进在建工程的处置。

1. 区分采取预查封与查封措施

按照《关于依法规范人民法院执行和国土资源房地产管理部门协助执行若干问题的通知》的相关规定，人民法院在查封在建工程时，可以根据房地产开发项目是否已经取得预售许可证，分别办理在建工程查封和房屋预查封。因此，人民法院在对在建工程进行查封时，应当首先对房地产开发项目进行充分的尽调，将在建工程按照已经取得预售许可部分和尚未取得预售许可部分进行区分。对取得房屋预售许可的项目，对房屋办理预查封，同时提取未售和已经网签、备案房屋信息；对尚未取得房屋预售许可的项目，对土地使用权及地上建筑物（即在建工程）采取查封措施。

2. 明确查封方式

建立登记查封为主、公告查封为辅的查封规则。对于已经取得预售许可证的在建工程，人民法院应当对未办理预售登记或网签备案的房屋办理预查封登记手续。而对于未办理任何权属登记的在建工程，则应当前往土地使用权登记部门对在建工程的土地使用权采取查封措施，并备注一并查封土地及地上建筑物，之后再进行公告查封，公告查封的目的是禁止在建工程的管理人和实际占有人未经法院许可，严禁进行物理处分的行为。考虑到登记机关的权威性和中立性，应当确立按照办理预查封和查封办理手续时间的先后来判断查封的顺序的规则。对于因历史原因确实没有任何登记的在建工程，人民法院仍要向有权的登记机关送达文书，对此可以采取留置送达的方式送达，便于后期处置时确定查封顺位及查封效力。

（二）构建在建工程权利冲突争端解决规则

1. 查封顺位冲突解决规则

在我国的物权法体系中，在建工程和土地使用权是独立的物。但为了简化权力配置，相关的法律法规中又规定了在无论是在建工程，还是土地使用权进行转让、互换、抵押等法律上的处分行为时，坚持房随地走，地随房走，即所谓房地一致原则。[①] 实践中，由于在建工程和土地使用权的

① 黄琳、姚宝华：《统一的房地分离抵押裁判规则的构建——谈物权法第一百八十二条的理解与适用》，载《人民司法》2013 年第 5 期。

管理权分别归属于住建部门和自然资源部门，进而出现在建工程和土地使用权分别被不同法院查封的问题，由此出现查封顺位冲突，并进而引发处置权和清偿顺位冲突。

根据《查扣冻规定》和《最高人民法院关于土地使用权与房产所有权应当一并处置的复函》的相关规定，人民法院在对属于同一权利人名下的地上建筑物与使用范围内的土地使用权进行控制、处置时，应贯彻“房随地走、地随房走”“房地一体”原则，将地上建筑物与使用范围内的建设用地使用权视为一个整体，一体控制一体处置。因此，对于不同法院对在建工程和土地使用权分别查封的情况，应当将在建工程的所有权和建设用地使用权的价值作为一个整体看待，相当于在整体价值之上成立了两个查封，根据查封时间确定首先查封法院，在分配时按照确定查封先后进行顺序清偿。

2. 抵押权冲突解决规则

在建工程尽管尚未竣工，但其前期投入较大，具有一定的融资价值，往往被用于抵押融资。因建筑物所有权、土地使用权均为两项独立的物权，“当事人可能把土地和房屋的各种权益分割成不同部分，分别予以转让，从而达到充分有效地利用土地和建筑物的目的”①，即在建工程和土地使用权被分别抵押给不同权利人成为实践中的常见做法。

无论是《民法典》还是《九民纪要》均明确规定，在房地分别抵押的情况下，房地视为一体，抵押权人取得的是房、地的抵押权，由此产生抵押权的冲突问题。基于房地一体规则，应当将在建工程和土地使用权视为一个整体，同一人名下的在建工程、土地使用权分别抵押给不同权利人，相当于同一个财产上设定了两个抵押权，应当根据抵押登记的先后顺序确定抵押顺序，进而确定清偿顺序。

需要值得注意的是，《民法典》第四百一十七条规定，建设用地使用权抵押后，该土地上新增的建筑物不属于抵押财产。该建设用地使用权实现抵押权时，应当将该土地上新增的建筑物与建设用地使用权一并处分。

① 王利明：《物权法论》，中国政法大学出版社2003年版，第440页。

但是，新增建筑物所得的价款，抵押权人无权优先受偿。该规定是对《民法典》第三百九十七条的特别补充，明确抵押后新增的建筑物不属于抵押财产，但为了避免分开处置出现的权利主体不同的情况，最大化建设用地使用权和地上建筑物使用价值和交换价值，应将新增建筑物与建设用地使用权一并处分，而抵押权人的优先受偿权仅限于设定抵押权的财产范围，不及于新增建筑物。

3. 与工程价款冲突解决规则

房地产开发企业因民事纠纷导致其在建工程被查封的，往往也无力支付工程价款，出现建设工程价款请求权与其他债权并存的情形。《民法典》第八百零七条、《最高人民法院关于审理建设工程施工合同纠纷案件适用法律问题的解释（一)》（以下简称《建设工程施工合同解释一》）第三十六条、第三十九条是建设工程价款优先受偿权优先于抵押债权、普通债权优先受偿的法律依据。而在建工程发包人进入破产程序后，承包人工程款将基于共益债务和建设工程价款优先受偿权双重优先权，先于在建工程抵押权和普通债权。

建设工程价款优先受偿权虽然具有法定优先权，但权利主张具有时间限制，根据《建设工程施工合同解释一》第四十一条之规定，承包人应当十八个月内行使建设工程价款优先受偿权。同时，作为一项私权，现行法律并未禁止对于该优先顺位的放弃或限制，但为了保护弱势群体建筑工人的利益，《建设工程施工合同解释一》第四十二条规定，损害建筑工人利益的放弃或者限制建设工程价款优先受偿权的约定无效。

4. 与税收冲突解决规则

在执行程序中，被执行人欠缴税额主要包括变价程序中的应缴税款和其他欠缴税款两种。变价所产生的税款在本质上属于变价费用，属于因诉讼、仲裁或执行所支出的费用，不缴纳相应的税款变价便无法完成，民事执行债权的受偿更无从谈起。[①] 根据《最高人民法院关于人民法院执行工作若干问题的规定（试行)》之规定，委托拍卖、组织变卖被执行人财产

① 金殿军：《税收优先权在民事执行中的实现路径》，载《人民法院报》2021年9月8日，第7版。

所发生的实际费用，应当从所得价款中优先扣除。因此，对于因财产变价产生的税款，应与评估费等费用一并优先受偿。

至于被执行人欠缴的其他税款，根据《税收征收管理法》第四十五条之规定，则应当区别而处。《税收征收管理法》第四十五条规定，税收优先于无担保债权，税款发生在纳税人以其财产设定抵押、质押或者纳税人的财产被留置之前的，税收应当先于抵押权、质权、留置权执行。纳税人欠缴税款，同时又被行政机关决定处以罚款、没收违法所得的，税收优先于罚款、没收违法所得。税收作为公法上的债权，在该规定中被认定优先于普通债权，且与担保物权被界定为同一位阶，即根据发生的先后时间确定受偿顺序。被执行人欠缴的税款，往往包含税款本金及滞纳金，滞纳金的属性决定了应缴税款在受偿时的金额。若滞纳金属于税款本金的利息，应当同本金一同优先受偿，若滞纳金被认定为行政处罚，则滞纳金应当劣后于普通债权。当前学界对滞纳金的性质一直存在争论，主要存在经济补偿说、利息说、税收说、单一的执行罚说以及行政处罚说等几种学说。《国家税务总局办公厅关于征求〈税收征管法修订稿（征求意见稿）〉意见的通知》中明确，现行税收征管法中的“滞纳金”属于利息性质，是对占用国家税款的补偿，该次修法将税收“滞纳金”更名为“税收利息”，而纳税人不履行税务机关作出的税款缴纳决定的则适用行政强制法，按日加收千分之五的滞纳金，即前者属于利息，后者属于行政处罚。根据以上规定，当执行案件需要对执行债权与被执行人其他欠缴税款进行清偿时，若为无担保债权，则税款优先受偿；若有担保债权，则根据担保设定时间与欠缴税款发生时间先后顺序确定清偿顺序；用于补偿未缴纳税款的“税收利息”应优先于普通债权、根据发生时间顺序与有担保物权的债权确定清偿顺序；而具有行政处罚性质的“滞纳金”则应在普通债权清偿之后方能清偿。

（三）构建评估拍卖规则

1. 评估规则构建——客观主观之间

如上所述，在建工程评估难的痛点在于在建设工程价款的优先性仅及于建设工程的变价款，因此人民法院需要对在建工程单独作价，从而确定在建工程欠款的最大清偿范围；对于那些不存在建设工程欠款的在建工程，并没有必要就土地使用权和在建工程分别作价。而对于存在建设工程欠款的在建工程，可以以在建工程是否已封顶从而构成物权法意义上的“物”这一物理标准区将在建工程分为两种：一种是在建工程尚未封顶，说明在建工程并未构成一个完整的物，此时地权尚未被房权吸收，对在建工程的价值的评估应当坚持“客观标准”，即以在建工程投入的材料、人工等价值来评估在建工程工程的价值；另一种是在建工程已经封顶，则说明在建工程已构成一个物理意义上完整意义上的物，此时地权已经被房权吸收，此时则应当充分考虑在建工程所处的位置以及其附近的相关的配套设施，按照该种“主观标准”对在建工程进行作价，再核减掉类似地块的价值从而判断在建工程的价值。

2. 拍卖过户的新选择——因时因地制宜

对在建工程变价方式的选择，取决于在建工程的建设进度，对于那些已经彻底烂尾的工程，尤其是已经开始办理预售的烂尾在建工程项目，则应当优先选择整体拍卖的方式，同时协调住建部门和自然资源部门强制被执行人有序退场，实现土地使用权和在建工程所有权人的一体变更，由买受人概括承受被执行人的权利义务，并承继被执行人已办理的商品房预售资格，从而保障买受人有可以保证施工的流动性资金，促使烂尾工程尽快完工，保障消费者的合法权益；而对于那些实际上已经具备了竣工验收的基本条件的在建工程，则也可以选择单独拍卖的方式对在建工程进行变价，同时在“保交楼”的政策下，坚持公正司法，积极协调住建部门和自然资源部门对在建工程进行托管，由相关职能部门依职权对在建工程进行竣工验收，并积极落实“放管服”改革，方便购房人申请办证，推行由购房人自行申请办理商品房所有权登记的做法。

（四）构建源头治理规则暨消费者权益保护规则

促进房地产市场平稳健康发展，既要“抓末端、治已病”，出台规范、制定规则，化解已经出现的问题和风险，更要“抓前端、治未病”，从源头上防范化解房地产行业不稳定风险，切实将人民为中心落到实处。当前房地产领域存在的亟待解决的问题包括因“一房多卖”“先卖后押”等多次处分导致出现权利冲突、因预售资金监管不严资金被挪作他用引发的烂尾楼相关权利冲突、因购房者消息掌握不全面而引发的权利冲突等，为实现从源头上防范这些问题的出现，必须精准出击、各个击破。

1. 健全合同备案与预告登记衔接机制

实践中，房屋买卖合同备案（网签）往往由住建部门主管，而不动产预告登记则由不动产部门主管，二者实现有效衔接能够从行政监管和物权登记公示两方面防范交易风险，进而杜绝“一房二卖”等多次处分行为的发生，更好地保护购房人的权利。如浙江省实现了网签备案和预告登记机制全面衔接，该省 2022 年执行异议之诉案件同比减少 20%，收效显著。一是制定出台落实《民法典》预告登记制度的细化操作办法，明确预告登记的主体、流程、时间、后果，特别是对于开发商通过“约定排除”条款规避预告登记的情况，要作出特别规定；二是通过在合同示范文本中增加办理预告登记的条款，积极引导、鼓励权利人及时办理预告登记，防范后续风险；三是政府部门应加快推进“一窗通办”“一网通办”，实现网签与预告登记同步申请办理；四是不动产部门与住建部门应探索打破信息壁垒，实现网签信息、查封、产权登记等信息共享，为消费者提供便捷的一站式信息查询服务，方便权利人第一时间知晓标的物权利限制情况而审慎购买，从源头上减少消费者购买已被查封、抵押商品房的情况发生，真正实现纠纷实质化解。

2. 加大商品房预售资金监管力度

主管部门应在总结各地现有监管规则和实践经验的基础上，加快制定效力层级更高的商品房预售资金监管法规，或由各主管部门联合发布监管行政规章，进一步明确监管主体、监管要求、监管标准、监管措施、监管责任，完善恶意逃避监管的民事、行政、刑事责任三位一体的法律责任体系，保证预售资金专款专用、封闭运行，监管全面到位且有力有效，解决好当前监管规则不统一、责任轻等影响监管成效的突出问题。

（五）强化府院协调，助推在建工程复建

在建工程涉及多方利益主体，如建筑工程承包商、建材供应商、农民工、购房人、金融机构等，各方利益冲突犬牙交错。在建工程的能否妥当处置不仅关系到执行案件办理的成效，更关系到民生福祉。一般而言，人民法院处置在建工程的方式是将在建工程整体打包进行司法拍卖，再由买受人后续进行续建。此方式能够较为简单地处置被执行人名下在建工程，以最快速度实现债权人的胜诉权益。但是，在当前房地产市场下行的环境下，即便没有“暴雷”的房地产开发企业也普遍面临着现金流紧张的形势，有的选择断臂求生，有的则直接公开市场债务违约等情况，房地产市场信心受挫，人民法院通过司法拍卖方式将在建工程直接变现的难度极大增加。

在无法通过司法拍卖方式成功处置在建工程的情况下，人民法院应坚持公正司法理念，强化府院联动机制，认真研判被执行人具体情况，推动在建工程的复工复建，打破执行僵局，平衡保护社会公共利益和债权人、债务人各方利益，从而争取实现政治效果、社会效果、法律效果的有机统一。

1. 被执行人具有一定造血能力，能够推进在建工程复建

在建工程的复建首先需要解决资金来源问题。因此，人民法院在执行中应当对被执行人名下在建工程情况进行实地调查，了解在建工程的真实现状，如项目是否已经取得规划许可证、施工许可证等必要的审批手续，是否已经开工；项目是否有完工和销售前景，是否能够回收投入的资金和成本；项目是否符合“保交楼”专项借款的条件等。

作为被执行人的房地产开发企业，自身应切实履行主体责任，多渠道筹集资金，盘活在建工程，推动在建工程复建和交付，从而解决其债务问题。对于被执行人具有续建在建工程的意愿和能力的，人民法院应积极与申请执行人、被执行人以及相关政府部门沟通在建工程复建方案，尊重当事人的意思自治和权利处分，积极促成案件当事人之间达成执行和解协议，对在建工程暂缓采取变价措施，从而实现各方利益的最大化和社会资源的优化配置。相关部门可督促并协助被执行人积极引入投资、申请政策专项借款，为在建工程提供必要的资金支持。同时成立资金监管小组加强指导，充分发挥债权人的积极性，确保项目资金投入和资金使用安全，有序推进在建工程的建设，待工程建设完工并具备交付条件后再行变价。

2. 被执行人丧失“造血”能力的，难以推进在建工程复建

对于资不抵债，无法继续推进在建工程复建的房地产开发项目，则可以依靠府院联动机制，一方面要继续强化对在建工程复建复工的司法保障，做好执行“后半篇文章”；另一方面应加强与属地政府协调沟通，建立有效的“保交楼”政策协调沟通机制，加强信息交流、意见沟通、协商协作，形成“保交楼”政策实施的良好氛围。具体而言：

第一，要积极引导债权人申请“执转破”，依托“执破融合”机制，以破促执，将案件导入破产程序，充分发挥破产程序的债务概括清偿功能，在破产程序中召开债权人会议，就在建工程复建进行协商，聘请第三方评估机构对已完成工程量进行现场确认并审计，确定在建工程复建所需融资金额，争取达成共识，引进破产重整投资人，找到平衡各债权人以及债务人利益的最优解。

第二，要充分发挥债权人会议的作用。进入破产程序后，在建工程复建复工仍需要解决资金问题。实践中，一般通过引入共益债的方式为房地产项目进行融资，为在建工程复建提供盘活资金。如2021年7月1日上海市第三中级人民法院裁定批准上海悦合置业有限公司的重整计划，由上海绿庭投资控股集团股份有限公司作为重整投资人以共益债方式投资金额2.5亿元。根据《最高人民法院关于适用〈中华人民共和国企业破产法〉若干问题的规定（三）》第二条第一款的规定，进入破产后，经债权人会议决议通过或者第一次债权人会议召开前经人民法院许可，债务人的融资属于共益债务。共益债权具有优先受偿的性质，即破产财产在优先支付共益债务和破产费用后，尚有剩余的，才依照法定的顺序进行清偿。因此，为了保障债权人的利益，人民法院应充分保障全体债权人的知情权，充分尊重债权人的意愿，在是否续建、续建的融资方案、资金封闭管理方案、投资人的权益保障、债权人监督续建工作等方面，积极发挥债权人会议的作用，以避免在建工程复建中产生不必要的纠纷。

第三，要积极运用府院联动机制。积极与属地政府沟通协调，积极推动成立“保交楼”工作领导小组，具体负责综合协调、工程推进、资产核查、破产实施、疏导稳控等相关工作，确保续建工作的顺利开展。一方

面，针对符合政策专项借款条件的在建工程，工作领导小组积极引导管理人申请专项借款，同时联动住建部门依法释放预售监管资金，增加对在建工程复建的资金支持；另一方面，加强在施工过程中安全管理工作，严格封闭管理复建融资，确保在建工程依法推进建设。

第四，加强选任、指导监督管理人工作。管理人的工作能力及主观能动性对在建工程能否顺利复建至关重要。人民法院应当优化管理人选任方式，结合案件具体情况提出对管理人的相应要求，在符合条件的在册管理人中通过随机方式产生；在管理人选定后，人民法院应通过落实工作方案、定期对接、周报制度、薪酬激励机制、考评反馈机制等一系列制度指导监督管理人工作，确保管理人积极认真履职，保障在建工程复建完工。

关于以习近平法治思想为指导推进民商事涉外执行工作现代化，助推首都高水平对外开放的调研报告

贾丽英[*]　孙　彬[**]　詹华东[***]　张　琮[****]　叶建桥[*****]

党的十八大以来，以习近平同志为核心的党中央高度重视涉外法治工作。最高人民法院在《关于人民法院为北京市国家服务业扩大开放综合示范区、中国（北京）自由贸易试验区建设提供司法服务和保障的意见》中指出，人民法院要精准把握北京“两区”建设的司法需求，准确把握国内国际形势，以习近平新时代中国特色社会主义思想为指导，推动审判体系和审判能力现代化建设，“助力北京建设既有中国特色，又符合首善之都定位，具有全球影响力的高水平自由贸易试验区”，“北京法院要坚持最高标准、最严要求、最好效果，以高质量的审判工作服务和保障首都高质量发展，在司法体制改革、审判机制创新和审判能力建设等方面发挥示范引领作用”。涉外执行工作是涉外法治的重要组成部分。本次调研聚焦执行程序中的涉外因素及其影响，并对我国现有的应对涉外执行的法律规则与制度及存在的问题进行分析，着眼于如何以习近平法治思想为指导，推进涉外执行工作现代化，打造涉外执行北京样本。

---

[*] 贾丽英，北京市第四中级人民法院执行局副局长。
[**] 孙彬，北京市第四中级人民法院民庭法官助理。
[***] 詹华东，北京市第四中级人民法院执行局法官助理。
[****] 张琮，北京市第四中级人民法院综合办公室法官助理。
[*****] 叶建桥，北京市第四中级人民法院立案庭法官助理。

一、问题提出：涉外执行与涉外审判中的涉外因素不同

对于涉外执行案件（本文指民商事涉外执行案件），即使审判或执行领域的专家也难以清晰准确地界定其内涵与外延。涉外司法的学者或者实务界人士关注问题集中在涉外审判中的冲突法、准据法、外国法查明、互惠原则、平行诉讼等问题，以及“承认与执行”中涉及“承认”的问题。他们或者简单地通过涉外审判的相关知识来推论涉外执行，或者通过一般执行规则来认知涉外执行。调研发现这种认知是偏颇的、片面的，有必要对此予以澄清。

（一）民商事涉外执行案件的基本情况

根据《最高人民法院关于人民法院涉外审判工作情况的报告》，全国法院受理的一审涉外民商事案件从2013年的1.48万件，增长到2021年的2.73万件，涉及当事人已覆盖全球100多个国家和地区。2013年以来，全国法院共审结申请承认与执行外国法院民商事判决案件7313件，涉及英国、美国、意大利、澳大利亚等近40个国家。

北京市第四中级人民法院集中管辖北京地区本市人民法院管辖的标的额在50亿元以下的一审涉外及涉港澳台商事案件以及申请承认和执行域外判决和域外仲裁裁决案件、仲裁司法审查类案件。自2018年北京市第四中级人民法院集中管辖本市标的额在2亿元以下（2019年调整为50亿元以下）的一审涉外商事案件及仲裁司法类审查案件以来，截至2022年12月31日，已审理各类涉外商事案件6000余件，2019年至2021年三年间，北京市第四中级人民法院共受理涉外执行案件1378件，涉外仲裁司法审查案件3000余件，案涉60余个国家和地区，均居全国前列。

（二）实践中民商事涉外执行案件中的“涉外因素”

上述统计中的涉外案件均是审判阶段存在的涉外因素识别出的。然而，调研发现执行中的涉外因素不同于审判中的涉外因素，与《民事诉讼法》《涉外民事关系法律适用法解释（一）》中规定的涉外因素不同，执行实践经常遇到的涉外因素有主体、客体、第三方、执行依据、违反强制执行义务的行为、影响执行程序进程的行为或事实等方面。该统计数据不

能反映民商事涉外执行案件的真实体量。

1. 主体为境外主体

即申请执行人或者被执行人为非本国国民、机构或者组织，这是执行程序中最常见的涉外因素之一。

2. 客体为非本国财产或货币

金钱债权类涉外执行的客体多为金钱货币，当执行标的为非本国财产或货币时，即为影响涉外执行进展的涉外因素。

3. 第三方为境外主体

比如，应收账款的次债务人、协助执行义务人是境外主体，或者协助违反强制执行义务的主体为境外主体等。

4. 执行依据来自境外

境外执行依据包括域外法院作出的可执行的文书和境外仲裁机构作出的仲裁裁决。

5. 违反强制执行义务的行为在境外

比如，被执行人或者案外人在境外逃避执行或者协助逃避执行，或者在境外违反法律关于执行的强制性规定。

6. 影响执行程序的行为或事实发生在境外

影响执行程序的行为或事实发生在境外指根据境内执行规则会导致执行程序中止、终结、暂缓、改变分配结果等影响执行程序的行为或实事发生在境外。比如，当事人在境外破产或者清算、被承认的执行依据在境外被撤销或者中止、执行依据所涉行为在境外涉刑等。

实践中，前述涉外因素在一个案件中并非单独出现，多个因素常常相互交织，在执行程序中相互作用，深刻影响着案件的执行进程。

（三）涉外执行案件中涉外因素的特点

1. 复杂多样

本文将执行案件中的涉外因素分为六大类。而这六类涉外因素可以进一步细分，比如主体涉外与客体涉外可能分属多个国家和地区；违反强制执行义务的行为也比较多样，比如转移资产、在境外高消费、违规出入境等；执行依据分为判决书、调解书、仲裁裁决等。

2. 相互牵连

执行中的涉外因素相伴出现、相互牵连是常态，比如主体涉外，则较易出现境外违反强制执行义务行为。

3. 动态变化

执行中的涉外因素是动态变化的，会随着情况的变化而产生或者灭失。例如，一个无涉外因素的境内判决，在执行过程中当事人做出变更国籍、在境外违反强制执行义务等行为，致使案件成为涉外执行案件。

（四）执行中的涉外因素不同于民事审判中的涉外因素

根据《民事诉讼法司法解释》（2022 年修正）第五百二十条、《涉外民事关系法律适用法解释（一）》第一条的规定，民事诉讼中的“涉外因素主要包括三个方面：（1）诉讼当事人一方或者双方是外国人、无国籍人、外国企业或者组织。涉外民事诉讼可能是外国人、外国企业或者组织与我国公民、法人或者其他组织之间的诉讼，也可能是外国人、外国企业或者组织之间的诉讼。（2）诉讼当事人之间民事法律关系的设立、变更、终止的法律事实发生在外国。比如，诉讼双方当事人都是中国企业，但合同的履行地在国外。（3）诉讼当事人争议的诉讼标的物在外国。比如，原被告均为中国公民，但继承的财产在国外。有上述情形之一的，即为涉外民事诉讼，根据本法规定，应当首先适用本编规定”①。这些“涉外因素”是从审判的视角予以规定，未考虑执行的实际情况，体现在以下几个方面。

首先，执行中的涉外因素与审判中的涉外因素的功能不同。理论上，审判中也存在与执行中相同性质的涉外因素，比如，审判程序中的平行诉讼问题、境外发生的影响审判进程的法律行为或实事、第三方为境外主体，等等。但是，《涉外民事关系法律适用法解释（一）》第一条是基于是否与诉争法律关系有实际联系界定涉外因素的，这些“涉外因素”必须与诉争的法律关系有实际联系，如诉争法律关系的主体、客体、行为发生地、结果发生地等。它的功能是“为明确涉外民事关系的法律适用”，确

① 全国人大常委会法制工作委员会民法室：《〈中华人民共和国民事诉讼法〉释解与适用》，人民法院出版社 2012 年版，第 417 页。

定用哪个国家或地区的法律或国际公约或条约作为准据法解决诉争纠纷，法院根据“涉外因素”确定适用的法律审理完毕后，涉外因素“明确涉外民事关系的法律适用”的目的即告实现，审判中的“涉外因素”的法律效力在理论意义上和实践意义上已经用尽。执行中的涉外因素的功能在于识别执行案件是否为涉外案件，以便明确执行规则，解决执行程序中因特定涉外因素而产生的问题，此时审判中确定准据法的连接点的“涉外因素”，对执行程序不再产生拘束力。因此，执行中的涉外因素并不要求与执行依据中的诉争法律关系有关联。

其次，审判中的涉外因素会影响执行案件管辖法院的确定，执行中的涉外因素独立影响执行程序。民事诉讼案件的管辖法院确定后，依照2021年《民事诉讼法》第二百三十一条的规定，执行法院也随之确定，即人民法院作出的执行依据由“第一审人民法院或者与第一审人民法院同级的被执行的财产所在地人民法院执行”，或者其他由人民法院执行的法律文书“由被执行人住所地或者被执行的财产所在地人民法院执行”。执行依据来自境外的，属于承认与执行案件，根据2021年《民事诉讼法》第二百八十八条、第二百九十条确定管辖法院。因此，除了执行依据来自境外这一因素外，其他执行中的涉外因素均不会对管辖法院的确定产生影响，而会独立的对执行程序产生影响。涉外主体名下的财产影响财产的处置、案款、扣划、发放，违反强制执行义务的行为在境外会引发间接执行措施的适用问题。

最后，执行中的涉外因素发生变动对执行程序推进影响较大。比如被执行人在国外被解散、债权债务的转让、被执行人对国外第三人享有的到期债权等会导致执行程序涉外因素的出现与变化，且一个涉外因素会伴随着其他涉外因素牵连发生。比如主体涉外常会伴随客体涉外和行为涉外。

总之，执行程序的“涉外因素”不同于审判程序中的“涉外因素”，且执行程序中的涉外因素是动态发生的，对执行中涉外因素的认定和识别均会对涉外执行案件的管辖、执行、中止、终结等程序产生不同程度的影响。虽然涉外民商事案件的集中管辖实现了涉外民商事案件的集中审理，但是并没有完全实现民商事涉外执行案件的集中执行。质言之，现有的涉外民商事案件的规则和资源分配与涉外执行案件的客观情况错配，不能解决民商事涉外执行案件遇到的问题，比如下文中将要论述的可以开立外汇账户的法院规定问题。这与北京高标准建设国际交往中心和“两区”建设的要求不符。

（五）民商事涉外执行案件的类型划分

（1）根据涉外因素的形成时间，民商事涉外执行案件分为原生涉外执行案件与衍生涉外执行案件。

由于执行案件中的涉外因素是动态发生的，根据其进入执行程序时是否涉外，可将涉外执行案件分为原生涉外执行案件与衍生涉外执行案件。原生涉外执行案件是在立案执行时具备涉外因素；衍生涉外执行案件是指案件在立案时不具备涉外因素，但在执行过程中出现了涉外因素的案件。境外执行依据获得境内法院承认后进入执行程序的案件，一般为原生涉外执行案件，但是也存在案件在执行过程中并不存在涉外因素的情况，比如境内主体约定境外机构管辖的，在取得境外执行依据后向境内法院申请承认和执行，除执行依据由境外机构作出外，虽然在审判中可能存在涉外因素，但是在执行中却不存在其他涉外因素时，则该案件在执行程序中不具备涉外因素。

（2）根据执行依据的来源，分为境内裁决的涉外执行案件和境外裁决的涉外执行案件。

境内裁决可以直接向境内法院申请执行。境外裁决需要经过“承认与执行”取得境内法院的认可之后获得在境内执行。前者包含以下几种情况：一是属于原生涉外执行案件；二是属于衍生涉外执行案件；三是需要向境外申请承认与执行的案件。后者属于原生涉外执行案件。

二、实践考量：涉外执行存在的现实问题

多数情况下，前述涉外因素在同一涉外执行案件中相互交织，同时出现，涉及众多执行环节，对执行程序的影响范围大、程度深，本文仅就几个突出问题予以探讨。

（一）管辖制度与期限管理不符合涉外执行案件规律

确定涉外案件管辖法院的依据有《民事诉讼法》第二十四章管辖第二

百七十六条至第二百八十二条、《民事诉讼法司法解释》第五百二十九条至第五百三十一条、《最高人民法院关于涉外民商事案件管辖若干问题的规定》、《最高人民法院关于涉外民商事案件诉讼管辖若干问题的规定》（2020 年修正）以及大量涉外案件集中管辖的批复、通知等。使用“北大法宝”在“标题”中以关键词“涉外”“管辖”“精确”检索，结果显示共有 101 个最高人民法院制定的司法解释文件。[1] 例如，《最高人民法院关于指定河北雄安新区中级人民法院管辖一审涉外、涉港澳台民商事案件的批复》《最高人民法院关于授权指定义乌市人民法院管辖一审涉外民商事案件的通知》。对于涉外执行案件的期限，《最高人民法院关于人民法院办理执行案件若干期限的规定》是主要依据。《民事诉讼法》第二百八十七条规定，人民法院审理涉外民事案件的期间，不受一般案件审限的限制，但均未对涉外执行作出特别规定。

然而，涉外案件的管辖与期限管理没有考虑涉外执行因素的特点，以审判程序“涉外因素”为连接点确定执行案件是否涉外没有考虑到执行案件涉外因素的独特性，导致涉外执行案件资源分配和管理机制不科学。

（二）财产查控与执行款的缴纳、扣划和发放不畅

1. 信息登记存在漏洞，致使财产查控不畅

在涉外执行案件中，被执行人为境外自然人或组织的，财产查控的效果差。不同的财产管理部门或机构在登记身份信息时可能选择登记中文翻译姓名、外文姓名或者外文和中文同时登记，外文姓名大小写不一致，或者存在间隔或特殊符号等，都会导致查询失败。且护照、往来内地通行证的号码不像身份证号码具有自始至终的唯一识别性，证件到期更换后，新证件号码会发生变化。此外，随着我国与国际交往更加深入、频繁，涉外执行中出现了大量持有外国护照的华裔被执行人，其财产登记在其“脱籍”前的居民身份证号下面，且执行部门缺少核实该被执行人入籍其他国家之前的身份的手段，致使无法有效查控其财产。

---

① 检索时间为 2023 年 10 月 19 日。

2. 执行款的缴纳、扣划与发放不畅

2017年5月1日起施行的《最高人民法院关于执行款物管理工作的规定》（以下简称《执行款物规定》）就执行款的开户要求、缴纳、扣划、发放、提存、延缓发放等作出规定，但未涉及外币和向境外账户的发放执行款的问题。根据《最高人民法院关于转发〈关于人民法院开立外汇帐户有关问题的通知〉的通知》以及《最高人民法院关于转发国家外汇管理局〈关于人民法院在涉外司法活动中开立外汇帐户及办理外汇收支有关问题的函〉的通知》①，符合要求的人民法院可以开立外汇账户；具有涉外案件管辖权的法院以及中级以上人民法院，经当地外汇管理局批准，可以开立经常项目外汇账户。然而，实践中多数中级法院亦未开立外汇账户。且由于执行涉外因素具有动态变化的特点，随着我国与世界交流更加广泛深入，基层法院也会在办理执行案件过程中遇到外币执行的情况，前述对于外汇账户开立的要求，已经不能适应实践发展需要。

法院不开立外汇账户致使外币执行款的缴纳、扣划、发还极其不畅，如被执行人在银行账户内存款为外币的无法直接网络扣划，需要柜台办理；有的地方法院甚至称法院没有开立外币账户无法对外币进行扣划，但是柜台扣划也需要外币转换为人民币予以扣划；也有法院探索要求银行协助将外币按照当日汇率结算为人民币完成扣划的。② 这种“曲线”做法并非长久之计，且效率低下，缺少监督，易滋生腐败问题。此外，领款人没有境内账户的，执行款发放亦十分困难。

（三）间接执行措施的效力不彰

1. 间接执行措施的域外效力不明

我国法律中没有民事执行规则域外适用的规定。“中国现行域外适用规则散见于各类法律和行政法规之中，所涉领域较为广泛。”③ 但是，“现

① 两个文件标题中使用“帐户”一词，本文未作修改。

② 参见邢修松、王恒、许佳兴：《强制执行程序中扣划外币及执行案款兑汇出境相关实务问题》，载环球律师事务所网2022年12月21日，http：//www. glo. com. cn/Content/2022/12－23/1716299374. html。

③ 廖诗评：《中国法域外适用法律体系：现状、问题与完善》，载《中国法学》2019年第6期。

行立法的不足之处，是侧重对国家利益和社会公共利益的保护，但缺乏对重大私人利益的关照，且缺乏对法律责任的具体规定”①。在民事诉讼法和民事诉讼法司法解释以及有关承认与执行的公约中，“承认”与“执行”均以“承认和执行”的形式并列出现，相关规则里均为如何审查是否承认与拒绝的规则，对于执行规则是否具有域外效力、如何进行域外适用缺乏明确指引。国际公约、双边条约也没有一国民事规则域外适用的规定。

2. 执行惩戒措施威慑力不强

执行程序中，限制高消费措施、纳入失信被执行人名单、限制出境是法院普遍采用的三种惩戒措施。但是，如果被执行人为涉外主体，惩戒措施的效果将会受到较大影响。被执行人为境外公司或自然人的，由于不同国家的管理制度不同致使相关主体的证件不同，同时叠加境内各主管部门之间的信息不对称，惩戒措施效果大打折扣。

（四）文书送达制度与执行质效要求不符

对文书送达的影响主要因主体涉外产生。执行程序中的送达环节远远多于审判程序。比如，执行通知书、报告财产令、查控财产、处置财产的通知（评估机构的选定、评估报告的送达、拍卖事项的告知、成交裁定的送达），再如采取限制高消费和纳入失信被执行人名单决定书的送达，等等。

涉外送达的法律规则比较多，但均未将执行的特殊情况考虑在内。涉外执行与涉外审判需送达的诉讼文书类型及频次有较大差异。对于涉外审判而言，在无被告对审判流程介入并提出相关请求的情况下，需要完成的诉讼文书送达通常仅涉及送达起诉状、传票与送达判决书。而涉外执行存在更多需要送达文书的执行节点，按照民事诉讼法及相关规定，在各项措施节点亦需要向被执行人送达各类通知书、评估报告等材料，将严重制约执行效率，增加执行成本。通过司法协助或者涉外公告送达所有的执行文书，不符合实际。

---

① 韩永红：《美国法域外适用的司法实践及中国应对》，载《环球法律评论》2020年第4期。

（五）司法协助机制不完善

根据《民事诉讼法》、国际条约，或者按照互惠原则，人民法院和外国法院可以相互请求执行法院判决、仲裁裁决、代为送达文书、代为调查取证以及进行其他诉讼行为。我国已经批准加入《纽约公约》。我国已经签署《海牙判决执行公约》《新加坡调解公约》，但均未生效。《民事诉讼法》第三百条规定了不予承认和执行境外判决情形。

1. 承认与执行境外执行依据中存在的问题

（1）审查救济途径缺失。我国《民事诉讼法》对申请承认和执行外国法院判决、仲裁裁决的司法审查案件采用一裁终局的程序设置，没有赋予被申请人权利救济的途径。2023年修正的《民事诉讼法》增加了第三百零三条规定“当事人对承认和执行或者不予承认和执行的裁定不服的，可以自裁定送达之日起十日内向上一级人民法院申请复议”。该条款位于修正后的裁定承认与执行外国判决的第二百九十九条、裁定不予承认和执行外国判决的第三百条与承认与执行外国仲裁裁决的第三百零四条之间，该条规定仅是指对不服承认和执行或者不予承认和执行外国判决裁定的可以复议；还是对不服承认和执行或者不予承认和执行外国仲裁裁决裁定的也可以复议，尚需明确。

（2）审查与执行脱节。承认和执行外国判决、仲裁裁决案件的程序设计采取合并审查的模式，承认审查与执行审查均由审查部门（通常为审判庭）同时进行，在人民法院裁定承认和执行后，审查部门再将案件移送执行。但实践中审查阶段的承办人在办理该类案件中往往容易忽视外国判决、仲裁裁决在得到承认后其是否具备执行条件等问题。

2. 境内执行依据向境外申请承认与执行路径不畅

截至2023年3月20日，我国共缔结且已生效的国际民商事以及民刑事司法协助条约共38项①。数据显示，通过司法协助的官方渠道进行判决承认与执行的情况极少（见表2.6）。可见，我国法院作出的裁决在世界上

① 司法部司法协助交流中心：《国际民商事司法协助常见问题解答》，载中华人民共和国司法部网，http://www.moj.gov.cn/pub/sfbgw/jgsz/jgszzsdw/zsdwsfxzjlzx/sfxzjlzxxwdt/202303/t20230330_475371.html。

多数国家无法通过双边条约获得承认和执行，且缺少支持平台。

表 2.6 我国司法部办理的司法协助案件概况①

单位：件

<table>
<tr><th colspan="2">司法协助类型</th><th>2021 年（至 9 月）</th><th>2020 年</th><th>2018 上半年</th><th>2017 年</th><th>2016 年</th></tr>
<tr><td rowspan="2">接收国外司法协助请求</td><td>送达文书请求</td><td>1754</td><td>1518</td><td>680</td><td>1557</td><td rowspan="6">截至 2016 年 9 月，办理民商事司法文书送达请求 1928 件，调查取证请求 39 件，判决承认与执行请求 14 件，处理有关民商事司法协助的各类咨询约 300 件</td></tr>
<tr><td>调查取证及判决承认与执行请求</td><td>97</td><td>31</td><td>27（15 件承认和执行）</td><td>36（9 件承认和执行）</td></tr>
<tr><td rowspan="3">向国外发出司法协助请求</td><td>送达文书请求</td><td>958</td><td>1021</td><td>—</td><td>1194</td></tr>
<tr><td>调查取证</td><td>0</td><td>0</td><td>1</td><td>0</td></tr>
<tr><td>判决承认与执行</td><td>2</td><td>0</td><td>0</td><td>0</td></tr>
<tr><td>办结</td><td></td><td>1448</td><td>2327</td><td>600 余件</td><td>—</td></tr>
</table>

（六）影响执行程序进程的法律行为或者事实发生在境外时的法律效果规则不明

影响执行程序进程的法律行为或者事实发生在境外时，执行程序中如何认定没有明确规定。比如，境外当事人发生主体民事行为能力的诉讼、境外就已经承认与执行的案件所涉纠纷启动刑事程序、被执行人境外破产、境外作出要求申请执行停止请求执行的决定，执行程序如何应对，尚无法律规定。然而，这些问题已经在执行实务中显现。

三、原因分析：涉外执行案件所遇问题的产生原因

涉外案件的执行问题是在多重因素共同作用下形成的，这些因素大多与执行程序中涉外因素的特点紧密关联。

① 根据司法部司法协助交流中心已发布的民商事司法协助案件统计整理，载司法协助交流中心网，http：//www. moj. gov. cn/pub/sfbgw/jgsz/jgszzsdw/zsdwsfxzjlzx/。

（一）涉外执行理论研究不足，共识尚未形成

当前，我国强制执行法尚未出台，涉外执行的理论研究更显不足，相关制度缺位失位现象严重。涉外法治在我国方兴未艾，各种理论、理念、认知如雨后春笋般出现，然而涉外执行的理论共识与构建路径尚待形成。且涉外法治的理论研究更多关注在“国家反制”的“域外适用”以及诉讼程序层面，对于执行程序中的涉外规则欠缺研究。

（二）执行规则与制度供给不适配

现行执行规定及制度无论是实操性还是指导性，与涉外执行工作存在不同程度的错配。以涉外执行案款发放为例，受外汇管制的要求，法院不得直接向境外账户汇款，导致向境内未开立账户的境外申请执行人发放执行款时，处处掣肘。再如，涉外执行案件的识别规则不科学。执行中的涉外因素具有动态变化的特点，按照诉讼中的涉外因素来认定涉外执行案件，显然不符合涉外执行案件的规律。

（三）涉外执行的法治人才培养滞后

提高民商事涉外执行案件效果，亟须培养一大批具有家国情怀和世界眼光、通晓国际法律规则、善于处理国际法律事务的高素质涉外法治人才，现有的涉外法治人才储备还远远不能够满足新时代扩大对外开放的实际需要。当前，涉外法治人才不足主要表现为数量不足、能力不足、经验不足。一是真正能够熟练处理国际法律事务的涉外法治人才数量不足，离实际需要有很大的差距；二是国际立法、执法、司法等各个领域都需要涉外法治专门人才，而我国有些领域还缺少合格的人才；三是我国法院队伍中在各类国际组织尤其是国际立法机构、司法机构、仲裁机构、调解机构等有工作经验的人员偏少，高端涉外法治人才尤其匮乏。

（四）府院联动不足，涉外执行合力尚未形成

涉外执行问题的凸显伴随着我国综合国力的提升，对外交往日益频繁相应出现。与一般执行中出现的问题一样，涉外执行面临的问题的出现与解决也是综合性的、社会性的。均不只在于法院人员不足、执行规则欠缺、理论研究不透，涉外执行问题的产生也是综合性的、社会性的。涉外执行中产生的种种问题与移民管理、外籍人员管理、外汇管理等领域息息

相关，这些问题在相关领域深化改革、扩大开放之前无法预料，在涉及社会深层次矛盾的执行领域才凸显、放大。

四、完善路径：做好顶层设计，助推涉外执行工作现代化，打造涉外执行北京样板

习近平总书记指出，“在法治轨道上全面建设社会主义现代化国家”，而涉外执行是法治轨道的重要一段。执行中的涉外因素复杂多样、相互牵连、动态变化，致使执行程序中牵涉的涉外问题也复杂多样，且关涉众多部门、诸多环节，需要做好顶层设计，推进涉外执行现代化。北京作为国家首都，是深化对外开放的领头羊、排头兵，更需要构建完善的涉外执行体制机制，打造涉外执行北京样本，为北京“两区”建设和国际交往中心建设提供司法保障。

（一）贯彻习近平法治思想，做好涉外执行顶层设计

习近平法治思想是全面依法治国的根本遵循和根本指南。贯彻习近平法治思想做好涉外执行顶层设计，要坚持党的领导，坚持系统思维，形成做好涉外执行工作合力；要提高站位，充分认识涉外执行工作的重要作用；要科学谋划，将涉外执行作为依法治国和涉外法治建设的重要抓手一体推进。

1. 坚持党的领导，多部门联动形成做好涉外执行工作合力

要发挥党的领导统筹作用，加强不同部门之间的配合协作，形成合力堵住涉外执行漏洞。加强公安、海关、边检、出入境、不动产管理部门、银行、工商等部门的配合，统一外籍人员的信息登记标准，建立移民人员身份信息保留制度和移民财产报告制度。首先，统一外籍人员的信息登记标准，防止外籍人员或者脱籍人员因信息录入不一致导致财产查控困难。其次，建立移民人员身份信息保留制度和移民人员身份信息库，以移民前和移民后的身份录入其指纹、面部等生物信息，实现移民人员国籍转变前后身份的关联和确认。最后，建立移民财产报告制度，移民人员申请注销户籍时，要求其同时报告现有身份的国内的财产情况，并进行登记记录，明确只有申报过的财产才能继续得到承认和保护，防止通过采用转变国籍

方式逃避债务或干扰司法活动情形的发生。

（1）加强司法部门与外事部门之间的合作，搭建司法服务平台，加强对当事人申请到域外执行境内法院判决和仲裁裁决的指引与协助，提高国内裁决域外执行的内部运转效率和信息查找成本，满足人民群众对涉外执行服务的需求，提升我国法院作出的裁决域外获得承认与执行的效率。

（2）府院联动，探索建立失信外企警示机制，助力优化营商环境。普通民商事案件中，法院通过“执转破”程序推动一些长期“执行不能”的涉企业类执行案件清结销账，取得了比较良好的效果。[①] 但是，在涉外民商事案件中，“执行不能”案件没有有效的退出路径。作为被执行人的外企在国内没有任何财产可供执行，或者在境外持有资产但是不具备执行条件，案件只能以终结本次执行程序方式结案，失信外企并未从中国市场上清算退出。为降低失信外企对国内营商环境可能造成的不良影响，应做好“府院联动”将执行信息公开网与国家企业信用信息公示系统对接，对失信企业进行标注和公示，并将失信企业的包括国籍在内的更加详细的信息及责任人员一并公示，为国内外经济主体进行国际贸易、国际投资等提供警示服务，为中外企业在国内营造良性竞争环境，实现营商环境的整体优化。

2. 提高站位，充分认识涉外执行在全面推进依法治国及保障和优化营商环境中的重要意义

（1）涉外执行是涉外法治的重要一环。“中国对世界的影响，从未像今天这样全面、深刻，世界对中国的关注，也从未向今天这样广泛、深切。我们谋划改革发展，必须统筹考虑和综合运用国际国内两个市场、国际国内两种资源、国际国内两类原则。”“涉外法治工作水平与我国国际经济政治地位还不相匹配。”[②] 涉外执行是涉外法治的重要一环，关涉每年数亿出入境人员的切身权益和国家开放战略。

（2）涉外执行成效距离人民群众的期盼还有很大差距。涉外执行遇到

---

① 何晓慧：《解开“执转破”提速的成功密码》，载《人民法院报》2021年4月3日，第1版。

② 中共中央宣传部、中央全面依法治国委员会办公室：《习近平法治思想学习纲要》，人民出版社、学习出版社2021年版，第118页。

的问题，反映出社会治理机制的缺位。通过变更国籍、多重身份，甚至利用身份信息登记不统一，规避监管、转移财产，已经严重侵害守法群众的合法利益，严重损害国家尊严和司法权威。

3. 科学谋划，将涉外执行作为涉外法治建设和依法治国的重要抓手一体推进

涉外执行工作需要在统筹国内法治和涉外法治工作中一体推进，在做大、做强涉外审判的同时，应当给予涉外执行更多的关注和支持，避免“执行难”的情况在涉外执行中再现。比如，在立法层面，强制执行法立法时可考虑将涉外执行问题考虑在内。又如，通过强制执行法明确间接强制措施的域外效力、域外违反强制执行义务的查明与认定、域外发生影响执行程序进程的行为和事实的法律效果等。再如，在加强国家间司法协助与交流时，应当考虑我国法律文书的境外流转问题。借助“一带一路”平台，主推涉外执行迈向更高水平，如通过积极签订双边条约、积极适用互惠原则，加强国际涉外法治交流等不断输出中国法治影响力。同时，在推进涉外法治、完善涉外法律体系时，将涉外执行问题纳入考量范围。

（二）“优化内部管理、加强人才培养、加强科技赋能”，推进涉外执行工作现代化

1. 优化内部管理机制，推进涉外执行管理体制现代化

（1）做好审执衔接，完善涉外执行内部沟通机制。鉴于目前条件下，法院与境外生效裁决作出机构建立直接联系存在实际困难，法院可以首先与国内仲裁机构打破沟通壁垒，畅通沟通渠道，为后续开展的国际交流积攒经验，通过签署备忘录、签订合作协议、定期召开座谈会等方式建立长效沟通机制，拓宽法院与仲裁机构之间案件信息共享渠道与范围，加强人民法院与仲裁机构的工作沟通与协调，推动仲裁深度参与执行，全方位深化合作效果。例如，对于执行过程中常见的被执行人主体信息不全、可供执行财产难找等问题，执行法官能够通过与仲裁员直接进行快捷、有效的沟通，了解案件的来龙去脉，全面掌握案件信息，不仅有助于更好的理解仲裁裁决，有针对性的采取行之有效的执行措施，而且也是从源头寻找突破口的大胆尝试，开辟涉外民商事案件执行的新思路。

（2）尊重涉外执行规律，完善涉外执行案件管理机制。根据执行案件涉外因素的自身特点，制定科学的涉外执行案件识别机制，完善涉外执行案件监督管理制度，制定科学的涉外执行案件考核体系，提高涉外执行的管理效能。根据实践中遇到的问题，积极完善涉外执行案件送达制度、涉外案件案款管理制度、涉外案件信息管理应用等，以适应涉外执行案件发展的规律，及时回应涉外执行案件的现实需求。

2. 加强涉外法治人才培养，推动涉外执行能力现代化

加强涉外法治人才培养，提升法官执行能力。一方面通过定期举办培训班、专题讲座加强对民商事涉外执行案件承办法官的业务培训，促使其熟悉和了解国际惯例、国际贸易投资以及国际条约等相关内容，提升对涉外民商事案件判决、仲裁裁决的理解和把握能力。同时支持和鼓励审判法官和执行法官通过案件会商、法官会议等形式，跨庭室交流审判和执行实务经验，为执行法官充分反应涉外民商事案件执行中出现的难点提供平台和机会，让审理涉外民商事案件的法官听到“执行声音”，实现涉外民商事案件审判和执行的联动。另一方面加强法院与仲裁机构的业务交流与学习，对仲裁制度特点和法院工作规律进行充分交流，对裁决的标准和法律适用尺度统一认识，通过相互借鉴工作方法和经验来探索有效的合作方式，全面加强裁、审、执工作衔接。此外，应加强对外交流，积极向国际组织，一带一路相关国家和机构等输送法院干警进行培养锻炼。

3. 加强科技赋能，实现涉外执行保障现代化

要提高涉外执行的科技赋能，推动涉外执行现代化。加大科技投入与转化，通过科技赋能执行工作，打通信息孤岛，便利执行工作。针对目前法院执行系统财产查控功能不能与涉外执行案件工作适配的问题，应根据涉外执行案件的特点打通相关部门信息交互渠道，升级执行网络查控系统，既便利不同国家机关的信息共享与利用，也提高法院在涉外案件中查人找物的能力。比如由最高人民法院执行局主持，与国家外汇管理局、出入境管理局等单位建立网络对接和数据交换渠道，确保执行法官通过该网络查控系统能够有效的获取被执行人证件信息、出入境记录、资金往来等重要信息。同时，充分利用科学技术完善涉外执行案件识别、监督和考核

机制。

（三）坚持公正司法，推动涉外执行现代化早日实现

坚持公正司法，主动作为，推动涉外执行现代化早日实现。要主动深挖民商事执行涉外因素的特殊性，及时系统总结涉外执行规律，为涉外执行现代化提供理论保障；完善涉外执行规则，增加涉外法律规则规范的供给，针对目前发现的涉外执行难点，应当通过强制执行法、司法解释等法律明确更具体的执行措施，使其与执行实务相适应，补足民商事涉外执行案件法律制度欠缺，比如案款缴纳、划拨、发放中的外汇账户问题，应及时推动予以解决。适时发布涉外执行典型案例，根据不同涉外因素所涉问题发布涉外执行典型案例，总结可复制可推广的解决涉外执行问题的有效的方式方法，推动涉外执行问题的根本化解；针对性提出涉外执行司法建议，推动涉外执行问题的联动化解；加强涉外执行宣传，形成推进涉外执行现代化、解决涉外执行问题的社会共识。

（四）先行先试，打造涉外执行北京样板

北京是国家首都，是涉外审判与执行案件的高地，涉外执行案件基数大，有推进涉外执行现代化的迫切现实需求，有构建全国领先的涉外执行样板的良好基础。北京应当坚持以习近平法治思想为指导，贯彻落实全面推进依法治国战略，充分发挥涉外案件多、涉外法治人才聚集的优势，结合首都功能定位和高标准“两区”建设要求和打造市场化、法治化、国际化营商环境的需求，根据案件涉外执行特点，充分考虑并有针对性地制订推进涉外执行现代化方案，加快推进涉外执行现代化，以法治的方法推进中国式现代化在北京全面落地，打造涉外执行北京样本。

关于以习近平法治思想为指导化解金融借款合同纠纷执行案件执行难的调研报告

张 卫* 贾丽英** 孙 彬*** 詹华东**** 孙 倩*****

一、引言

习近平总书记多次就维护金融安全发表讲话，强调金融是国家重要的核心竞争力，金融安全是国家安全的重要组成部分，金融制度是经济社会发展中重要的基础性制度。为充分发挥人民法院金融审判职能作用，促进经济和金融良性循环、健康发展，最高人民法院出台《关于进一步加强金融审判工作的若干意见》，各地法院也陆续发布金融审判工作指引、金融审判白皮书、金融审判调研报告等，以期发挥司法审判的引领作用，指导金融审判，防范金融风险。此外，为了“保障国家金融战略实施，服务金融工作三项重大任务，完善金融审判体系，防范化解系统性金融风险”，上海金融法院与北京金融法院均已挂牌成立。但是，在涉金融案件的审判执行环节，整个社会依然存在“重审判、轻执行”的倾向，对金融执行案

* 张卫，原北京市第四中级人民法院执行局局长，现任北京市第一中级人民法院审判委员会专职委员。

** 贾丽英，北京市第四中级人民法院执行局副局长。

*** 孙彬，北京市第四中级人民法院民庭法官助理。

**** 詹华东，北京市第四中级人民法院执行局法官助理。

***** 孙倩，北京市第四中级人民法院综合办公室副主任。

件的关注不够。既有的执行程序、措施和法律规范仍然无法满足金融案件执行工作的现实需求，致使金融案件在执行过程中多有掣肘，执行无据，效率较低。

金融借款合同纠纷案件是典型的金融案件，金融借款是最为传统的金融业务，体现了金融“资金融通”的根本特点。融资租赁、信托、保理等其他融资手段无论怎么创新，都仅是改变了融资主体之间的法律关系，这种法律关系的变化虽然影响金融案件审判的法律适用，但是不会改变金融案件执行中的财产处置程序。因此，对最传统、最具典型性的金融借款合同纠纷案件的执行程序中的财产处置问题进行分析研究，对于各类金融案件的执行具有普遍的指导作用。

北京市第四中级人民法院作为北京地区大标的金融借款合同纠纷案件的集中管辖法院，近几年受理的金融借款合同纠纷案件呈逐年上升趋势，金融执行案件也逐年增加，妨碍金融案件顺利执行的问题日渐积聚和突出。本次调研以北京市第四中级人民法院管辖的 2018 年 7 月 1 日至 2021 年 6 月 30 日立案的金融借款合同纠纷案件为样本。

二、金融借款合同纠纷执行案件执行难的表现形式

2018 年 10 月 24 日，最高人民法院院长周强在第十三届全国人民代表大会常务委员会第六次会议上作《关于人民法院解决“执行难”工作情况的报告》（以下简称《“执行难”工作报告》）总结，“执行难”主要表现在：一是查人找物难；二是财产变现难；三是排除非法干预难；四是清理历史欠账难。当前，大额金融借款合同纠纷案件的执行难存在前述四个表现形式，且在这些表现形式中呈现出更具特点的难点表征。

（一）查人找物难：异地执行情况突出

就北京市金融借款合同纠纷案件的执行情况而言，异地执行难严重制约着金融借款合同纠纷案件的执行进程。北京建设国际金融中心的战略定位及首都的特殊地位，致使各银行和非银行金融机构多在北京设立总部或办事机构。据统计，“北京总部级法人金融机构突破 900 家，金融资产总

量占全国一半”①，虽然众多金融机构在对外借款时是地方分支机构或分公司对外放款，但是签订合同的主体却是位于北京的总部，或直接约定由北京的法院管辖。并且虽然民事诉讼法规定申请人可以向被执行人住所地或者财产所在地申请执行，但是实践中申请人却多向一审法院申请，极少向被执行人住所地或财产所在地法院申请执行。

因此，北京市金融借款合同纠纷案件涉及的地域遍及全国。据统计，北京市第四中级人民法院执行人员出差办案的足迹遍及全国31个省、自治区、直辖市。新冠疫情暴发前的2019年，北京市第四中级人民法院执行干警年平均出差里程4.6万公里，人均出差48.8天。

（二）财产变现难

1. 财产评估难

在金融借款合同纠纷执行案件中，待处置财产评估难度大，突出表现为涉案财产本身评估困难。涉案财产有大量在建工程、土地使用权、工业厂房、开发未售房屋、大型商场、有限公司股权、非上市股份公司股份、采矿权、收费权、机器设备、厂房等受众较小的财产，此类财产的评估难度大。

2. 拍卖成交率低

被执行财产虽多，但处置成交率低。据统计，2018年7月1日至2021年6月30日，北京市第四中级人民法院发起的涉金融借款合同纠纷执行案件拍卖程序共计207个，拍卖数占首执案件的比例达65.5%，但是成交率仅有34.3%，大量财产无法变现。近三年立案执行标的金额达1314亿元，执行到位金额仅为66.8亿元。北京市第四中级人民法院2019年、2020年平均实际执行到位率均高于30%，但金融借款合同纠纷执行案件的执行到位率却远远低于平均水平。

① 程婕：《北京总部级法人金融机构突破900家 金融资产总量占全国一半》，载《北京青年报》2021年2月3日。

表 2.7　金融借款合同纠纷执行案件的拍卖情况

单位：件

拍卖总数	一拍成交	一拍以物抵债	二拍成交	二拍以物抵债	变卖成交	变卖后抵债	变卖未成交	中止拍卖	撤销或取消
207	31	2	34	2	6	1	63	36	32

注：拍卖总数为启动拍卖程序的个数。

（三）案件执行的绝对周期长

执行案件的法定执行周期为 6 个月，但是金融借款合同纠纷案件实际执行时间较长。根据统计，金融借款合同纠纷执行案件已结首执案件的平均结案用时为 130 天；已结执恢案件平均结案用时为 158 天。相较一般案件而言，首执案件和执恢案件平均结案用时多出 50 余天（见图 2.18）。

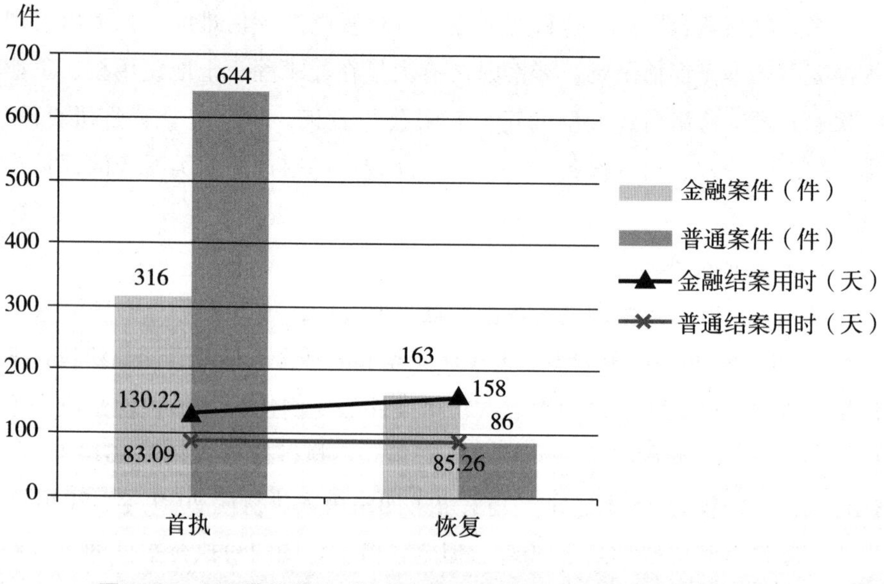

图 2.18　金融借款合同纠纷执行案件与普通执行案件结案用时对比

另外，大量金融借款合同纠纷执行案件存在恢复执行或者多次恢复执行的情况，金融借款合同纠纷执行案件近三年同期的恢执率[①]高达 52%，其他案件的恢执率仅为 13%，金融借款合同纠纷执行案件的恢执率是其他

---

① 恢执率，即同一期间，恢复执行案件立案数除以首次执行案件立案数的比例。

案件恢执率的4倍（见表2.8）。

表2.8 金融借款合同纠纷执行案件与普通执行案件恢复情况对比

单位：件

	全部案件	金融借款	其他
首执	953	316	644
执恢	198	163	86
恢执率	20.78%	51.58%	13.35%

注：恢执率=恢复执行案件数÷首执案件数×100%。

此外，此类案件的保全比例高。近三年，保全案件数是首执案件数的2.14倍。需要特别指出的是，此类案件的保全实施由于案件标的大、财产情况复杂，裁判庭一般出具概括性裁定，由执行实施部门对财产进行甄别、审查，导致执行部门的超标的审查工作十分繁重。若将保全时的周期计算在内，此类案件的绝对执行周期将远超过6个月。

三、涉金融案件执行难的原因分析

《"执行难"工作报告》中就"执行难"产生的原因，从内部、外部两个方面总结出九个原因①。这些原因也是涉金融案件执行难的原因，但是不同于其他案件，在涉金融借款合同纠纷案件中，更具有主体特殊、执行标的大、执行标的物特殊、规则缺失等特点，这些因素虽然不是涉金融借款合同纠纷执行案件的特有因素，但这些因素在涉金融案件中出现频率更高、涉及范围更广、影响程度更深。

（一）主体特殊

1. 申请人以银行及非银行金融机构为主

金融借款合同纠纷的债权人多为银行及非银行金融机构。一是银行内部业务流程烦琐，各种事项用印审批耗时长。二是清收人员与放款经办人

① 从内部原因来看，一是执行规范化水平不高；二是执行人员力量和能力不足；三是执行制度机制不够健全完善；四是执行工作管理不够规范。从外部原因来看，一是社会诚信体系不够健全；二是执行依据复杂多样；三是执行标的种类繁多；四是法律和配套制度不够健全完善；五是多种经济社会矛盾交织。

员分离、放款单位与合同签订单位分离的情况多发。比如以分行为实际放款人、总行为合同签订人的情况，再如以信托公司、资产管理公司作为贷款通道进行贷款的情况。三是申请人为尽快降低资产不良率，在申请执行后，经常进行债权转让，致使申请执行人变更频繁。这些情况导致金融借款合同纠纷执行案件沟通时间长、执行效率低。四是被执行财产在一拍、二拍、变卖流拍后，因申请人多为银行或非银行金融机构，受政策及监管要求，均不接受以物抵债。近三年发生了5次以物抵债情况。

2. 被执行人多涉集团性公司，且数量多

不同于一般商事纠纷、民事纠纷被执行人单一的情况，金融借款合同纠纷90%的案件设有担保，公司之间互相担保现象突出，涉案企业一旦进入诉讼将引发大量交叉违约。比如，较为著名且规模较大的集团公司，如海航、北京汇源、中国华阳、乐视、新华联、康德集团、泰和投资、河北融投；规模较小的集团，如天马酒业等。主债务人在进入执行程序之前往往已经停产、歇业，导致无法收集评估所需资料，导致无法评估或进展缓慢；所涉投资类资产情况复杂、层层持股，审计、评估困难。

据统计，北京市第四中级人民法院受理的1148件金融借款合同纠纷执行案件中，当事人人数共计5865人次，其中，被执行人4717人次，平均每案涉及被执行人4.11人次。从个案被执行人数量上来看，被执行人为1人的案件158件，2至3人的案件379件，4至5人的案件352件，6至10人的案件227件，10人以上的案件32件。其中，在某银行申请执行某公司等执行一案中，被执行人多达35人次。

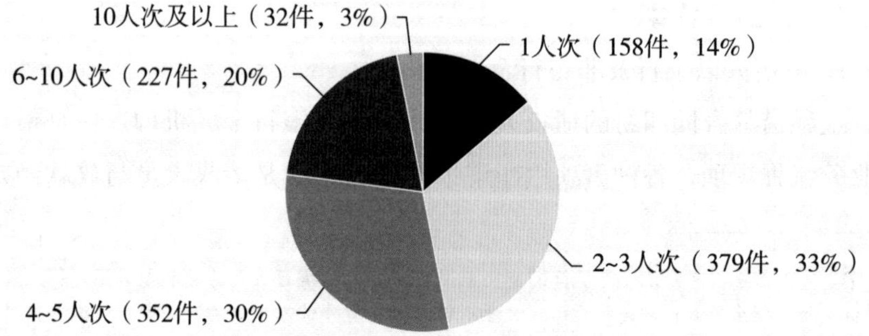

图2.19 被执行人数量情况

3. 自然人担保多形同虚设

金融借款合同纠纷执行案件中，自然人担保的案件占比超过40%，且98%以上为保证担保。但是，由于金融借款合同纠纷金额巨大，且提供担保的自然人为实际控制人的连带担保。金融借款合同的巨额债务一旦进入执行程序后，财产被法院冻结、查封，作为公司的被执行人将无法经营，提供担保的自然人也无力清偿巨额债务。

（二）执行标的物情况复杂

金融借款合同纠纷案件中，执行财产往往具有类型多样、数量繁多的特点，执行财产中既包括银行存款、不动产、车辆、机器设备、股权、股票、保险、知识产权等传统类型财产，也包括林权、海域使用权、飞机、船舶、采矿权、高速公路收费权、排污权、信托收益权、焦化产能指标、煤炭产能指标等特殊类型财产，且90%以上的案件设有担保。其中，不动产抵押担保频次出现非常高，在316件首次执行案件中，出现了209次。其次是出资权益。在出资权益中，有限公司股权质押出现频次最高，共计质押70次；其后依次是上市公司股票、非上市公司股份、合伙份额，分别质押了11次、4次、4次。担保财产出现频次较多的还有机器设备和应收账款，分别作了26次、18次担保（见图2.20）。其他诸如保险、知识产权、林权、海域使用权、飞机、船舶、采矿权、高速公路收费权、电费收费权、焦化产能指标、煤炭产能指标等不常见的财产类型也均有作为担保财产出现。

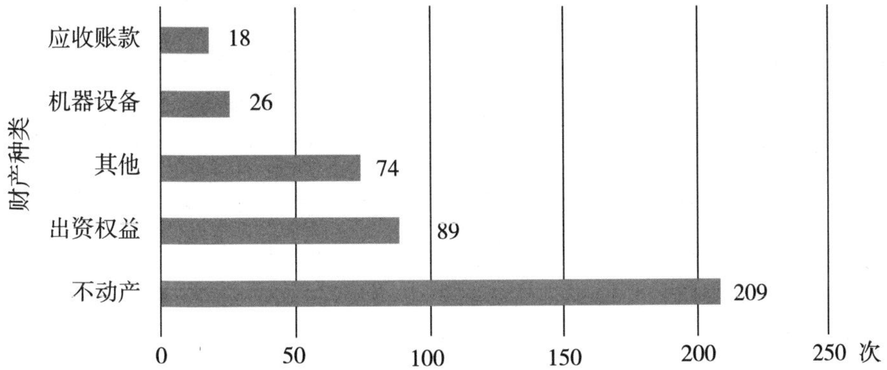

图2.20 各类财产的担保频次

金融借款合同纠纷所涉财产往往规模庞大，情况复杂，单个执行团队往往难以有效应对如此大规模的资产清理、勘验、处置工作。本院金融借款合同纠纷执行案件中，涉及在建工程、厂房设备原材料、大型商场、大量房地产等，以目前团队化执行模式，在金融类案件集中管辖的情况下，面对如此大规模的资产处置工作，对于执行法官或执行团队而言都是十分困难的工作。

（三）特殊财产的执行规则缺失

现有的执行制度并不能适应涉金融借款合同纠纷的执行。执行的规则设定主要针对的是财产处置的流程，然而现实生活中存在大量不同种类的财产。执行案件以财产处置为中心，仅仅依靠一般规则处置各种类型的财产是无法达到理想目的的。执行规则的设计应做到一般规则与不同财产的规则相互配合。比如现有的执行规则中有专门针对到期债权、上市公司股票等特有的执行规则，但是对大量特殊资产却没有有效针对性的执行规则，比如有限公司股权、有限合伙份额、质押应收账款、新型的各类收费权、采矿权、探矿权等财产，均没有针对性的执行规则。

1. 关于股权类资产的执行

截至2023年年底，全国登记在册经营主体达1.84亿户，企业5826.8万户，2023年我国新设经营主体3272.7万户，同比增长12.6%。金融借款合同纠纷中，股权质押担保十分普遍，股权作为责任财产已被大众接受。在金融借款合同纠纷执行中几乎都涉及股权，然而强制执行股权变现成功的案例却极少。股权作为责任财产，在执行程序中应当如何启动处置程序，如何判断权属，如何确定价值，如何保护相关方权益，如何判断贬损股权价值行为与正常经营的界限等，都存在诸多模糊地带。2021年11月15日，最高人民法院发布的《关于人民法院强制执行股权若干问题的规定》就股权处置制定了专门的执行规则，但依然有许多实践中非常棘手的问题并未涉及，如意向竞买人的知情权与目标公司的商业秘密如何平衡的问题、冻结股权与其他股东行使股东权利及目标公司经营权之间的关系如何处理的问题等。

2. 关于质押应收账款的执行

在金融借款合同纠纷案件中，应收账款质押是一种十分常见的担保。但是，应收账款质押权作为一种特殊的担保物权，其实现却在法律规则层面缺少明确的规则。关于应收账款质押的法律规定，仅在《民法典》第四百四十条和第四百四十五条规定了设立的条件和转让限制。其作为物权却没有与动产质权获得同等程度的保护。在金融借款合同纠纷案件的司法实践中，应收账款的执行依据多通过诉讼的方式取得，且通常仅通过形式审查在判决书或调解书中确认质押权人对应收账款享有的质押权成立，但应收账款次债务人并不出庭应诉，判决亦不向次债务人送达。因此，实践中，实现的实际情况与质权人对实现质押应收账款质押权的期盼相去甚远。

3. 关于采矿权的执行

执行中处置采矿权时面临许多现实问题。首先，采矿权是有期限的。被执行人的企业多有停产情况，导致采矿权到期未办理展期的，执行当中应当如何处理？其次，仅以采矿权作为质押物，地上厂房、开采设备等不在抵押范围的，执行实践中的处置与交付十分困难。最后，采矿权的处置须将采矿权范围内的资产一并处置才能有效执行，否则宜引起诸多不确定状态。比如，被执行人的采矿权被质押，但是采矿权上的房产及土地却被另案出租承包，致使执行受阻。因此，关于采矿权的执行，应如到期债权执行那样，需要单独制定执行规则。

4. 高速公路收费权的执行

在金融借款合同纠纷案件中，越来越多的高速公路收费权作为被执行人的资产进入执行领域中。高速公路收费权往往是高速公路公司最重要的资产，能为高速公路收费权的质押范围，带来稳定的收入，同时在处置中也是容易变现的资产，实践中，已有部分法院拍卖处置过高速公路收费权。但是，关于高速公路收费权以及高速公路通行费的执行没有相关的规定，应当如何进行查封冻结、如何拍卖处置都是“摸着石头过河”，实践中也经常出现争议。比如关于高速公路收费权的查封，有的法院认为应由省级的交通运输管理机关或者省政府受理，有的法院认为应由高速公路公司所在地的地级市的交通运输管理机关受理，还有的认为对高速公路收费权办理转让等权利处分现在是备案制而非审批制，无法在行政机关进行查封。相关规定的缺失，导致执行过程中经常产生争议，也引起很多执行异议，亟须制定明确的规定。

5. 焦化产能的执行

焦化产能是政府确定的企业的焦化工业生产量，对企业的生产经营效益有重大影响，是煤炭、化工等相关行业企业的一种重要财产，具有可交易型性，在金融借款合同纠纷案件中，有的被执行人名下拥有焦化产能指标，国务院及有的地方政府出台规定，允许焦化产能指标进行市场交易，如《国务院办公厅关于石化产业调结构促转型增效益的指导意见》《山西省焦化企业产能置换办法》。实践中也有法院拍卖处置焦化产能的案例。但是，焦化产能作为一种新类型的财产，对其如何执行的法律规定缺少，能够查询到的与执行有关的规定也只是地方性规定，如吕梁市在《焦化产能置换及项目备案管理办法》第九条中规定："法院查封的焦化产能处置，对已建成投产的焦化项目，产能和资产要整体拍卖不能分割处置；对已淘汰的焦化产能及已置换未利用的焦化产能可通过拍卖程序依法处置。"有些煤炭大省如内蒙古、山东甚至缺少有关焦化产能交易的规定，至于更高层级的规定更是缺少。在执行过程中，对焦化产能如何查封、续封，如何评估、拍卖，有无相应限制都缺少依据，严重制约了执行工作的进行。很多案件中仅仅是对焦化产能采取了保全措施，但是进入执行程序后如何进行处置面临依据缺失的困境。有的法院在拍卖焦化产能的过程中因为省级行政管理部门暂停产能置换交易过户导致拍卖无法继续，也有的地方为焦化产能的交易设置一些特殊的资格规定及过户的条件限制，这些地方性的规定效力层级如何，对法院拍卖是否适用也亟待解决。

（四）惩戒措施作用有限

执行过程中，对被执行人的惩戒措施有限制高消费、纳入失信被执行人名单、限制出境、拘传、罚款、拘留和追究刑事责任。对于一般执行案件而言，通常对被执行人采取限制高消费、纳入失信被执行人名单、限制出境、拘留等措施后，被执行人会迫于惩戒措施的压力而主动履行债务。但是，在商事交易实践中，被执行人偿还金融借款的方式常常是贷款展期或者借新还旧，商事交易一旦转化为纠纷，进入法院，通常意味着被执行人已经难以再从金融机构获得贷款支持，而且失信惩戒措施的适用，也在另一方面堵塞了其从其他金融机构获得贷款的路径。

面对巨额的债务，被执行人既缺乏主动还款的能力，也缺乏主动还款的动力。而惩戒措施也难以取得其应有的威慑效果，反而成为被执行人盘活企业的负担。金融借款合同纠纷执行案件中，对被执行人采取限制高消费措施的比例达95%，但是执行到位率却远低于普通案件执行到位率的平均水平。该类案件中，被执行人因为被采取惩戒措施而主动履行债务的案件比例不足1%，执行惩戒措施的威慑效力对于金融借款合同纠纷案件的被执行人无异于“屠龙之术”。

（五）关键程序设置不能适应金融借款合同纠纷的特点

1. 关于财产处置参考价的确定规则

执行中，确定财产处置参考价程序是最关键、最直接关涉当事人权益的程序。2018年9月1日起施行的《最高人民法院关于人民法院确定财产处置参考价若干问题的规定》中规定的确定财产处置参考价的方式有“当事人议价、定向询价、网络询价、委托评估”，且应当按该顺序依次进行。这种规定明显对不能适应金融借款合同纠纷案件的特点。对于金融机构来说，受限于决策机制，金融机构多无法与被执行人进行议价，而对于体量巨大的财产显然也不适合定向询价和网络询价。对于金融机构而言，确定财产处置参考价的方式最合适稳妥的方式就是通过电子摇号确定评估公司对待处置财产进行评估。但是，该规定未明确可直接委托评估的法定情形，这给法院适用该条款时带来了困难。

表2.9　确定财产处置参考价的方式

单位：次

确定财产处置参考价的方式	当事人议价	定向询价	网络询价	委托评估	总次数
采用次数	18	0	30	153	201

2. 关于商请移送规则

作为金融借款合同纠纷案件，几乎每案均有抵押。这就导致抵押物处置时需要商请移送执行的案件较多。据统计金融借款合同纠纷案件中，90%的案件设有抵押或质押担保，这些案件中有50%以上的案件需要商请移送执行或者移送执行。商请移送执行案件的依据是《民事诉讼法》及《最高人民法院关于优先债权的批复》。但实践中，商请移送时存在许多困难，往往导致财产长期无法处置。

致使商请移送困难主要在于以下几个方面：

首先，在先查封法院为保全查封。有的未满一年，有的在保全由一审法院实施，商请移送时案件在二审法院审理。有的案件，首封法院判决已经生效，但是债权人未申请执行。有的是当事人虽然达成和解或者撤诉，由于审执分离，导致保全未解除。此时，由哪个法院负责办理移送规定不明。有的首封案件虽然进入执行程序，但是难以根据保全裁定及实施所留文书及时确定执行案件案号和执行法官，出于办理案件的保密要求，当事人及承办人确定执行案件的法官和案件情况十分困难，商请移送受阻。

其次，法官难以确定在先查封的法院。查封财产存在抵押，首封法院及债权人往往没有动力启动处置程序，导致虽然财产被查封，但首封案件长时间无法启动处置程序。这种情况下，许多案件进入终结本次执行程序。之后，由于承办法官变更、不同法院内部案件管理模式不同导致承办人难以确定。

最后，关于法院之间的争议应当报请共同的上级法院处理，这一规定在实践中适用较少。首要是争议的内容没有界定清楚，批复中没有规定什么样的争议可以报请共同的上级法院。并且金融借款合同纠纷的抵押财产多涉及异地法院查封，共同的上级法院为最高人民法院，这也是报请共同上级法院处理运行不畅的客观原因。

因此，金融借款合同纠纷执行中商请移送执行，是一件十分复杂、耗时且落实困难的制度。北京市第四中级人民法院在商请移送执行实践中，遇到过上述所列所有情况。实践中，有的法院直接以判决已经生效为由直接将商请函退回；有的直接回函称申请人已经撤诉，无法移送；有的称当事人已经调解移送周期长达3个多月；有的商请函寄出后，一审、二审法院均迟迟不移送；等等。

3. 关于执行期限与考核

执行案件的办理期限为6个月，要求执行法院在6个月内完成对金融借款合同纠纷执行案件的财产的调查、评估、处置工作，不符合金融借款合同纠纷执行案件的执行规律。金融借款合同纠纷执行案件涉及当事人特殊、执行财产特殊，执行所需周期更长，在一般案件的考评指标体系下完成对金融借款合同纠纷执行案件的执行工作不符合金融借款合同执行工作的实际。在调查、评估时间无法控制的情况下，执行法院往往会选择压缩拍卖、变卖期限的方式提高执行时效。执行法院往往会选择最短的拍卖期进行处置。根据《最高人民法院关于人民法院网络司法拍卖若干问题的规定》，网络司法拍卖动产的，一拍的公告期不少于15日；拍卖不动产的，一拍公告期不少于1个月；二拍的公告期，分别不少于7日、15日。在处置一般财产时，这样设置公告期是合理的。但是对大宗资产的处置，如此短的公告期甚至无法保证拍品的推介、意向竞买人进行竞买决策、资金筹集的有效进行。

（六）受国家政策影响较大

金融借款合同纠纷案件中的被执行人企业常常体量较大，且很多都是全国知名或者当地支柱企业，执行效果不仅对被执行人本人有巨大影响，而且对当地经济发展、劳动就业、社会稳定等均有一定程度的影响。尤其是新冠疫情以来，很多企业都出现了一定程度的经营困难，债务违约的情形频发。如何在实现申请人债权的基础上，积极贯彻落实善意文明执行理念，保障被执行人企业正常经营，为国家做好“六稳”“六保”工作提供优质的司法服务保障，成为执行法院的新课题。以北京市第四中级人民法院执行的中国进出口银行申请执行位于云南省德宏傣族景颇族自治州某公司的案件为例，在该案件中，被执行人的债务多达20多亿元，但是由于被执行人是当地最大的民营企业，主要从事咖啡种植、加工、销售，吸纳了很多当地农民加入合作社中，解决了当地包括很多少数民族群众在内的劳动者就业，在当地也是主要的纳税企业。因此，当地政府及相关部门高度重视案件的执行进展，多次召开会议研究债务化解，要求在化解危机的同时做好“六稳”“六保”工作，从而实现政治效果、法律效果和社会效果的有机统一。金融借款合同执行案件受国家政策影响由此可见一斑。

四、关于提高金融借款合同纠纷执行案件质效的几点建议

（一）以习近平法治思想为指导，将多元纠纷化解机制延伸至执行程序

《中共中央关于全面推进依法治国若干重大问题的决定》以及《中共中央办公厅、国务院办公厅关于完善矛盾纠纷多元化解机制的意见》均明确提出，我国要推进和完善矛盾纠纷多元化解机制。最高人民法院制定了《关于人民法院进一步深化多元化纠纷解决机制改革的意见》、人社部等八部门联合制定了《关于进一步加强劳动人事争议调解仲裁完善多元处理机制的意见》。各省、自治区、直辖市等也出台条例、意见构建多元处理机制的意见。

2019年7月14日，中央全面依法治国委员会引发《关于加强综合治理从源头切实解决执行难问题的意见》（中法委发〔2019〕1号），指出“推进执行联动机制建设”“加强和改进人民法院执行工作”“强化执行难源头治理制度建设”等举措，并提出“执行程序中，除查封、扣押、冻结、拍卖、变卖、以物抵债等传统执行手段外，探索直接交付、资产重组、委托经营等执行措施”。然而实践中，直接交付、委托经营等方式在以银行为主的金融机构为申请执行人的金融借款合同纠纷执行案件中，由于监管政策、管理方面、标的巨大、财产复杂等方面的原因，申请执行人无法接受“直接交付”“委托经营”。

“资产重组”方式在金融借款合同纠纷案件执行中有一定优势：其一，申请执行人作为金融机构在资本引入方面有先天优势。其二，被执行人多有核心资产，可供重组。然而，资产重组是复杂的，在被执行人未进入破产程序的情况下，在执行程序中推进资产重组，有许多问题需要研究解决。“执行重组”上无法律规定、下无案例可循；执行人员专业能力、精力有限；“执行重组”与破产重整如何区分、衔接，亦需要清晰界定。

目前，多元化解纠纷机制在诉前调解程序中已经建立，但诉后执行中多元化解纠纷机制并未建立。在执行程序中，尤其是金融借款合同纠纷的

执行程序中，应加强发挥多元化解纠纷机制的作用，将多元化解纠纷机制向诉后延伸，帮扶企业被执行人走出困境。这需要以习近平法治思想为引领，将多元化纠纷化解机制延伸至执行程序，构建解决执行难的长效机制。在现有机制下，执行人员在执行过程中，应当充分发挥申请执行作为金融机构的资本渠道优势、被执行人的行业渠道优势，考虑申请执行人的风控要求和被执行人对资金和时间的现实需求，搭建个案不良资产处置平台，实现不良资产的高效处置。

（二）构建专项财产委托执行制度

专项财产委托执行是指执行法院将其所在地中级人民法院辖区外的可供执行的财产的执行委托至财产所在地或行为履行地基层法院执行（见图2.21），受托法院接受委托后，立“执委”字案件，对财产进行处置变现，

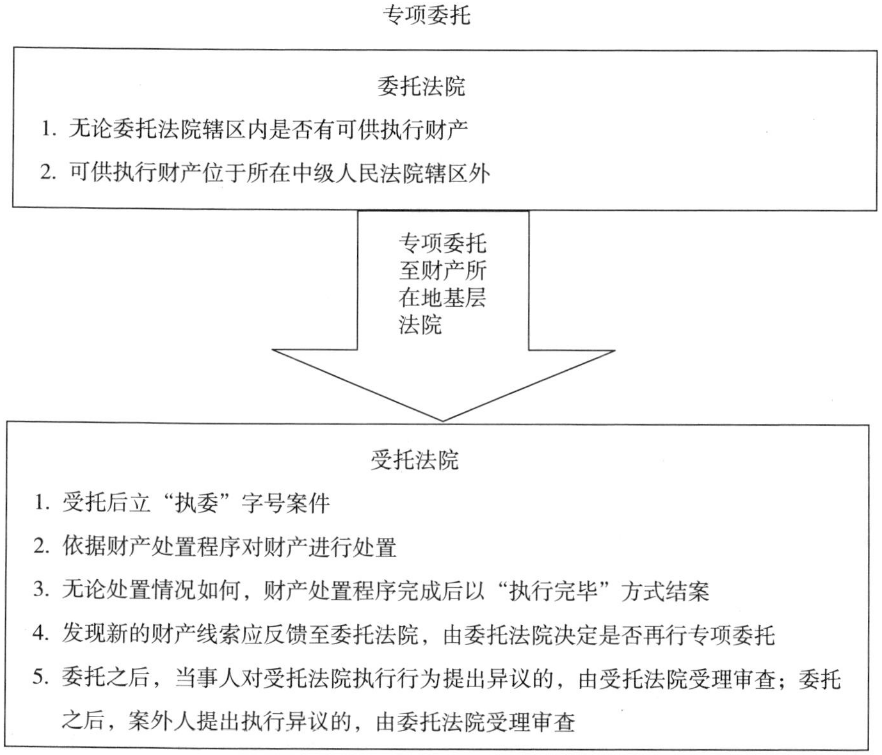

图2.21　专项财产委托执行制度

处置程序按照执行中处置财产的程序办理。变现成功的，受托法院将案款划转至委托法院，由委托法院分配；变现不成功的，将执行结果反馈给委托法院。专项委托的目的是由当地法院处置财产，减少异地执行。无论财产处置结果如何，只要财产处置程序完成，受托法院即完成受托事项。因此，“执委”字案件均以“执行完毕”结案。

在增设专项财产委托执行制度的基础之上，完善全案委托和事项委托，重构委托执行制度，构建由全案委托、专项委托、事项委托构成的全新的可操作的委托执行体系，实现优化异地执行制度、减少异地执行情况、提高执行质效的效果。

（三）完善执行规则，使执行规则适应大额金融借款合同纠纷执行案件的特点

1. 完善特定财产的执行规则

执行案件的调研不能囿于案由，应当以财产类型的划分为基础加强调研，构建长效的执行机制。虽然最高人民法院 2021 年 11 月 15 日发布了《关于人民法院强制执行股权若干问题的规定》，就股权处置制定了专门的执行规则，但是诸如采矿权、质押应收账款、高速公路收费权、产能指标等有特殊的财产属性和法律属性的特殊财产，涉及法律关系复杂。保障这些特殊资产、权益的有序流通的法律规则，不仅需要调整正常的市场交易行为，还需要考虑到相关财产涉诉执行相关问题，非专门的执行规则难以有力推进执行。

然而，现阶段相关部门法或专门法律中关于正常的市场交易行为的规则尚不完善，关于相关财产涉诉执行问题更付之阙如。因此，应当对相关财产的涉诉执行问题进行通盘考虑，完善相关部门法或专门法律；在部门法或专门法律尚未作出规定时，最高人民法院或高级人民法院可以出台相关意见，弥补相关规则的不足。

2. 进一步完善相关程序

针对财产处置参考价确定规则与金融借款合同纠纷执行案件不相适应、商请移送规则不健全的问题，需进一步加强调研，完善相关规则，使其更具可操作性和可执行性，促进大额金融借款合同纠纷执行案件的执行

质效提升。比如，明确采矿权、股权、机器设备等情况复杂的财产可以直接委托的评估。对于商请移送规则，需进一步加强调研，针对实践中遇到的影响执行进程的问题抓紧时间解决，使商请移送制度更具可操作性和可执行性，将人民法院贯彻执行《最高人民法院关于首先查封法院与优先债权执行法院处分查封财产有关问题的批复》的有益经验进行总结，写入更高效力位阶的法律中。比如，建立商请移送执行监督机制，畅通优先权法院与首封法院对接渠道，完善、细化商请移送争议解决具体路径。

3. 做好释法说理工作，严格落实立案登记制，减少异地立案

在立案之前向申请执行人充分释明可向财产所在地和被执行人住所地申请立案执行，并告知其向财产所在地和被执行人住所地立案执行效率高、强制力有保障的优势。同时严格落实立案登记制，保障向财产所在地、被执行人住所地申请立案执行的申请执行人申请立案时立得下来，减少异地执行。同时，加强对执行立案、委托执行的调研，对执行立案和委托执行制度进行革新、完善，探索建立操作性强、易于贯彻落实的异地执行委托制度，在减少异地执行案件数量的同时，优化异地执行制度，提高异地执行的效率和强制力。比如，探索建立特定财产委托执行制度。

（四）构建项目化执行模式

项目化执行模式，是指特定企业被执行人或特定责任财产，具备盘活的可能和变现的价值，但是通过传统财产处置程序难以变现的，执行法院针对特定被执行人或特定财产引入投资方或专业机构以项目化模式对特定被执行人或特定财产进行执行的一种执行模式。鉴于金融借款合同纠纷执行案件财产的复杂性和主体的特殊性，在今后的执行改革中，应从保障金融安全和服务国家战略的角度考虑，积极拥抱大数据，探索建立适应金融案件的执行模式和考核方法，构建项目化执行办案模式。在探索建立执行案件繁简分流机制的同时，对适于进行执行重整的案件分流至项目化执行模式中，贯彻落实善意文明执行理念，提高执行服务金融安全和国家战略的能力。

金融借款合同纠纷执行案件由于涉案金额巨大，涉案财产的处置往往本身即能够作为市场经济中的独立项目运营、管理、处置，比如大型商场、在建工程、土地使用权、采矿权、股权、合伙份额等。对于诸如此类

财产地处置，犹如在进行商业项目运作，单一的强制执行既不利于申请人胜诉债权的实现，也不利于被执行人资产盘活生存，同时社会也承担着资产无法使用的巨大隐形成本，法官面临着巨大的履职风险，且难以有效实质化解矛盾。如果单靠法院履行程序，进行调查、评估、拍卖，在6个月内处置相关财产是极难实现的。因此，这类资产是的执行需坚持“项目化”方向，构建行业协会介入、专业人员参与、金融资本支持的项目化执行模式。

理论前沿

京津冀一体化背景下行政履行判决执行机制的构建

——以实质解决行政争议为视角

孙 彬* 张丽同**

【内容摘要】行政履行判决是行政诉讼执行的主要执行依据类型，由于履行判决司法适用中存在程序空转和诉权保障不足等现象，履行判决实质解决争议效果不明显。本文以北京市某中院受理的2016年至2022年北京市各区人民政府为被执行人的行政诉讼执行案件为引，基于行政履行判决执行程序中反映的问题及其背后的影响因素的考察，从履行判决的拘束力范围、司法审查强度、司法权与行政权的衔接等方面，提出在京津冀地区实现高级法院与省级政府联动的顶层设计下，坚持公正司法，执行权有限介入履行判决的行政行为的执行标准，并就行政履行判决执行程序的相关规范提出建议，从而促进实质解决行政争议，推动京津冀区域行政争议纠纷实质化解工作。

引 言

行政诉讼执行案件一般是指行政机关在作为被告时败诉但未履行生效判决被申请执行的案件。履行判决是行政诉讼执行的主要执行依据类型，

---

* 孙彬，北京市第四中级人民法院民庭法官助理。

** 张丽同，北京市第四中级人民法院行政庭法官助理。

由于履行判决司法适用中存在程序空转和诉权保障不足等现象，履行判决实质解决争议效果不明显。京津冀地区，区、县政府为被执行人的行政诉讼执行案件体现了各区、县政府面临的深层次的社会矛盾，集中反映了行政诉讼执行案件的独有特点及其执行难的表现形式和产生原因。本文以北京市某中院受理的2016年至2022年北京市各区人民政府为被执行人的行政诉讼执行案件为样本，把脉“政民”矛盾，寻找化解方法，探寻行政履行判决执行路径，推进法治政府建设，为京津冀一体化发展提供更高质量的司法服务保障。

一、样本统计：行政诉讼执行案件的基本情况

（一）收案情况

2016年1月1日至2022年12月31日，北京市某中院一审判决区政府败诉的案件529件，进入执行程序的案件89件，占败诉案件的16.8%（见图3.1）。

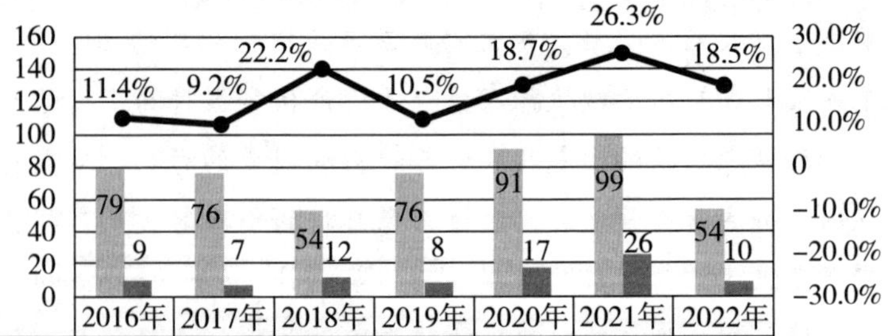

	2016年	2017年	2018年	2019年	2020年	2021年	2022年
败诉案件	79件	76件	54件	76件	91件	99件	54件
首执案件	9件	7件	12件	8件	17件	26件	10件
占比	11.4%	9.2%	22.2%	10.5%	18.7%	26.3%	18.5%

图3.1　区政府被立案执行案件数量与占比趋势

（二）结案情况

根据《最高人民法院关于执行案件立案、结案若干问题的意见》的规定，执行结案的方式包括执行完毕、终结本次执行程序、终结执行、销案、不予执行和驳回申请。2016年至2022年，北京市某中院受理的区政府为被执行人案件结案方式包括执行完毕、终结执行、驳回申请三大类型。其中，执行完毕82件，占92.1%；终结执行3件，占3.4%；驳回申

请4件，占4.5%（见图3.2）。驳回执行申请比例较低意味着以区政府作为被执行人的案件经过法院执行后被执行人才履行执行依据的案件占比高，这反映出区政府履行进入执行阶段的生效判决的质效较低。

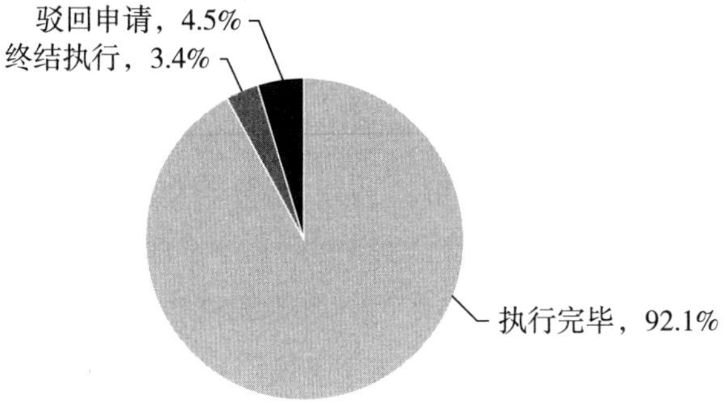

图3.2 结案方式占比

（三）执行用时情况

样本案件中，最长的执行用时421天（含中止或扣除期间），最短的执行用时18天，平均用时（含中止或扣除期间）94.65天。执行用时超过平均执行用时的案件共计35件，占比39.3%，该35件案件平均执行用时151.3天。

以30天为统计区间，各区间的分布情况见图3.3。执行用时小于30天的案件数量仅占比5.6%；31天至60天的案件数量26件，占比29.2%；执行用时超过60天的案件数量58件，占比65.2%；执行用时超过90天的案件数量36件，占比40.4%（见图3.3）。

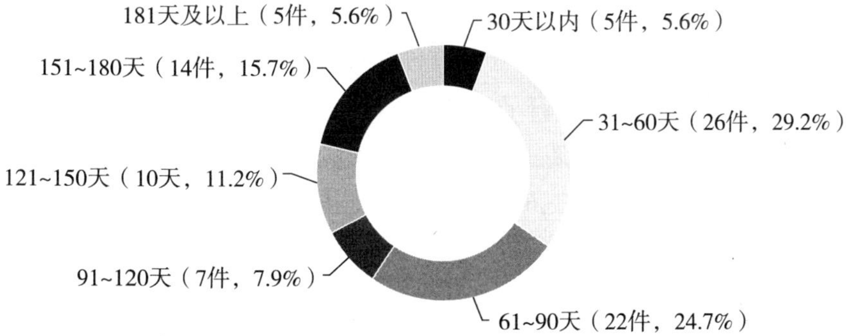

图3.3 执行时长分布情况

（四）行政诉讼执行案件的类型分布

案件的类型分布是指根据案件的案由统计的案件情况。根据《最高人民法院关于规范行政案件案由的通知》，行政案件的案由分为作为类案件、不作为类案件、行政赔偿类案件。确定作为类案件、不作为类案件的案由的基本方法是划分案件的类别，以行政管理范围为“类”，以具体行政行为种类为“别”进行构造。案由的结构应当具备行政管理范围和具体行政行为种类。比如“海关行政处罚”“诉公安机关不履行保护人身权法定职责”。但是，该通知所附行政管理范围中并未将“区人民政府”列出，“区人民政府”作为综合施政机关在作为行政诉讼被告时的案由划分存在不统一的情形，这也给本次调研带来了极大不便。

按照作为类案件、不作为类案件和行政赔偿类案件进行分类统计，样本案件中作为类案件30件，不作为类案件50件，行政赔偿类案件9件（见图3.4）。

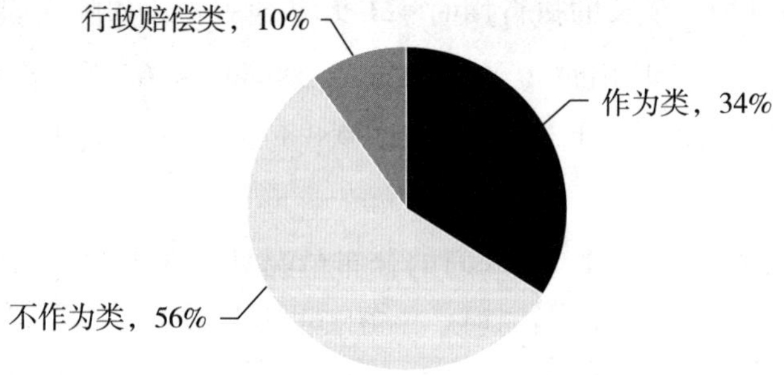

图3.4　各类案件占比

为了更准确地认识样本案件的情况，需对案涉政府职责进行细化研究。从案涉政府职责的类型来看，89件执行案件涉及村务公开监督履职类19件，涉国有土地上房屋征收补偿类16件，涉养殖退养行政补偿类12件，涉拆迁安置类8件，涉土地确权类6件，涉行政赔偿类9件，涉公房管理类7件，涉行政复议类6件，涉信息公开类3件，涉集体土地行政补偿类2件，涉历史遗留土地和厂房过户审批1件，所涉行政职责类型多样；从政府职责来源来看，涉法定职责的案件88件，职责来源于先行行为的案件1件。

（五）小结

区政府作为被执行人案件收案量占区政府败诉案件数的比例高、执行用时长与政府应当依法行政的要求不符。政府作为执法机关，理应有法必依、执法必严。经过法院裁判确定政府行为不合法之后，政府应当严格按照判决书履行，即使存在履行困难，也应设法解决问题，化解矛盾，而非拖延履行、不当履行，任由申请执行人向法院申请执行，减损群众对司法公信力和政府依法行政的评价。

二、实证分析：区政府为被执行人的行政诉讼执行案件的特点与难点

（一）行政诉讼执行案件的特点

1. 执行依据的类型均为判决书，且以履行判决为主

据统计，与民事执行案件执行依据的种类多样不同，北京市某中级人民法院7年来受理的行政诉讼执行案件的执行依据均为行政判决书和行政赔偿判决书，尚未有《行政诉讼法》中规定的行政诉讼调解书为执行依据的执行案件。行政判决可分为维持判决、驳回诉讼请求判决、确认判决、撤销判决、履行判决、变更判决和行政赔偿判决等类别。样本案件中，判决履行法定职责的案件50件，占败诉案件总数56.2%，判决撤销行政行为并责令履行的案件30件，占败诉案件总数33.7%，两者占比达89.9%；判决给付类案件9件，占败诉案件总数10.1%（见图3.5）。

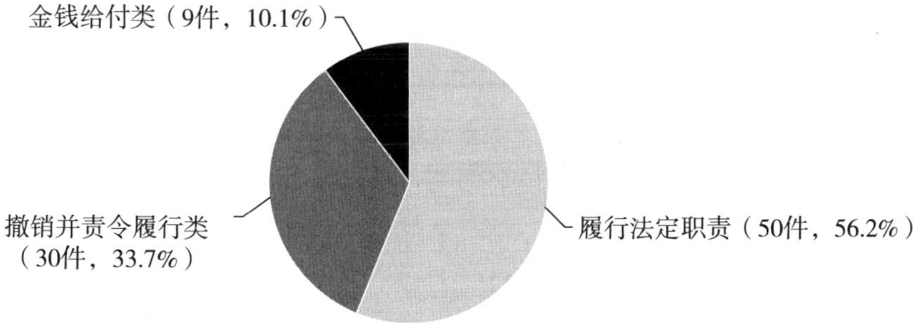

图3.5　区政府被立案执行案件判决方式

2. 执行标的以行为执行为主

由于执行依据以履行判决和“撤销+履行”判决为主，因此，行政诉

讼执行案件的执行内容主要是行为执行，即要求区政府履行生效执行依据中确定的履行义务，此类案件占比达89.9%。

3. 执行方式以调解为主

行政诉讼执行更像是由法院执行部门主持的行政调解。所有执行案件均通过约谈、调解办理。所有案件中，均未对区政府采取过强制措施，无论是对行政机关负责人罚款、对直接责任人员采取罚款、拘留或者追究刑事责任，还是对区政府拒不履行判决进行公告、发出司法建议；也未直接冻结或者划拨区政府的银行账户。案件的执行推进多依赖于执行法官的约谈、调解、释法说理以及领导的协调。

4. 结案方式以执行完毕为主

89 件首次执行的样本案件中，通过法院的努力，案件因满足结案要件而结案的结案方式有三种：执行完毕、终结执行，驳回执行。其中，“执行完毕”结案的案件占比92.1%（见图3.3）。一般而言，执行完毕率高意味着矛盾化解率高、执行质效较好。然而，行政诉讼执行并非如此，行政诉讼执行案件“案结事未了”的情形仍时有发生，下文将对此予以详细分析。

5. 涉案争议持续时间长

据统计，从争议发生至执行案件办结，涉案争议最短的持续了239天，最长的持续了5298天，89件案件共耗时92388天，每个涉执争议平均耗时1038天，多数案件所涉争议耗时2～4年，此类案件占比超过80%（见表3.1）。

表3.1 涉案争议耗时分布表

耗时区间/天	365	730	1095	1460	1825	2190	2555	3650	5298
案件数/件	7	41	17	14	1	3	1	0	5
占比/%	7.8	46	19.1	15.7	1.1	3.4	1.1	0	5.6

（二）行政履行判决执行程序反映的问题

《“执行难”工作报告》概括指出“执行难”的表现形式：一是查人找物难；二是财产变现难；三是排除非法干预难；四是清理历史欠账难。

而行政诉讼执行难与民事执行难的表现形式则大有不同。样本案件中并不存在查人找物难、财产变现难、排除非法干预难、清理历史欠账难等情况。调研发现，行政诉讼执行难的表现形式有以下四个方面：一是实质化解纠纷难；二是统一执行标准难；三是协调政府配合难；四是执行措施适用难。

1. 实质化解纠纷难

区政府为被执行人案件的结案方式相对集中，其中92.1%案件以执行完毕结案，然而行政诉讼执行案件的执行完毕相比于民事执行案件的执行完毕而言，行政诉讼执行案件的执行完毕并不必然意味着涉案争议的实质解决。具体而言，除了判决行政赔偿或者行政补偿要求被执行人支付一定数额的金钱的案件外，以履行行政行为为执行标的的行政诉讼执行案件，即使以“执行完毕”方式结案，该争议并不必然意味着得到了解决。调研显示，在行政诉讼执行结案后就执行结果提出行为异议的有6件；再次就区政府的履职行为进行诉讼的15件，因诉讼再次胜诉并进入执行的6件；向上级政府申请复议的3件，1件得到支持；信访3件。并且，实践中，即使申请人不再寻求法律救济，其依然对政府履职行为不满的情况较多。行政诉讼执行所涉纠纷的实质化解难。

区政府为履行生效判决作出行政行为后，当事人依然不服区政府作出的行政行为的，会再次申请行政复议或者提起诉讼，导致当事人的胜诉权益迟迟不能得到有效保护。这也是行政案件循环诉讼的根源之一。由此产生的循环诉讼也会造成本就稀缺的司法资源和行政资源的浪费。

2. 统一执行标准难

行政诉讼执行案件所涉各方对执行完毕的认定标准争议较大，即被执行人在行政诉讼执行中履行执行依据确定的行为义务的履行方式、履行内容、履行完毕的标准争议较大。对于履行标准的争议不仅存在于当事人之间，也存在于当事人与法院之间以及法院内部审判庭室、异议庭室与执行实施部门之间，还存在于上下级法院之间。如某公司与某区政府强制执行一案，各方就判决确定的履行方式、履行内容和履行标准争议较大，致使执行程序延宕近两年。

3. 协调政府配合难

调研中发现，区政府作为被执行人与政府部门作为被执行人的案件相比，协调区政府履职更加困难。当区政府履行职责时，其往往委托与其履职内容相关的职能部门负责，比如土地确权的纠纷的解决、村务公开监督履职，有的区政府指定由农业农村部门负责，有的指定由镇政府负责，涉公房承租的案件，一般由授权的房管中心负责；许多案件的执行有多个部门参与。但是，执行程序由区政府司法局派人或委托律师代理参与，负责传达有关情况。执行人员协调政府配合十分困难

4. 执行措施适用难

规范、高效的执行需要系统全面的制度性保障，《行政诉讼法》对行政机关不履行生效判决的执行措施作出了规定，但是没有具体的实施细则，导致实操性不强。且囿于行政机关特殊的法律地位，可以有效适用的强制措施很少，无法对行政机关产生应有的约束力。具体分析而言，《行政诉讼法》第九十六条规定了五种措施。其一，划拨行政机关账户。行政机关一般没有专门的赔偿金的账户，考虑到政府的公共管理职能的正常运行及其预算安排，直接冻结划拨区政府的一般账户不具有现实可行性。其二，对行政机关负责人罚款。在实践中基于行政机关负责人的特殊地位，且政府一般会委托代理人参与，对行政机关负责人罚款实际并无适用可能。其三，对行政机关拒绝履行的情况予以公告。但实践中对什么情况下可以公告或者应当公告没有操作指引。其四，提出司法建议。司法建议仅是建议，不具备法律强制力。其五，对该行政机关直接负责的主管人员和其他直接责任人员予以拘留或追究刑事责任。拘留、追究刑事责任较罚款虽具有更强的威慑力，但更不具有实操可能，目前司法机关没有采用过，属于僵尸条款。上述措施在执行实践中更多的停留在威慑层面，是执行法官协调区政府配合的威慑措施，并未被实际采用。至于《民事诉讼法》中规定的其他查封、扣押、冻结措施或者间接执行措施，实践中更是难以适用。

三、解构探讨：制约行政履行判决执行质效的要素解析

导致民事执行案件“执行难”的原因包括内因和外因两个方面，内因

包括执行规范化水平不高、执行人员力量和能力不足、执行制度机制不够健全完善、执行工作管理不够规范四个方面。外因有社会诚信体系不够健全、执行依据复杂多样、执行标的种类繁多、法律和配套制度不够健全完善、多种经济社会矛盾交织五个方面。而通过对样本案件的分析可以看出，行政诉讼执行难的产生原因与民事执行案件的原因虽有部分规范或体系层面的相同，但具体到适用层面更多的则是不同。行政诉讼执行案件执行难的原因有其自身特点，主要包括以下几个方面。

（一）行政诉讼执行规则粗疏失范

1. 行政诉讼执行规则粗疏

合法的行政行为依托于规范、系统的法律制度。本文对涉行政诉讼执行的相关法律规范进行整理归纳，《行政诉讼法》涉及行政诉讼执行的条款主要是第九十五条、第九十六条、第一百零一条，分别对执行依据、行政机关不履行生效判决可采取的强制措施、行政诉讼法没有规定的参照民事诉讼法作出了原则性规定。《行政诉讼法司法解释》第一百五十二条至第一百五十四条概括规定了行政诉讼执行的申请期限、管辖法院。可见，目前关于行政诉讼执行的相关法律规范笼统粗疏，明显供给不足，无法对行政诉讼执行实践提供指引，致使法律在行政诉讼执行活动中的规范、指引、教育作用无从发挥。

2. 行政诉讼执行的救济规则不明。

根据调研，区政府履行执行依据确定的义务后，当事人寻求救济的路径有三个：一是就执行法院认定区政府履行生效判决的行政行为是否构成执行完毕的认定行为提起执行行为异议；二是就区政府履行生效判决的履职行为另行诉讼；三是对区政府履行生效判决的履职行为提起行政复议。但是，三种路径的适用条件、相互关系、法律后果，以及如何相互衔接以发挥其应有的制度功用，缺少明确的法律规定。

以（2019）京04执149号案件为例，该案判决“责令某区人民政府于本判决生效之日起七个工作日内启动对征收范围内孟某居住的未登记房屋的调查、认定、处理及结果公布程序”。某区政府以其已经启动了调查程序并已告知申请执行人为由主张已经履行完毕生效法律文书确定的义务，而申请执行人认为其启动调查程序并未履行完毕执行依据确定的义务。此时就申请执行人的权利救济存在以下问题。第一，申请执行人应当选择要求法院继续执行还是另诉或者复议。第二，若申请执行人继续要求法院执行，其对被执行人的履职行为的诉权和申请复议的权利受到何种影响。第三，若法院认定了被执行人的履职行为履行完毕执行依据确定的义务，申请执行人的对该行为的起诉和复议的权利还有就法院的认定行为向法院提出执行异议的权利如何选择。在这种情况下，执行实施部门、执行审查部门、当事人、审判部门、上级复议部门的观点并不一致。

3. 民事执行规则难以直接适用于行政诉讼执行案件

虽然《行政诉讼法》第九十六条、第一百零一条规定了行政机关不履行生效判决可采取的强制措施及行政诉讼法没有规定的可以参照民事诉讼法执行，但是行政行为的执行不同于民事财产或行为的执行，现行执行规则在行政诉讼执行实践中遭遇了“强制不能”的困境，在个案执行中无法对作为被执行人的区政府产生规制作用。具体而言，行政诉讼执行的被执行人为具有执法权的行政机关，其特殊地位与职能区别于一般民事主体，从而导致实践中民事执行规则在行政诉讼执行中应用受阻。

行政诉讼标的为行政行为的，由于行政程序法中并未有规定如何执行，因此需要参照民事诉讼法中关于行为执行的规范，然而民事行为执行与行政行为执行存在实质区别，即法院可以责令民事执行的被执行人为或不为某种行为，但是却不能干预区政府的行政行为。

又如在民事案件执行中可将被执行人采取限制高消费措施、纳入失信被执行人。但是，如果将区政府列入失信被执行人，相应的区政府法定代表人区长则被限制高消费或纳入失信被执行人名单，采取此类强制措施不仅影响各区区长履行职务，而且严重损害政府公信力。因此，行政诉讼执行只能在执行流程等形式上参照民事诉讼法中的规定，对被执行人具有实质影响的强制措施难以直接适用。

4. 政府履行判决的规则缺失

行政机关作出行政行为须依据具体的法律指引。《行政诉讼法》《行政处罚法》等法律法规对行政机关具有作出某种行政行为的主体资格、职责范围等作出了规定，但是判决的履行与行政法规则如何衔接缺少衔接规则，比如履行期限、履行完毕的标准等，这导致了行政机关对履行行政判决时存在懈怠和拖延心理，增加了区政府败诉案件进入执行程序的数量。同时，进入执行程序中，行政机关因缺乏有效的规范指引，导致区政府在履行生效判决时缺乏制约机制导致用时过长。

（二）判决主文不明确

有给付内容的判决书应当具有充分的可执行性，否则将会严重影响胜诉权益的实现和对各方权利人权益的保护，判决的可执行性关键在于判决的主文表述。通过对行政机关败诉文书表述的分析，可以发现，行政判决判项普遍存在履行方式、期限、内容等表述不明确的情况，相关法律法规也没有规定行政行为履行完毕生效判决的形式标准或实质标准。虽然这种情况符合现行法律规定和法学理论，但是客观上造成了不利于执行的后果。作为被执行人的区政府应当如何履职、应达到什么样履职效果，各方争议较大，且法律也没有明确规定，这也导致法院在执行中对被执行人的履职行为的监督也没有具体的标准，案件执行效率较低。

表3.2统计总结了样本案件的判决模式。第一项“征收补偿案件”的判决，判决中确认“判决生效之日起七个工作日内启动”，但没有确认作出“调查、认定、处理及结果公布”行为履行的截至日期。判项中未明确、相关规则中也没有规定“调查、认定、处理及结果公布”行为履行完毕的形式标准或实质标准。其他的判项中有的明确了60日的履职期限，更多的是要求在“法定期限”内“重新处理”或“作出相应行为”或“继续履行法定职责”。

表3.2　执行依据履行判决的模式

案件类型	履行判决内容
征收补偿案件	责令被告于法定期限内履行征收涉案房屋的补偿职责。或责令被告于本判决生效之日起7个工作日内启动对征收范围内原告居住的未登记房屋的调查、认定、处理及结果公布程序
公房承租案件	被告在本判决生效之日起60日对原告的更名申请重新作出处理

续表

案件类型	履行判决内容
行政复议案件	被告自本判决生效之日起于法定期限/60 日内对原告行政复议申请重新作出处理/答复
政府信息公开案件	责令被告于本判决生效之日起法定期限内对原告《政府信息公开申请表》作出相应行为/重新答复
村务公开监督案件	被告在本判决生效之日起 60 日内对原告关于村村务公布事项进行调查处理/调查核实并作出处理。责令被告针对申请继续履行调查核实，责令村委会村务公开的法定职责
拆迁安置、养殖退养行政补偿案件	判令被告于本判决生效之日起的法定期限内/60 日内，针对原告提出的履行法定职责（行政补偿）申请书/补偿安置请求予以处理/重新作出答复/重新处理。责令被告于本判决生效之日起法定期限内履行补偿职责
宅基地确权、土地权属及其他履行法定职责案件	责令被告在本判决生效之日起 60 日/法定期限/2 个月内对原告提出的履行职责申请作出处理/履行调查核实及处理的法定职责并予答复

（三）行政职能复杂多样，经办单位职能缺位

区政府作为综合施政机关，政府职能多样，部门众多。样本案件中涉及征收拆迁、信息公开、村务公开、公房管理等 11 类行政行为，涉及不同的领域，职能各不相同，履职程序与依据也不相同。比如信息公开与村务公开类案件，虽然都涉及公开，但是区政府的职责却不相同。根据《政府信息公开条例》，政府在信息公开中的职责是推进、指导、协调、监督本行政区域的政府信息公开工作，并负有办理信息公开的职责。而在村务公开案件中，区政府的履职依据是《村委会组织法》，区政府负有“监督”村委会村务公开的职责，但不是公开村务的责任主体，不办理村务公开。

虽然案件均以区政府为被告，但是在具体案件中，区政府仅仅是名义被执行人，实际被执行人是各行政行为的具体经办部门。比如，退养腾退的实施部门是各区农业农村局；公房承租的经办部门是改制后的房屋管理公司；征收拆迁的实施主体虽然是区政府，但具体经办部门是拆迁办公室；村务公开的监督部门也是农业农村局。然而，案件授权经办具体单位却是在区政府中没有“实权”的司法局。司法局在具体案件中起到的是沟

通协调的作用，其作用的发挥取决于经办人员的能力、责任心及其他部门的配合程度。

（四）行政诉讼执行中的政策考量与历史遗留问题交织

行政诉讼执行所涉相当数量的相关争议产生时间久远，进入执行时往往已是“陈年旧案”，且其背后多有国家政策和历史遗留问题相互交织，案件往往涉及的是各区甚至是地区或国家重大项目，比如水库保护退养涉及的案件、老城区棚户区腾退搬迁和公房承租人变更等案件，都伴随着深刻的政府政策因素或者历史遗留问题。此种情况下，相关案件执行十分困难。同时，考虑到政府机关的特殊地位，为了达到法律效果、社会效果和政治效果的统一，对区政府适用强制措施往往持比较谨慎的态度。

（五）行政诉讼执行专业人才储备不足

行政诉讼执行人才储备不足包含两个方面：一方面是法院行政诉讼执行人员人才储备不足；另一方面是政府经办人员人才储备不足。一方面，行政诉讼执行涉及行政审判、强制执行、司法权与行政权的关系等比较复杂的理论问题，同时也面临各种复杂的行政行为、复杂的行政权运行机制以及基层群众急切的执行诉求等实践问题，因此需要具备行政法学相关知识、民事执行相关经验以及善于办理基层群众工作的复合型人才。然而，相比于基数庞大的民事执行案件，行政诉讼执行案件数量显得微不足道，在人民法院执行人员保障不到位的大环境下，行政诉讼执行的人员保障在法院内部就显得更加“心有余而力不足”。另一方面，各区政府履行判决的程序不明，缺少考核机制，判决的履行需要各部门较好的配合及承办人员的积极推动，履行快慢多与具体经办人的法治意识、办事能力、责任心等个人素质有关。法治意识高、办事能力强、责任心强的经办人员办理的案件，往往推进的速度相对较快。有些历史遗留问题则需要政府积极履职寻找化解方法，经办人员的能力很大程度上影响着案件办理进展。

（六）小结

行政诉讼执行规则在应对复杂的行政诉讼执行案件时显得过于粗疏、功能失范，缺少理论支撑，行政诉讼执行的执行依据裁判不明，被执行人行政职能复杂多样，历史与现实问题交织，相关人才储备和能力不足，导致行政诉讼执行案件面临诸多困难，执行质效难以有效提升。诸多原因中，行政诉讼执行规则的缺失、失范是最为根本、最为紧要的原因。在没有统一、明确的规则的情况下，申请执行人、行政机关对生效判决的履行时限、履行方式、履行内容、履行完毕的标准均从有利于己方的角度理解，执法法院面对争议也无所凭依，这很大程度上甚至成为申请执行人对法院和政府强烈不满的导火索，严重影响司法权威和政府公信力，致使行政诉讼执行案件的执行与建设法治国家、法治政府、法治社会的要求相距甚远。

四、机理归纳：行政履行判决执行的法理探讨

在民事执行理论对执行权的性质尚未有统一认识或者“通说”之时，虽然《行政诉讼法》通过转致条款将政府作为被执行人的行政诉讼执行案件的执行规则适用民事执行规则，这明显是不合理论、不合实践、不合社会现实的。行政诉讼执行理论的研究是十分欠缺的[①]，行政法、行政诉讼法教材对于行政诉讼执行的介绍还停留在法条的简单梳理与解释层面[②]，缺少对实务中面临的难题的研究论证，行政诉讼执行理论亟待在行政诉讼理论的整体框架中得到更多关注。

（一）行政履行判决拘束力的效力范围

行政诉讼执行的执行依据是已经发生法律效力的行政裁判文书。样本案件的执行依据均为行政判决书和行政赔偿判决书。行政诉讼执行程序中，执行依据已经发生法律效力，即已具备拘束力。日本最高法院曾指出：“拘束力涵盖可推出判决主文的必要的事实认定和法律判断，因而不允许审判官作出与撤销判决的上述认定判断相抵触的认定判断。”我国

① 王学辉、程怡：《构建中国特色行政判决强制执行制度》，载《学习论坛》2020年第1期。

② 一些行政法行政诉讼法权威著作中均缺少对行政诉讼执行理论阐述，如姜明安的《行政法与行政诉讼法》以及余凌云的《行政法讲义》。

《最高人民法院关于行政诉讼证据若干问题的规定》第七十条[①]对司法的事实推定也作出规定，如无相反证据足以推翻这一推定，后续的法院应当予以认定。返诸行政过程，行政机关在涉及该事实时也应对裁判的事实认定予以尊重。[②] 因此，行政诉讼执行程序中，执行依据已经发生法律效力，即已具备拘束力。

（二）行政行为公定力与行政裁决拘束力、既判力的冲突分析

行政机关在执行过程中作出履行判决的行政行为，即具有公定力，即“无论是否合法或存在瑕疵，即被推定为合法有效，并要求所有国家机关、社会组织或个人尊重的一种法律效力”[③]。此时，行政行为的公定力、确定力与生效判决的拘束力、既判力即产生冲突。

具体而言，行政机关为履行执行依据向申请执行人作出履行行为，该行为即产生公定力和确定力，法院在执行中能否对行政机关履行判决的行为进行司法审查，并据此裁决继续执行还是驳回执行申请，以维护生效判决的既判力、执行力，缺少理论支撑。换言之，法院在行政诉讼执行程序中对行政机关依据生效判决作出的行政行为的合法性与合理性进行审查没有法理支撑，即使该行政行为明显不当，执行部门也不能径行认定该行政行为不合法而直接要求行政机关重新作出履职行为，这势必导致申请执行人对法院不满，对司法制度的威信产生怀疑。但若由执行部门直接对行政机关履行生效判决的行政行为直接进行审查，将导致行政行为的相对人及行政机关的上诉权被剥夺。

（三）执行权、审判权与行政权的有效衔接

行政诉讼与行政诉讼执行的实质是司法权对行政权的监督和制约，一般情况下，行政机关对行政事务在自由裁量范围内具有判断权和处理权，

---

① 《最高人民法院关于行政诉讼证据若干问题的规定》第七十条生效的人民法院裁判文书或者仲裁机构裁决文书确认的事实，可以作为定案依据。但是如果发现裁判文书或者裁决文书认定的事实有重大问题的，应当中止诉讼，通过法定程序予以纠正后恢复诉讼。

② 王贵松：《行政诉讼判决对行政机关的拘束力——以撤销判决为中心》，载《清华法学》2017 年第 4 期。

③ 姜明安：《行政法与行政诉讼法》，北京大学出版社、高等教育出版社 2019 年版，第 198 页。

审判权被动地对行政机关的判断及处理进行监督，而不能直接干预行政权，执行权在现行的行政法理论框架中也遵循这一原则。在民事执行中，民事执行理论支持的和法律规定的执行规则是，法院执行的内容和依据是法院生效裁判判项的主文内容，裁判说理部分不是执行内容，当前行政诉讼执行规则也遵循着民事执行的这一执行规则。

然而，由于行政判决主文往往不明确，行政诉讼执行若依然恪守行政法理论中的被动监督原则，并根据民事执行的理论与规则实施，则行政诉讼执行的纠纷将难以有效化解。因此，在行政诉讼执行中探寻符合行政执行案件执行规律的执行理论与规则显得十分必要。而其核心就是要解决执行权对行政权监督边界问题，执行权既不能在政府履行生效判决时“失声”，导致“执而不决”；也不能在行政权运行过程中太过“高声”，导致执行权直接干预行政权，危及现行的权力运行机制。

故而，在现行审判权、行政权的理论框架下，执行权依据生效判决指明的路径，包含依据在裁决主文中的说理部分作出的认定与判断，有限介入行政权的行使，以裁判论述和判决主文确定的内容为边界，对行政机关的履职行为的内容和程序进行介入指导，是比较可行的方案，这也符合公正司法的价值追求。

五、健全机制：提高行政履行判决执行质效的机制构建

行政机关作为执法主体，在判决生效后，应当积极主动依法及时履行判决，进入执行程序的，法院应当依法尽快促使政府履行判决。这是贯彻落实习近平法治思想，推进市域治理现代化的应有之义。为此，首先应当切实公正司法，强化省级府院联动，推进纠纷实质化解。其次，应完善行政诉讼执行规则，为执行法院、申请执行人和行政机关提供明确的执行指引，减少循环诉讼、循环执行。最后，加强行政诉讼执行的理论与实务研究，为健全完善行政诉讼执行体制机制提供理论支撑。

（一）以实质解决争议为目的，切实公正司法

“解决行政争议”是《行政诉讼法》的立法目的之一。[①] 在法治政府建设的价值需求下，公正司法的理念逐渐深入民心，行政诉讼及执行的作用不单单需要人民法院居中公正裁判，也要求其裁判结果的及时实现、实质性解决行政争议，从而达到依法保护公民、法人和其他组织合法权利的立法目的。在北京“新两翼”建设、中轴线申遗、构建现代化首都都市圈等重点工作中，进一步树立公正司法理念，坚持“提前提出法律论证建议，提前对执法人员开展依法行政专题培训，提前向群众宣传相关典型案例，提前深入群众开展矛盾化解”，推动重点工作、重点工程在法治轨道上有序推进，力促重点项目涉诉比例维持在较低水平。

行政诉讼执行中，法院应尊重行政机关在其专业领域和自有裁量范围内的判断，也不宜一味地消极被动。法院应在认可行政机关对行政事务的优先判断权及其职权范围的同时，主动承担起推进行政职权的履行、实质解决行政争议的职责。比如，积极主动与区政府司法部门对接，加强对政府部门和经办人员的履职指导，协调政府各职能部门有效配合履行生效判决；搭建申请执行人与被执行人沟通交流的平台，努力实现“实质解决行政争议”的行政诉讼法立法目的，尽最大可能减少循环诉讼的发生。

同时，执行人员要按照判决说理部门确定履行方式、履行要求对被执行人的履行判决的行为进行审查，争取同一争议在一个诉讼、执行程序中得到实质化解。比如，在执行村务公开监督履责案件时，执行部门应以经过审理的村务公开申请内容为判断基点，对政府履职即履行判决的行为进行审查，确保已经经过庭审确认的事项得到政府的回应，而不能坚持形式履责原则，不顾申请人的申请是否全部得到回应，仅要求政府责令村委会履责并答复申请执行人，将其履职行为是否全面有效留给另诉或者复议解决。比如申请执行人有多项公开请求，政府败诉后“一令一复”了之，或遗漏诸多请求，或调查并不彻底，或责令内容、期限不明确，或未监督责令履行情况，等等。否则，只会增加当事人讼累，导致矛盾的不断积累、

---

① 参见刘群：《实质解决行政争议视角下的行政履行判决适用研究》，载《行政法学研究》2019 年第 2 期。

激化。需要注意的是，执行权的介入，并不判断政府行为的实质合法性，而是根据执行依据对政府的履职行为与经过审判庭审查确认的事项进行比照，并对其履职的正当程序进行审查。

（二）制定并完善行政诉讼执行规则

当前行政诉讼执行规则稀疏，供给明显不足。需要通过司法机关与行政机关各司其职，制定相关规则，加强法律规范供给，为行政诉讼执行提供依据，稳定执行预期，规范执行机关和当事人的行为。司法机关可通过司法解释明确法院在行政诉讼执行程序中对政府履职行为的审查权限、程序和标准，明确当事人对行政机关履行生效判决的行为不服时的救济路径，明确执行完毕的认定标准，明确执行强制措施的适用条件和程序，明确行政诉讼执行案件执行中止、暂缓的条件等问题，减少执行规则模糊性，提高行政诉讼执行的规范性和效率。行政机关应当通过制定主动履行生效判决操作细则，明确履行判决的程序、部门间的职责划分、内部争议的解决程序等，避免内部职能不清导致未完全履行、延迟履行生效判决而进入执行程序。

由于法院是行政诉讼执行的主体，是提高行政执行案件执行质效的关键，司法解释的制定更加紧迫，且以明确法院的审查权限、救济路径和执行完毕的标准最为紧要。

（1）赋予法院执行部门对行政机关履行执行依据的行政行为有限介入的审查权限，为行政诉讼执行的参与人提供明确指引。

如前文所述，在相关规定中明确规定原则上被执行人应按照判决说理部分明确的内容履行职责。同时，为尊重行政机关的首先判断权，还应规定被执行人有合法合理事由的，可以不按照判决说理内容履行。

（2）明确行政诉讼执行的救济路径。行政诉讼执行规则应当明确规定三种救济路径的关系、启动条件和法律后果。被执行人作出履行判决的行为后，存在以下几种情况。

第一种情况，申请执行人认可被执行人履行完毕；第二种情况，申请执行人不认可被执行人履行完毕，法院认定被执行人履行完毕；第三种情况，申请执行人与法院均不认可被执行人履行完毕。

第一种情况下，该执行案件执行完毕，无须讨论。

第二种情况下，申请执行人有权对被执行人履行判决的行为向执行法院提出诉讼或向行政机关提出行政复议以及对法院认定被执行人履行完毕的执行行为提出执行行为异议。关于三种救济路径启动条件、相互关系与法律后果应当作出明确规定。

第三种情况下，被执行人有向执行法院提出执行行为异议的权利；申请执行人是否应就被执行人的履行生效裁判的行为向法院另诉，或者向行政机关提出复议？另诉或复议的法律后果是什么，是否导致执行程序中止或终结？若申请执行人选择不另诉或复议，被执行人也未及时提出异议，法院要求被执行人继续履行，此时申请执行人的诉讼时效或者复议期间如何计算？

这些问题亟须规则明确。

（3）执行完毕的标准。执行完毕的标准与法院的审查权限是一个问题的两个方面，明确了法院对政府履行判决行为的审查权限，即可以确定行政诉讼执行完毕的标准。

（三）强化省级府院联动，推进行政诉讼执行纠纷实质化解

通过对调研样本的分析可以看出，行政诉讼执行案件所涉矛盾历时长、执行规则欠缺，执行手段匮乏，执行过程中更需要政府各部门“上下左右”的全方位通力配合。否则，矛盾只会在行政机关之间、上下级之间沟通协调的过程逐渐积累膨胀。

第一，行政诉讼执行“府院联动、纠纷实质化解”不同于民事执行的“综合治理执行难工作格局”。

行政履行判决执行所涉主体及法律关系与民事执行案件存在本质不同。然而，在“综合治理执行难”的顶层设计阶段，就未将行政诉讼执行考虑在内。在2016年至2018年“用二至三年时间基本解决执行难”的实践中也未将行政诉讼执行案件的特殊性考虑在内。直至2019年，《最高人民法院关于深化执行改革健全解决执行难长效机制的意见——人民法院执行工作纲要（2019—2023）》中才提出“完善民事、刑事、行政案件执行一体化工作机制……进一步规范行政执行案件范围、执行规则和流程”。

然而，至今却无新的进展。“综合治理执行难”的推进重点在于查人找物、财产处置、诚信建设、廉政建设、威慑惩戒等方面。如前文分析，这些方面却非行政诉讼执行案件的执行难点所在，考虑到行政诉讼执行案件被执行人作为政府的特殊性，民事与行政执行一体化工作机制如何构建、行政执行案件范围、执行规则和流程如何确定和设计还需要大量研究梳理明确。

第二，行政履行判决内容明确具体。法院在作出行政履行判决前应确保判决具有可执行性，将履行判决执行障碍消除在审判前置程序中。法院应审查行政相对人的诉讼请求是否可执行，如果存在不具有执行内容，应向相对人释明；应提前询问行政机关履行判决内容所需要的履行期限及可能存在的履行障碍，结合履行内容法院在履行判决中对判项内容进行适当调整，使判项更加明确、具体，从而提高判项的可执行性。

第三，行政诉讼的纠纷实质化解在于政府积极履职化解纠纷，避免因未及时履行生效判决再次进入法院成为被执行人。

行政机关作为执法机构和社会治理的主管部门，负有管理社会的职能，理应在判决生效后模范遵守法律，积极履行职责，即使存有争议，也应尽量化解，减少进入司法程序的数量，维护政府权威和公信力。改变“办事的人不参与、参与的人不办事”模式，让办事的人参与诉讼执行，减少推诿、沟通成本，提高执行时效。加强经办人人员业务培训，提高履职能力和化解矛盾纠纷的责任心和能力。将履行生效判决纳入各区政府绩效考核，加强上级政府对下级政府履行生效判决的监督力度。

第四，行政诉讼执行中的府院联动应当主要由高级法院与省级政府的联动。

进一步健全落实府院联动机制，加强京津冀三地执行领域协作，高效运行京津冀法院执行“5+5”联动机制，推动执行联动协作会议常态化运行，拓展三地法院异地执行协作范围，实现异地法院办案的“同城效应”。基层或者中级法院作为行政诉讼执行案件的执行法院，不宜与同级政府就行政诉讼执行相关问题直接联动，否则会造成司法与行政“合谋”的错误印象。应由高级法院和省级政府联动，就相关问题加强沟通、协调，制定相关指引和规则，提高行政诉讼执行的质效。具体方式路径如完善与当事人间的沟通协商机制、建立司法行政协作机制、搭建行政争议预防沟通平台、加强法治宣传教育等。

（四）加强行政诉讼执行理论研究

行政诉讼的理论体系构建可以为行政诉讼执行规则的构建提供指导，但是现有的行政诉讼理论并不能有效解释司法权、执行权、行政权之间的关系，现阶段三者之间的关系并未形成逻辑闭环。

目前，法院在行政审判中只能对行政机关行政行为的合法性进行司法审查，在行政诉讼执行程序中只是确保判决内容得以履行，没有权力对行政机关依据生效判决作出的行政行为的合法性进行审查，即使该行政行为明显不当，也不能径行认定该行政行为不合法而直接要求行政机关重新作出履职行为，导致循环诉讼和执行多发，人民群众的诉求得不到有效实现，人民群众对政府公信力和司法权威提出质疑。

这不符合《行政诉讼法》“解决行政争议”的立法目的，不符合“努力让人民群众在每一个司法案件中感受到公平正义”的司法追求。因此，京津冀三地法院厚植类案同执基础，蓄力构建联合调研平台。通过对前沿性法律问题和类型化案件的深入沟通交流，开展实地调研走访，深入挖掘京津冀法院执行工作中亟待解决的问题，推动执行机制的协同、统一。加强行政诉讼执行理论研究，应坚持以习近平法治思想为指导，坚持以人民为中心的根本立场，加强行政诉讼执行的理论研究，以满足人民群众对高质量行政与司法的需求。比如，加强审判权、执行权及行政权在行政诉讼执行程序中的关系的研究；加强行政诉讼执行强制执行措施的制定与适用的研究；加强行政诉讼执行案件评价体系的研究；加强行政诉讼执行在新时代推进全面依法治国中的作用的研究等。

实际权利人排除金钱债权执行路径研究

——以借名买房为视角

陈康辉*

【内容摘要】 本文通过观察执行异议和执行异议之诉司法实践中，对借名人能否排除金钱债权的强制执行这一问题迥然不同的司法裁判思路作为分析问题的起点，分析了司法实践中之所以会出现两种裁判思路产生的深层次原因。笔者认为，不动产的登记和占有均具有表征不动产所有权的功能，因此无论是将不动产的权属上归属于借名人或者出名人，在理论上都是可以自圆其说的，从不动产的权属角度实质审查类似案件，对借名人能否排除强制执行必然会产生截然相反的两种解决方案。此外，笔者还对当前理论中较为强劲的外观主义理论进行了评论，认为外观主义理论不应当适用于强制执行领域，并认为应当摒弃以物权归属作为判定借名人能否排除强制执行的标准，而应当从经济效用、利益平衡以及信托理论角度去证成借名人排除金钱债权执行的命题。

【关键词】 借名人　实际权利人　排除执行　不动产登记

【创新点】 在审查借名人能否排除强制执行时，应当摒弃以物权归属作为判定借名人能否排除强制执行的标准，应当从金钱债权人未从排除强制执行中受有不利益、借名买房构成“消极信托”、不排除强制执行会增加社会成本等价值判断角度去判定借名人能否排除金钱债权执行。

---

* 陈康辉，北京市第四中级人民法院执行局法官助理。

一、引言

强制执行作为实现公平正义的最后一公里，为迅速帮助债权人的实现胜诉利益，在程序设计上强调效率优先，在操作上遵循形式判断原则，以权利外观作为认定执行标的权利归属的标准。但社会生活纷繁复杂，享有权利外观的主体和实际权利人不符的情况时有发生，为解决实体权利人与申请执行人之间的利益冲突，《最高人民法院关于适用〈中华人民共和国民事诉讼法〉的解释》（以下简称《民诉法解释》）第三百一十条以案外人是否享有“足以排除强制执行的民事权益”作为实质审查标准，以期在迅速地实现申请执行人合法权益的同时，最大限度地保护实际权利人的权益，从而弥合提升执行效率与保障实际权利人间存在的张力。

一般而言，享有权利外观的主体和实际权利人不一致的情况大体可以区分为非出于当事人本意的不一致和出于当事人本意的不一致。非出于当事人本意的不一致以不动产中的登记错误为典型，其中登记簿上的权利人享有权利外观；出于当事人本意的不一致以“借名购房”和“股权代持”为典型，其中“借名买房”中的借名人和“股权代持”中的实际出资人为实际权利人，享有对不动产和股权的真实权利；出名人和代持人称为名义权利人，享有权利外观。非金钱债权执行中，为了保护权利外观所具有的公信力，任何形式的实际权利人均无权排除强制执行；金钱债权执行中，非出于当事人本意不一致中的真实权利人享有足以排除强制执行的民事权益以成为司法实践的共识；本文所要讨论的对象，主要是在金钱债权执行中，出于当事人本意不一致中的实际权利人是否享有足以排除强制执行的民事权益。鉴于股权变动规则在学理上分歧较大，为确保本文论点集中，本文将讨论的焦点限缩为“借名买房”的借名人是否享有足以排除金钱债权执行中的民事权益。

借名人是否享有足以排除强制执行的民事权益一直是司法实践的难点、热点，“难点”之难在于观点之乱，司法裁判两极分化，学者观点越理越乱；“热点”之热在于数量之多，尤其是近年来各级政府部门发布了不少涉及房地产市场管理的政策和规章对商品房进行限售，为规避政策实现其购房的目的，当事人“借名买房”的行为是为常见现象，借名人要求排除强制执行的案件一直呈现出居高不下的态势。为此，本文尝试通过辨析借名人享有的民事权益及其法律性质，运用功能主义分析方法，以期构建出借名人享有的民事权益足以排除强制执行的司法论证新路径。

二、借名人能否排出强制执行的概述

（一）裁判思路的差异

笔者以“借名购房”和“执行异议之诉”为关键词，将裁判文书的作出层级限定为高级人民法院和最高人民法院，对法律数据库进行了搜索，在对这些案例进行阅读和整理后，发现司法实践中对借名人能否排除强制执行这一问题呈现出两种截然相反的两种态度和论证路径。

第一种支持借名人可以对抗金钱债权执行人的裁判观点的论证理由可以概括为：不动产登记仅具有权利的推定效力，不动产权利的归属应当依照客观事实加以确定。在借名人实际支付购房款并对涉案房屋进行占有使用的情况下，不动产登记并不影响借名人对案涉房屋享有实际产权，登记在被执行人名下的房屋不属于被执行人的责任财产，因此，借名人对涉房屋享有的权益可以排除金钱债权的执行。

而相反的观点的论证观点和理由则可以概括为：基于物权公示的基本原则，设立或转让物权，必须采用法律规定的公示方式。在借名买房的情况下，借名人与出名人之间的借名登记协议，只在内部产生债权债务关系，不发生物权变动的效果，不能对抗不动产登记的物权公示效力。在借名人未取得涉案房屋所有权登记的情况下，登记簿上的权利人即为真实权利人；况且，借名人在签订借名购房协议时，就应当意识到案涉房屋存在被人民法院强制执行的风险，其主观上存在过错。因此，借名人对涉房屋享有的权益不能排除金钱债权的执行。

（二）司法态度的差异

执行异议之诉中借名买房问题的处理，横亘于实体和程序之间，牵涉到登记效力、权利位阶、利益衡量等诸多因素，现行法律、司法解释对此均未予明确，实务中亦未能形成统一的裁判尺度，最高人民法院在新近出台的相关规范性文件中同样提供了两种截然相反的方案，至今未有定论，且各省高级人民法院做法亦有所不同。

2019年8月，最高人民法院公布《九民纪要（征求意见稿）》，其中第一百一十九条规定了处理借名人提起执行异议之诉的两种截然相反的两种观点：观点一认为，案外人有证据证明与被执行人存在借名买房等关系，请求阻却执行的，人民法院应予支持；观点二则认为，借名人无法排除金钱债权的执行。但在《九民纪要》正式发布时，最高人民法院删去了征求意见稿第一百一十九条的相关规定，将此问题予以搁置。同年11月，最高人民法院针对执行异议之诉发布了专题的司法解释征求意见稿，即《〈关于审理执行异议之诉案件适用法律问题的解释（一）〉（征求意见稿）》，其中第十三条规定了隐名权利人提起的执行异议之诉的处理意见，与《九民纪要（征求意见稿）》类似，该条给出了两套完全相反的两种方案。

为统一辖区内裁判尺度，近年来北京、江苏、广东、吉林、安徽、江西等各地高级人民法院出台了一系列司法文件，几乎清一色地否认对借名人能排除金钱债权执行，除非不动产能够确权且不违反国家和社会利益的借名人可以排除金钱债权执行。

通过观察，不难发现对以下两个问题的不同态度，决定了裁判者对借名人能否排除强制执行的这一问题的裁判思路：第一，借名人对借名房产享有什么性质的权利；第二，该权利是否足以对抗金钱债权执行人。这也是审理此类案件的两个层次：第一层次指向是否存在权利表象与真实权属状况不一致的情形时，裁判者如何认识《物权法》中关于不动产登记效力的规定，如何认定不动产的归属；第二层次涉及不同位阶、相同位阶权利冲突之具体处理规则，不同位阶权利冲突可依权利效力位阶作出判断，而相同位阶权利冲突需引入信赖利益、执行债权优先性等其他价值作出判断。下文依循这个思考层次展开论述。

三、借名房产归属的判断

关于借名房产的权利归属判断，应当分为两种情形：一是当事人之间约定了权利转移条款，即借名人基于各种原因将不动产的所有权交给了出名人，但借名人有权再要求出名人将房屋所有权转让给借名人的权利，此种借名协议在双方当事人之间只能产生债权债务关系。[①] 在借名协议有效的前提下，借名人即无权根据该约定请求法院确权或者申请更正登记，但可提请与出名人共同向登记机构申请转移登记的给付之诉。[②] 准此而言，借名人当然无权排除金钱债权人对不动产的强制执行。[③] 二是当事人之间没有权利转移条款的意思表示，双方自始至终的意思都是房屋的所有权尽管登记在出名人名下，但是借名人对房屋拥有事实上的所有权。

（一）现行规定并未直接明确规定借名房产的归属

在借名买房交易实践中，不动产的权属究竟归属于借名人还是出名人，可谓众说纷纭。从逻辑上看，公示原则是确定物权权属的重要规则，特别是在德国法系民法中，物权公示要求物权应当有特定的形式表现，即在静态时，动产物权通过占有来表现，不动产物权登记则是不动产物权的外观；在物权变动时，则要保持外观形式的连续性，动产物权随着占有的转移而变动，不动产物权变动则要在登记簿上有不间断的登记记载。[④] 我国的民法规则对公示原则也是情有独钟，《民法典》第二百零八条延续了《物权法》第六条的规定，要求不动产物权的设立、变更、转让和消灭，应当依照法律规定登记。动产物权的变更和转让，应当依照法律规定交付。其中的逻辑便在于固守权利的外观主义，只要具备权利的外观，法律就推定这些权属具有正当性，从而保护交易中的善意第三人，维持交易安全。

物权公示虽然对于交易规则的确立具有重大意义，但需要指出的是，依照《不动产登记暂行条例》第八条第三款之规定，房屋产权登记仅用于

① 参见杨代雄：《借名购房及借名登记中的物权变动》，载《法学》2016年第8期。

② 参见常鹏翱：《〈民法典〉中真实物权的判断标准》，载《浙江工商大学学报》2020年第6期。

③ 值得说明的是，第一种情形并不构成本文所欲讨论的“借名买房”情形，其徒具“借名买房”之名。

④ 参见［德］鲍尔、施蒂尔纳：《德国物权法》（上册），张双根译，法律出版社2004年版，第61－65页；［德］曼弗雷德·沃尔夫：《物权法》，吴越等译，法律出版社2002年版，第15－16页。

记载不动产自然状况和权属情况，仅具有不动产权利的推定效力，并不具有不动产实际归属的确定效力；而且权利登记的设置，并不能导致占有权利外观的占有人终局确定性地享有真实权利，它只是减轻了权利外观占有人的证明负担。[①] 因此，我国实定法上并未直接规定借名房产的归属。

（二）不动产登记簿无法承载判断物权归属的功能

在当前的实定法语境下，原则上，不动产交易中的买受人如欲取得不动产的所有权，除需双方当事人签订完买卖合同外，还需双方当事人共同向不动产登记机构申请变更登记，登记机构审查后在不动产登记簿上予以变更登记。这其中买卖合同是债权合意，共同向不动产登记机构申请变更登记是物权合意（履行行为），登记机构完成变更登记是表征当事人之间物权合意的法定形式。[②] 有原则必有例外，必须要说明的是，买受人取得不动产的所有权的内源性法理基础是物权行为，外源性法律基础是表征物权行为的形式，即物权公示。但《民法典》并未规定，不动产物权公示的方法只有登记，物权法定原则的适用对象也不包括物权变动和物权公示事项。[③]

实际上，从功能主义的角度出发，物权的公示方法取决于其要公示内容，例如土地承包经营权所要公示的内容就是承包户享有对农村集体土地的承包权，其公示方式就不需要采取登记簿登记。物权公示原则的目的在于重在保护善意第三人，维护交易安全，稳定交易秩序，促进物的快速流通。物权公示的最终效力是产生公信力，为接下来的物权的变动提供法律基础和事实判断依据。因此，不动产物权变动中物权公示的内容应当是当事人物权合意中效果意思的外在表征和记载。[④] 虽然，当前不动产物权变动的主要公示方法是登记，但只要其他形式的公示方法同样可以表征不动

---

① 参见常鹏翱：《物权法的展开与反思》，法律出版社2017年版，第275页。

② 需要指出的是，我国当前实定法上究采何种物权变动模式尚有争论，但物权变动模式作为一种分析工具，在债物二分的民法体系中，依功能主义的分析视角，物权形式主义可以更好地服务于物权客体特定原则，而且可以使得对法律关系的分析更为清晰便捷。因之，本文所举之例采物权形式主义。

③ 参见常鹏翱：《多元的物权法源及其适用规律》，载《法学研究》2014年第4期。

④ 参见王泽鉴：《民法学说与判例研究》（重排合订本），北京大学出版社2015年版，第1362页。

产物权变动所需要公示的内容，物权法也没有理由排斥其成为公示方法，况且在不动产登记簿产生之前，人们同样可以通过其他方法来表征所有权人。

（三）占有同样可以表征不动产所有权

如上所述，在动态生活经济领域，只能够表征物权变动意思表示的公示方式，都具有支持物权变动效果的法律效果。因此，尽管不动产物权变动的公示方式原则上是不动产登记，但是也并不完全排除占有和交付，例如《民法典》第二百零九条的但书规定，而《民法典》第三百五十二条的但书条款以及《最高人民法院关于审理建筑物区分所有权纠纷案件具体应用法律若干问题的解释》第一条第二款，则进一步肯定了占有的交付同样可以作为不动产物权变动的公示方法。[①] 在急剧转型的中国社会，应当说这样的规定，对于保护那些占有使用房屋若干年但没有办理登记的买受人是有着巨大积极意义的。

既然承认占有同样可以作为不动产物权变动的公示方式，也就意味着登记簿上的所有权人并不一定是不动产的真实物权人。就此而言，在借名买房关系中，虽然借名人并非登记簿上记载的权利人，但只要借名人可以证明双方存在借名买房的约定，借名人就可以通过《民法典物权编司法解释一》第二条的规定请求确认其对不动产享有所有权。

四、借名人排除金钱债权强制执行的新证成

如前所述，既然承认不动产登记簿上并不能完全承载判断物权权属的功能，其仅具有不动产权属的推定效力，而依照强制性执行法的基本原则，针对债务人的的执行只能指向债务人的的责任财产。但当前，摆在借名人排除金钱债权强制执行的最大障碍就是，有部分法官认为既然不动产登记具有权利推定效力，根据外观主义理论，借名人就不能对抗作为善意第三人的金钱债权人。欲证成借名人能排除金钱债权强制执行的命题，必须跨越上述障碍，对此笔者首先对外观主义的理论观点予以驳斥，同时提

① 参见孙宪忠：《中国物权法总论》，法律出版社2018年版，第330－334页。

出自己证成借名人排除金钱债权强制执行的证成依据。

（一）外观主义不适用于强制执行领域

外观主义并非现行法律明文规定的原则，而是民商法上的学理概括，系法律基于特定理由不得已按照外观特别是对该外观的合理信赖赋予法律效果，其法律构成、法律效果因场合而异。其系为维护交易安全而牺牲实际权利人利益的法律手段，适用外观主义在提高经济效率、减少交易成本、维护交易安全的同时，也将实际权利人的利益置于可能遭受风险的境地，因此应当将外观主义原则适用范围仅限于特定的交易行为。[①] 不同于特定的交易活动，外观主义不应当扩大适用至强制执行领域，在确定被执行人的财产时，应依实事求是原则，确定被执行人的可被执行财产。需要说明的是，之所以承认借名人不能对抗非金钱债权的执行人，是因为交易阶段便基于外观主义对交易活动中的非金钱债权人进行了保护，而不是在强制执行阶段使用了外观主义。

就借名买房而言，既然登记外观并不产生登记人取得权利的法律效果，在实际权利人有充分证据的情况下，不应以外观事实公然掠夺实际权利人的权利。至于实际权利人是否为逃避法律和监管，既有法律已经通过其他路径予以规制，譬如行政机关给予行政罚或者借名人因不具有购房资格而无法取得不动产的所有权。对此，《九民会议纪要》指出，外观主义是为保护交易安全设置的例外规定，一般适用于因合理信赖权利外观或意思表示外观的交易行为。实际权利人与名义权利人的关系，应注重财产的实质归属，而不单纯地取决于公示外观。总之，审判实务中要准确把握观主义的适用边界，避免泛化和滥用。

（二）借名人对不动产的占有可以排除执行人的“善意”

物权公示具有权利的推定功能，为保护从事交易中的善意第三人，公示出来的权利即为真实权利，如上所述，既然承认借名人对不动产的“占有”可以作为不动产的权属外观，因此不存在需要保护的善意第三人；[②] 退一步讲，即使不认为“占有”可以作为不动产的权利外观，金钱债权人

① 参见崔建远：《论外观主义的运用边界》，载《清华法学》2019 年第 5 期。

② 参见孙宪忠：《中国物权法总论》，法律出版社 2018 年版，第 340 页。

也不属于善意第三人，因为占有可以在当事人是否“善意”的判断上发挥重要作用。

例如，《执行异议复议规定》第二十八条规定，即明确要求买受人需要在查封之前已合法占有该不动产，明显承认了占有所具有的公示效力，只不过这种公示方式在效力上不如法定的登记方式。[①] 非唯如此，在一些地方法院关于房屋买卖交易的指导意见中也贯彻了这种类似的看法，例如《北京市高级人民法院关于审理房屋买卖合同纠纷案件适用法律若干问题的指导意见（试行）》第十九条第三项就明确指出：房屋已经办理转移登记但尚未交付的不影响善意取得的构成，但该事实可以作为判断买受人是否构成善意的因素之一的规定。具体而言，就是不动产买受人仅依凭不动产登记簿上登记的信息，而不对房屋的实际情况进行调查，难谓“善意”，这在美国法上被称来自财产外观的推定知情，即若有人实际占有有关不动产，即推定买受人知情。[②] 因此，即便是购房者，也因为缺乏“善意”这一构成要件而获得借名房产的所有权。举重以明轻，金钱债权人当然不属于善意第三人。

（三）应当摒弃以物权归属作为判定借名人能否排除强制执行的标准

借名人能否排除对金钱债权的执行，以往的研究往往会落入从不动产权属的角度去判断借名人能否排除强制执行的窠臼中。但从《民诉法解释》第三百一十条规定来看，能排除强制执行的权益并不只有所有权这一种权益，《执行异议复议规定》第二十八条、第二十九条规定中的买受人自始自终也没有取得不动产的所有权，但并不能阻碍房屋的买受人可以排除强制执行。因此，问题的关键并不在于该不动产是否归属于借名人或者出名人。而且从上文的论述中，逻辑上的判断确无实益，因为无论是将不动产归属于借名人还是出名人都是可以自圆其说的。因此，笔者下面将主要从经济效用、利益衡平以及信托理论的视角去论证借名人应当排除金钱债权的强制执行。

---

① 参见江必新、刘贵祥主编：《最高人民法院关于办理执行异议和复议案件若干问题规定理解与适用》，人民法院出版社2015年版，第424页。

② 参见许德风：《不动产一物二卖问题研究》，载《法学研究》2012年第3期。

1. 排除强制执行在实质上没有损害金钱债权人的利益

对此问题，可区分为两种情形：（1）借名买房行为发生在出名人债务产生之前，以民间借贷为例，金钱债权人为了保证自己的债务可以得到清偿，其完全可以在放贷时，明确要求债务人以登记在自己名义下的房屋设定担保物权，此种情况下，借名人不存在排除强制执行的可能；（2）如果借名买房的行为发生在出名人债务产生之后，出名人对其债权人的担保原本就不包括该不动产，即使排除金钱债权人对不动产的执行，并不会造成对债权人担保财产的减少。

2. 借名买房构成“消极信托”，信托财产当然应排除执行

在借名买房的法律关系中，除了借名和出名双方一般是具有高度忠实和信赖关系的亲朋好友外，双方对出名人对不动产不享有占有、使用、收益、处分的权利，借名人是不动产的实际权利人的意思表示是心知肚明的。如果借名人想要对不动产进行处分，出名人还负有积极配合之义务。就此而言，尽管出名人是登记在不动产登记簿上的法律物权人，但他除了具有形式上的物权之外，通常不能享有和行使该物权；与此相反，借名人虽然隐藏在幕后，但他恰恰是物权利益的归属人，这恰恰符合消极信托的基本特征。作为信托财产的不动产，尽管其在名义上归属于出名人，但它终归是区别于出名人固有财产的不同财产，排除出名人的个人债权人执行信托财产是信托法的应有之义。①

3. 不排除执行会增加社会交易成本

依通说而言，民法规范兼具行为规范与裁判规范的双重属性，其不仅会约束裁判者，更会引导当事人的行为方式。② 我国虽然不是判例法国家，但是法院做出的裁判，尤其是高层级法院作出的裁判，仍然在很大程度上影响了人们生活的价值取向。如果借名人对借名登记的不动产不享有排除强制执行的权利，只会促使借名人在借名登记的不动产上设立以自己为权利人的担保物权，从而避免自己遭受不利益，徒增社会交易成本。

---

① 参见陈计男：《强制执行法释论》，元照出版有限公司2012年版，第216页

② 参见梁慧星：《民法总论》，法律出版社2011年版，第35-36页。

涉外民商事案件执行的困境及化解

王志鹏[*]　袁　心[**]

【内容摘要】人民法院作为承担司法保障功能、肩负维护司法权威职责的国家机构，一直是构建法治化营商环境的重要参与力量。人民法院能否充分履行自身职责，将公平正义传递给各类市场主体，直接影响着法治化营商环境的建设成效。当前，在服务法治化营商环境构建的过程中，法院的工作尤其是执行工作还存在一些比较突出的问题，尤其随着国际经济活动往来越加频繁，涉外民商事案件也出现逐年增加的趋势，由于涉外民商事案件自身特点的影响，导致目前法院在执行涉外民商事案件时无法取得应有的执行效果，执行工作陷入很大的困境。涉外民商事案件执行困难也就成为我国法院在助力法治化营商环境构建中亟须解决的问题。

【关键词】涉外　民商事　执行

【创新点】目前社会各界对涉外民商事案件的关注重点更多的是在审判工作上，而后续的执行工作却经常容易被忽略。但是我们应该认识到，涉外民商事案件执行关乎的不仅是我国司法公正权威和公信力的问题，更直接影响法治化营商环境的营造效果和实际水平，然而由于各种原因的影响，目前法院涉外民商事案件执行陷入很大的困境。本文结合涉外民商事案件执行实务，全面梳理涉外民商事案件执行的难点，通过分析具体原因并有针对性地提出切实可行的解决措施，为国际商事法庭的建设以及构建

---

* 王志鹏，北京市第四中级人民法院综合审判庭法官助理。

** 袁心，北京市第四中级人民法院执行局法官助理。

具有我国特色的涉外民商事案件执行体系提供建议。

引言

据《2022年最高人民法院工作报告》，2021年全国各级法院审结一审民商事案件1574.6万件，其中审结一审涉外民商事案件2.1万件。与数量极其庞大的普通民商事案件相比，涉外民商事案体量很小，所占比重很低，且与绝大多数公民生活联系不大，因此很容易被社会各界忽视。同时涉外民商事案件往往以集中管辖为主，众多法律专业人士通常也是将研究重点放在涉外民商事案件的审判上，并未持续跟进案件的执行工作，这就造成了法院在执行涉外民商事案件时面临的一些突出问题和现实难点不容易被外界所了解，难以引起社会广泛的关注和重视。然而执行工作被称为实现公平正义的“最后一公里”，承载着当事人实现胜诉权益的最后希望，尤其是在涉外民商事案件执行中，法院肩负着捍卫国家法律尊严与底线的重要使命，也承担着平等保护中外当事人合法权益的重任。① 特别是随着构建市场化法治化国际化营商环境工作的持续开展，对法院执行涉外民商事案件的质效提出了更高的要求。在这种大背景下，梳理涉外民商事案件执行中存在的问题和难点，并提出相应的对策切实予以解决，成为这个时代的题中应有之义。

一、当前涉外民商事案件执行的困境

涉外民商事案件中，至少有一方当事人具有涉外因素，这就直接导致了案件执行难度的大幅增加，法院目前常规的强制执行手段有可能不适用，即使适用也不一定能取得与普通民商事执行案件一样的良好效果，最终陷入执行困境。

（一）执行周期长

《最高人民法院关于人民法院办理执行案件若干期限的规定》第一条

① 参见王宏、王睿：《人民法院在法治化营商环境建设中发挥执行职能作用研究》，载《辽宁公安司法管理干部学院学报》2021年第6期。

第一款规定：“被执行人有财产可供执行的案件，一般应当在立案之日起6个月内执结；非诉执行案件一般应当在立案之日起3个月内执结。”可见，效率一直是法院执行工作的重要价值追求，最高人民法院通过明确规定以及多项考核手段来确保各级法院在规定审限内执结案件，并尽可能缩短案件执行用时。但是涉外民商事案件很难像普通民商事案件那样在6个月内执行完毕，执行周期会很长，主要表现在以下几个方面：

1. 执行文书送达困难，耗费时间长

涉外民商事案件往往需要涉外送达，如果被执行人没有代理人或代表机构、分支机构等来接收法律文书，法院只能通过公告或司法协助途径送达文书。以执行（2016）京04民初1号判决书为例，该判决书中被执行人为某融资租赁公司、陈某、林某，进入执行阶段后需要向被执行人送达执行通知书、报告财产令等法律文书，由于陈某、林某已经返回台湾地区，且没有委托代理人，法院只能通过司法协助途径进行送达，由于协助送达程序复杂烦琐，这一项工作就耗时6个月。

2. 完善代理手续困难，耗费时间长

在涉外民商事案件执行过程中，同样存在案件代理律师转所、申请执行人更换代理律师、代理律师为一般代理权限等情况，需要重新出具授权手续或进行补充授权，由于涉外民商事案件授权材料需要在境外办理并进行公证，再提交到法院，往往需要数月时间，尤其近两年受疫情影响，所需时间更长。

3. 执行案款发还困难，耗费时间长

在执行涉外民商事案件中，许多作为案件申请执行人的外国、港澳台企业在内地（大陆）没有银行账户，由于目前不具备将执行案款发还到境外账户的条件和可能，这就导致法院无法将执行案款直接发还给这些企业，发还程序不通畅直接造成执行案款的长期积压，拉长执行周期。

（二）惩戒措施适用受限

限制高消费措施、纳入失信被执行人名单、限制出境是目前法院在执行过程中普遍采用的三种惩戒措施，这三种惩戒措施以信用惩戒为主，一旦被执行人被法院采取以上惩戒措施，不管是生产经营还是日常生活，都会受到巨大影响，法院通过采取这些惩戒措施来倒逼被执行人履行生效法律文书所确定的义务。但是如果被执行人为涉外主体，则会直接影响惩戒措施的适用。以执行（2020）京04民初665号民事判决书为例，作为被执行人的公司注册地为毛里求斯，授权代表是另一家名为FTI Director Services Limited的公司，外国公司没有组织机构代码、统一社会信用代码，授权代表也没有任何主体信息，因此对该被执行人采取纳入失信名单、限制高消费措施操作起来都困难重重，更无法对作为授权代表的公司采取限制出境措施，惩戒措施的适用受到了严重的限制，更别提惩戒效果了。

（三）国籍转变造成混乱

在涉外民商事案件中，作为被执行人的自然人转变国籍后，一旦成为被执行人，如何证明身份的同一性成为执行法官面临的最大问题。已经转变国籍的自然人成为被执行人一般有两种情况：一是转变国籍后以新的身份与我国企业、自然人发生民商事纠纷，被判决承担相关义务并被法院执行，在这种情况下，其新身份名下或许没有任何财产可供执行，但是在原身份下仍可能登记有不动产等财产，能否执行、如何执行原身份下的财产，执行法官必须慎重考虑；二是自然人在转变国籍之前就与国内企业或自然人有未了结的民商事关系，在转变国籍后产生纠纷，在这种情况下，根据合同的相对性，权利人只能起诉一个户籍已经被注销的、在身份信息系统里已经不存在的自然人，取得的判决也是会判这个不存在的个人承担法律责任，但是一旦进入执行，如何查找“不存在的个人”的财产、能否对转变国籍后的个人采取强制执行措施都给执行法官带来巨大困扰。

如果上面两种情况互相交织，那么问题可能更加复杂。例如，以执行（2021）京04民初303号民事判决书为例，被执行人为外国人赵某，在执行过程中，执行法官根据申请执行人提供的财产线索，前往不动产登记中心查封赵某名下位于顺义区的别墅时，发现该别墅的所有权人虽然也叫赵某，但是是一名中国公民。执行法官经了解发现，赵某曾经转变过国籍，最初以中国公民身份与银行签订了金融借款合同并用名下别墅进行抵押担保，在合同履行过程中，赵某加入了外国国籍，并注销了中国国籍，同时出现了违约情况，因此该银行起诉并申请执行，起诉的对象也成了外国人赵某，虽然赵某国籍转变的情况并未在判决中进行认定，但是判决认定外国人赵某承担责任，同时银行对别墅享有抵押权。于是，能否执行、如何执行外国人赵某转变国籍之前的财产，成为一个摆在执行法官面前的难题。

二、造成涉外民商事案件执行困境的原因

涉外民商事案件的执行困境是在多种因素共同作用下形成的，既有制度设计层面的原因，也有技术操作层面的原因，这些原因大多与涉外民商事案件的特点具有紧密关联性，主要表现在以下几个方面。

（一）了解案件情况的途径和程度有限

以涉外商事仲裁案件为代表，该类案件的执行依据并非出自法院，法院也并未参与案件的前期工作，进入执行阶段后，执行法官能够拿到的案件材料有限，仅能从执行依据中的事实描述或者与申请执行人沟通了解案件的大概情况，掌握的信息并不一定全面。如果涉外商事仲裁机构为香港、新加坡等境外仲裁机构，虽然仲裁裁决有翻译文本，但语言习惯、仲裁规则等各种因素都会影响执行法官对案情的理解，无法挖掘案件深层次的关系并有针对性的制订执行计划。如果执行法官在案件执行中需要与仲裁员就仲裁裁决内容进行沟通，目前并没有有效的沟通途径和渠道，如果想进一步调取仲裁案件材料，即使是国内的仲裁机构，调取案卷材料的程序也并不通畅，所需的时间也较长，而一旦作出裁决的是境外仲裁机构，想与其进行沟通的可能性几乎没有。

（二）审查范围、标准未考虑执行实操性

同样以涉外商事仲裁案件为例，境外仲裁机构作出的仲裁裁决一般需要经大陆法院裁定认可后才能申请强制执行。目前法院仲裁审查庭对仲裁裁决的审查范围更多地限于程序层面，对于仲裁裁决的内容能否与我国司法环境相适应、是否具有实际的可操作性和执行性并未予以判断，进入执行阶段后，给执行法官带来巨大了困扰。以认可和执行国际商会仲裁院25605/PTA号最终裁决为例，该最终裁决申请人A和被申请人B都是香港

的公司，法院在审查该最终裁决过程中，认为“……本院在认可和执行裁决后，案件将会进入执行程序，对于裁决主文内容，在执行中可以将B公司于A公司在北京市账户中的股东清算收益（即执行当日的全部可动用资金）划转至A公司在香港特别行政区开设的银行账户，执行金额以具体执行时银行账号内的实际金额为准……”，裁定“认可和执行国际商会25605/PTA号仲裁裁决”。随后，A公司向法院申请强制执行，要求将B公司在北京市账户中的股东清算收益划转至A公司在香港的银行账户。在本案中，仲裁审查庭裁定认可和执行国际商会的仲裁裁决符合相关规定，并无不妥。但案件进入执行后，A公司的执行请求却让执行法官感到为难，因为在目前的政策和条件下，法院没有可采取的途径能够直接将股东清算收益划转至香港的银行账户，但是A的执行请求确实也是仲裁裁决的主要内容，这就导致后续执行工作极难开展。仲裁审查庭在对仲裁裁决进行审查的时候却未能充分认识和考虑到这一点。

（三）财产查控存在现实困难

法院执行案件，执行只是手段，核心是财产，无财产便无执行。涉外民商事案件执行实务中，查控财产困难主要有以下两种原因：

（1）被执行人本身就是因为投资失败、经营困难等原因才涉诉，几乎已无履行能力，而且由于政策限制等原因，许多外国企业在国内连银行账户都没有，也不被允许在国内持有相应的资产，导致其在国内基本没有任何财产，对于其在境外可能持有的资产，我国法院并没有执法权，没有财产便没有执行。

（2）即使被执行人名下有财产，查找起来也特别困难。在执行案件办理过程中，执行法官必然会在执行系统中进行财产查询，但是在涉外民商事案件执行中，财产查询更多的只是完成执行程序上的要求，对案件本身意义不大。以被执行人是外国人为例，被执行人名下银行账号、不动产、车辆等财产通常是使用护照进行登记，目前法院执行查控系统对用护照、往来内地通行证等证件进行登记的财产提起查询申请，一般不会有反馈结果，要想对其在国内的财产进行查询往往只有依靠申请执行人提供准确的财产线索，执行法官去银行或登记机关现场进行核实，如果申请人无法提供被执行人持有的护照、往来内地通行证等有效证件信息，执行法官还需要先查询证件信息，然后才能开展财产查控工作。例如，香港特别行政区居民持有的有效出入境证件信息由广东省出入境管理局集中管理，执行法官如果需要对香港特别行政区居民持有的有效出入境证件信息进行查询，均需要前往广东省出入境管理局办理该业务，仅查询证件信息就需要耗费大量司法资源，更别提后续的财产查找工作，难度更大，效率更低。

（四）执行规定与制度缺乏针对性

与普通民商事案件执行不同，在涉外民商事案件执行中，必须要根据案件涉外的特点进行充分考虑并有针对性地进行法律规定和制度设计，每个执行环节措施制定都要具体，否则都可能造成执行困境。因为涉外案件中执行法官能够采取自由裁量措施的空间很小，难度很大，而目前现行执行规定及制度未能与涉外民商事案件执行工作完全适配，不管是实操性还是指导性，都存在不同程度的欠缺。以涉外民商事案件执行案款发还为例，目前北京 S 法院执行局采取的发还方式，是由代理权限为特别授权的案件代理律师所在的律所向法院出具授权手续、案款发还申请、案款收据、情况说明等材料，执行法官将执行案款发还至律所账户，由律所代为接收。但是，由于目前各地对涉外民商事案件执行案款发还方式做法不一，在没有明确、统一的规定下，部分律师对这种案款发还方式是否符合程序存在疑虑，律师事务所对代为接收的执行案款，尤其是数额较大的执行案款是否会被认定为律所营收并被要求缴纳税款也存在顾虑。同时，在执行案款数额较小的情况下，由于在境外办理公证授权材料所需要的费用较高，申请执行人配合执行工作的积极性就比较低。

三、涉外民商事案件执行困境的化解

虽然目前涉外民商事案件体量比较小，但是随着国际经济活动往来的频繁，案件数量的逐年增加，法院执行涉外民商事案件所面临的诸多困境不断显露，产生的影响也日益明显，作为法院执行难题的一部分，应当予以足够的重视，并探寻有效的途径予以化解。

（一）细化法律规定

最高人民法院可以以司法解释的形式单独对涉外民商事案件的执行程

序进行规定，针对目前发现的难点明确更具体的执行措施，使其与执行实务相适应，能够规范和指导涉外民商事案件执行工作。以解决涉外民商事案件执行案款发还困难为例，可以明确规定在立案时即由申请人指定委托收款账户，委托收款主体既可以是律师事务所，也可以是国内关联企业，与授权手续等一起进行公证，并作为立案材料的一部分向法院提交。当进入执行程序后，申请人无须再向法院提交案款发还手续，执行法官可以将执行案款直接发还到该账户。这样将极大地简化涉外民商事案件执行案款的发还程序，最大限度地缩短执行案款发还周期，同时该委托收款账户也可以用来办理诉讼费退费业务，无须再单独提交手续。

（二）创新执行手段

针对目前法院执行系统财产查控功能不能与涉外民商事案件执行工作适配的问题，可以考虑根据涉外民商事案件的特点研究、开发独立的执行查控系统。在最高人民法院第一、第二国际商事法庭分别在深圳市和西安市揭牌办公之后，苏州、北京国际商事法庭等具有明显涉外特色的法庭也相继挂牌成立，集中管辖本辖区内涉外商事、仲裁等案件，意味着针对涉外民商事案件设计开发的查控系统可以直接在这些商事法庭进行适用和推广，完全具有现实可操作性和实用性。查控系统主要能够与国家外汇管理局、出入境管理局等平台实现网络对接和数据交换，确保执行法官通过该系统能够方便快捷地获取被执行人有效证件信息、出入境记录、资金往来等重要信息，并有针对性地采取执行措施。随着各地国际商事法庭的不断成立，国际商事法庭运行和管理日趋完善和成熟，对于国际商事法庭的运行和管理可以参照派出法庭，由国际商事法庭负责执行涉外民商事案件，在促进和保障国际商事交流的同时，能够在形式和内容上展现我国司法特色，运行机制也更符合我国国情。这样既能够实现司法资源的集中和优化，缓解目前法院“案多人少”的矛盾，又能够充分发挥国际商事法庭的专业作用，提高涉外民商事案件的执行效率。

（三）畅通沟通渠道

鉴于在目前条件下，法院与境外仲裁机构建立直接联系存在实际困难，法院可以首先与国内仲裁机构打破沟通壁垒，畅通沟通渠道，为后续开展的国际交流积攒经验，通过签署备忘录、签订合作协议、定期召开座谈会等方式建立长效沟通机制，拓宽法院与仲裁机构之间案件信息共享渠道与范围，加强人民法院与仲裁机构的工作沟通与协调，推动仲裁深度参与执行，全方位深化合作效果。例如，对于执行过程中常见的被执行人主体信息不全、可供执行财产难找等问题，执行法官能够通过与仲裁员直接进行快捷、有效的沟通，了解案件的来龙去脉，全面掌握案件信息，不仅有助于更好地理解仲裁裁决，有针对性地采取行之有效的执行措施，而且也是从源头寻找突破口的大胆尝试，开辟涉外民商事案件执行的新思路。

（四）加强学习交流

一方面，执行涉外民商事案件的法官要加强业务学习，熟悉和了解国际惯例、国际贸易投资以及国际条约等相关内容，提升对涉外民商事案件判决、仲裁裁决的理解和把握能力。法院也应该通过定期举办培训班、专题讲座等形式对执行法官进行培训，提升执行法官执行涉外民商事案件的业务水平，同时支持和鼓励审判法官和执行法官通过案件会商、法官会议等形式进行跨庭室交流，为执行法官充分反应涉外民商事案件执行中出现的难点提供平台和机会，让审理涉外民商事案件的法官听到“执行声音”，互相交流审判和执行的实务经验，实现涉外民商事案件审判和执行的联动。另一方面，加强法院与仲裁机构的业务交流与学习，对仲裁制度特点和法院工作规律进行充分交流，对裁决的标准和法律适用尺度统一认识，通过相互借鉴工作方法和经验来探索有效的合作方式，全面加强裁、审、执工作衔接。

（五）建立管理制度

国家移民管理部门应该完善管理模式，对移民人员的身份、财产信息建立健全的管理制度，以解决国籍转变给涉外民商事案件执行造成的困境。

（1）建立身份信息保留制度，对于移民人员应该建立单独的身份信息库，包括指纹、面部图像等生物信息，如果该移民移居后不再回国，那么这些信息将会被一直封存，如果其以移民后的新身份返回国内，海关应当将其新身份信息录入系统，实现移民人员国籍转变前后身份的关联和确认。

（2）建立移民财产报告制度，在移民人员申请注销户籍时，要求其同时报告现有身份下处于国内的所有财产，进行登记记录，并明确只有申报过的财产才能继续得到承认和保护，防止通过采用转变国籍方式逃避债务或干扰司法活动情形的出现。以上两种制度的建立将会提升对移民人员身份、财产信息的管理程度，有效减少因为公民国籍转变而给国内正常经济活动、登记机关信息管理、司法机关执法活动带来的干扰和影响，国籍转变给涉外民商事案件造成的执行困难也迎刃而解。

（六）探索退出机制

普通民商事案件中，如果作为被执行人的企业“执行不能”，可以通过“执转破”程序，助力暂时没有履行能力、符合破产条件的企业通过破产重整程序获得新生。可以说，“执转破”程序既为“生了病”的企业创造了一个涅槃重生的机会，也给法院彻底解决“执行不能”案件提供了一个行之有效的方法。法院通过“执转破”程序推动一些长期“执行不能”的涉企业类执行案件清结销账，取得了比较良好的效果。[①] 但是，在涉外民商事案件中，相当数量的“执行不能”案件目前没有找到有效解决路径。作为被执行人的外企在国内没有任何财产可供执行，或者在境外持有资产但是不具备执行条件，法院只能以终结本次执行程序方式结案，但是程序上的结案并不意味着案件的完结，必须要参照“执转破”程序，探索建立“涉外民商事执行不能案件”的退出机制。“涉外民商事执行不能案件”退出机制的建立，不单是为了探寻案件终本后的出路问题，更是为了降低具有不良信用记录的外企对国内营商环境可能造成的不良影响，实现营商环境的整体优化。因此，探索建立“涉外民商事执行不能案件”退出机制不能紧靠法院的力量，必须采取要“府院联动”的形式，可以探索将具有不良信用记录的外企在国家企业信息网上进行标注和公示，为国内经济主体进行国际贸易、国际投资等提供警示服务，同时采取严格的审批和管理措施，对于那些未能履行义务的外企，限制其在国内继续或重新进行

① 参见何晓慧：《解开“执转破”提速的成功密码》，载《人民法院报》2021年4月3日。

贸易、经营活动，为中外企业在国内营造良性竞争环境。

结　语

涉外民商事案件的执行效果如何，直接影响人民法院在法治化营商环境建设中发挥的作用程度。执行是涉外民商事案件的最后环节，也是涉外民商事争端解决机制有效运作和具有国际竞争力的充分保证，妥善解决涉外民商事案件执行的难点，推进执行长效机制建立，切实提高涉外民商事案件执行质效，进一步强化执行效果，既是保障和促进国际商事交流合作，提升我国司法竞争力的重要举措，也是维护我国司法权威、树立高效司法形象的必然要求。

我国民事执行规则域外适用的现状考察及体系构建

孙 彬*

随着我国改革开放的不断推进，我国与其他国家间的人员往来、货物流动更加频繁，国际纠纷也随之增多，被执行人通过境外规避执行的情况多发，作为保障私权的最后救济方式——民事执行遭遇挑战。实践中，被执行人在境外规避执行的，执行机关束手无策，债权人也往往望"异国承认与执行难"而却步，致使国家权力在涉外执行方面权威扫地，债权人利益在涉外执行中难以得到保障，司法实践对执行规则域外适用的需求十分迫切。

引 例

案例一：

A 公司向我国法院申请承认和执行瑞士商会国际仲裁院作出的第××号仲裁裁决。申请人 A 公司住所地为英属维京群岛；被申请人为 B 公司，住所地为中国。我国法院裁定"承认和执行瑞士商会国际仲裁院于××年×月×日作出的第××号仲裁裁决"。仲裁裁决内容："(1) 被申请人应当向申请人支付 39923876.52 美元。(2) 此外，被申请人还应当向申请人支付 801249.97 美元，作为在本仲裁中发生的费用的补偿。(3) 除上文所述之外，双方在本仲裁中提出的任何及所有其他或进一步的救济请求、动议

* 孙彬，北京市第四中级人民法院民庭法官助理。

和要求均予以驳回。”

仲裁裁决中的被申请人除了B公司外，还有位于阿尔及利亚的C公司，但C公司并非“承认与执行”的被申请人。

执行中，B公司与A公司就仲裁裁决确定的B公司与C公司承担的责任属连带责任还是按份责任发生争议。被执行人B公司在瑞士日内瓦提出紧急救济申请。紧急仲裁员裁定，接受并批准紧急救济申请，并判令A公司不得采取原裁决的一切执行行动或基于原裁决而针对B公司、其法定代表人或负责人采取任何其他限制性措施；立即向中国法院提交停止执行程序的申请，直至新仲裁完结或新仲裁庭作出相反裁定为止；如果，除了中国法院的执行程序之外，还有在其他执行机构启动的其他执行程序或措施，立即申请停止该等措施或程序。

案例二：

A公司向我国法院申请认可和执行香港仲裁裁决一案，法院于2017年5月9日作出裁定，“认可国际商会国际仲裁院于2015年9月23日在香港特别行政区作出的××号仲裁裁决的效力，B、C两公司应履行该仲裁裁决确定的义务，逾期不履行的，A公司申请强制执行”。被申请人B公司和C公司住所地均为美国。仲裁裁决内容：（1）根据《股权购买协议》第2.5条、第7.14条、第7.15条和第7.17条与《资金托管协议》第3.1条和第3.8条的规定向A公司支付数额相当于47500万美元的等值人民币及应计利息的全部托管资金。(2）B公司和C公司配合A公司采取所有必要措施，立即执行本仲裁裁决，包括制备托管银行向A公司解付托管资金可能需要的任何其他指示。(3）B公司和C公司不得妨碍托管银行向A公司解付资金。

根据《资金托管协议》的约定，托管银行解付托管资金的条件是收到B公司和C公司的联合指令函。B公司和C公司发出指令函，其中C公司的指令函签署时间是其被撤销之后的2015年10月。故，托管银行未解付托管资金。2017年8月1日，A公司向法院申请执行。

托管银行位于中国某市。C公司已经在仲裁裁决期间（2015年7月）被撤销。

案例三：

A公司请求B与C偿还我国法院判决确认的金钱债务。其中，A公司住所地为中国；B、C为中国籍自然人，B在进入执行程序前前往瑞士，在瑞士有房产，并长期在瑞士生活；C于执行过程中前往瑞士，长期未返回中国。

执行过程中，我国法院对被执行人采取限制消费措施，并纳入失信被执行人名单。

案例四：

A申请执行B，请求B偿还我国法院判决确认的金钱债务。A、B均为中国籍自然人。执行中，A请求追加韩国籍自然人C为被执行人。B在执行过程中取得香港永久居民身份。

一、我国民事执行规则域外适用概述

（一）概念界定

“域外”应指一国“管辖领域之外，而非法域之外”①，“域外适用中‘域’指一国的‘管辖领域’，而一国的管辖领域除包括该国享有绝对管辖权的地域外，还包括一国根据国际法享有的相对管辖权的地域，而在享有相对管辖权的地域，该国仅在处置相对管辖权事项时才属于该国的管辖领域”②。因此“中国目前虽然存在海峡两岸暨香港、澳门多个法域，但中国法在这些法域的适用并非域外适用，而是一国通过相关安排，将国内法在其管辖领域内进行适用”③。“管辖领域的范围要大于‘领土’（territory），不但包括一国领陆、领水、领空及其船舶和航空器，也包括专属经济区、毗连区、大陆架和实际控制管理的其他区域（如军事占领区），但不包括

---

① 廖诗评：《国内法域外适用及其应对——以美国法域外适用措施为例》，载《国际法研究》2019年第3期。

② 刘政德、郭向军：《国内法域外适用中“域”的含义考量》，载《学理论》2022年第4期。

③ 廖诗评：《国内法域外适用及其应对——以美国法域外适用措施为例》，载《国际法研究》2019年第3期。

一国驻外国的使领馆。”① 因此，一国国内法的域外适用首先指的应是在一国管辖领域之外适用。

“法的域外效力，是指法不仅在国内而且在本国主权管辖领域外有效。”② “国内法域外适用指的是国家将具有域外效力的法律适用于其管辖领域之外的人、物和行为的过程，既包括国内行政机关适用和执行国内法的行为，也包括国内法院实施司法管辖的行为，但不包括国内法院适用双方当事人意思自治所选择的国内法律规则，或者适用冲突规范所指引的国内法来解决争端的行为。”③ “一国国家机关以具有域外效力的国内法为依据，针对发生在域外的行为在本国域内适用或执行法律”。④ 我国民事执行规则由人民法院主导实施。本文所论民事执行规则域外适用是指人民法院在民事执行过程中，将我国民事执行规则在我国管辖领域之外适用，使我国民事执行规则在域外发生法律效力。

（二）民事执行规则域外适用与《民事诉讼法》

1. 民事执行规则与民事诉讼规则

传统理论认为“一国国内法，尤其是公法规则，一般而言，其空间效力范围主要集中于本国管辖领域内”⑤。“一国的诉讼程序和诉讼行为，只能在其本国领域内发生效力。”⑥ “进行民事诉讼，在程序法上适用法院地国家的法律，也是国际上公认的一条准则。”⑦ 我国的民事强制执行法尚在制定过程中。最高人民法院在法院系统内部征询意见的草案无域外适用的条款，并且我国《民事诉讼法》中也未制定专门的域外适用条款。

---

① 李庆明：《论美国域外管辖：概念、实践及中国因应》，载《国际法研究》2019年第3期。

② 葛洪义：《法理学》（第2版），中国政法大学出版社2012年版，第301页。

③ 廖诗评：《中国法域外适用法律体系：现状、问题与完善》，载《中国法学》2019年第6期。

④ 霍政欣：《我国法域外适用体系之构建——以统筹推进国内法治和涉外法治为视域》，载《中国法律评论》2022年第1期。

⑤ 葛洪义：《法理学》（第2版），中国政法大学出版社2012年版，第301页。

⑥ 全国人大常委会法制工作委员会民法室：《〈中华人民共和国民事诉讼法〉释解与适用》，人民法院出版社2012年版，第437页。

⑦ 全国人大常委会法制工作委员会民法室：《〈中华人民共和国民事诉讼法〉释解与适用》，人民法院出版社2012年版，第437页。

制定民事强制执行法的一个重大理论争议是执行权的属性及权力配置。民事强制执行权属于司法权还是行政权，在理论界存在较大争议。有人认为，执行权是司法权；有的认为是行政权，也有的认为是司法行政权。[①] 各国实践中民事执行的实施机关也不尽相同，“各国执行权并不均由法院专属行使，如英、美等国是由地方司法行政官员负责执行，法国由独立于法院的执达员执行”[②]，德国则由法院、执行员、土地登记机关[③]实施执行权。这一争议反映在我国民事执行规则域外适用领域，则表现为民事执行行为是不是诉讼行为，是否受《民事诉讼法》第一编总则和第四编涉外民事诉讼的调整。

本文认为，民事诉讼是指国家裁判机关以其强制的方式解决利害关系人之间民事权益争议的程序，包括强制执行程序。[④] 因此，“民事诉讼包含判决程序和执行程序两种类型的司法程序，……是司法权作用于民事诉讼领域所呈现的两种不同的程序类型”[⑤]。民事执行规则与民事审判规则共同构成了民事诉讼规则。

《民事诉讼法》由第一编总则、第二编审判程序、第三编执行程序、第四编涉外民事诉讼程序的特别规定构成。第三编执行程序及其他执行规定中并无民事执行规则域外适用条款。因此，民事执行规则能否域外适用只能通过解释《民事诉讼法》中其他诉讼规则加以探寻。其中，需详加考察《民事诉讼法》第四条关于适用范围的规定、第五条外国人的诉讼地位的规定和第四编涉外民事诉讼程序的特别规定中的有关规定。

---

① 参见蓝贤勇：《民事强制执行法理论与实务》，人民法院出版社2004年版，第10－13页。另参见林金咏：《何以法院主办民事执行——对〈强制执行法〉基础性问题的回应》，载孙佑海主编：《强制执行的理论与司法实务研究》，中国法治出版社2020年版，第136页。

② 参见蓝贤勇：《民事强制执行法理论与实务》，人民法院出版社2004年版，第10页。

③ 参见［德］奥拉夫·穆托斯特：《德国强制执行法》，马强伟译，中国法治出版社2019年版，第24－39页。另参见［德］弗里茨·鲍尔、［德］尔夫·施蒂尔纳、［德］亚历山大·布伦斯：《德国强制执行法》（上册），王洪亮、郝丽燕、李云琦译，法律出版社2019年版，第163－196页。

④ 参见张卫平、李浩：《新民事诉讼法原理与适用》，人民法院出版社2012年版，第2页。

⑤ 肖建国主编：《民事执行法》，中国人民大学出版社2014年版，第9页。

2.《民事诉讼法》第四条、第五条及第二百七十条

《民事诉讼法》第四条规定“凡在中华人民共和国领域内进行民事诉讼，必须遵守本法”。这意味着，“无论该民事纠纷是否发生在我国领域内，无论诉讼主体是否是中国公民、法人和其他组织还是外国人、无国籍人、外国企业和组织，只要是在我国领域内进行民事诉讼活动，都必须遵守本法”。故，结合该法第五条第一款、第二百六十六条规定，“无论该民事纠纷是否发生在我国领域内，无论诉讼主体是否是中国公民、法人和其他组织还是外国人、无国籍人、外国企业和组织”，在我国法院强制执行的，应当适用《民事诉讼法》中的执行规则，且在执行中同我国公民、法人和其他组织“有同等的诉讼权利义务”。

3.《民事诉讼法》第二百九十七条

《民事诉讼法》第二百九十七条确立了我国强制执行规则中的财产执行规则不具有域外适用效力的原则。根据《民事诉讼法》第二百九十七条规定，人民法院作出的判决、裁定及我国涉外仲裁机构作出的仲裁裁决，如果被执行人或者其财产不在我国领域内的，应当通过司法协助申请或请求有管辖权的外国法院承认和执行。

理解财产执行规则不具有域外适用效力原则应当注意：

第一，财产执行规则不具有域外效力不是绝对的。《民事诉讼法》第二百九十三条、第二百九十六条规定，我国法院根据我国缔结或者参加的国际条约或者按照互惠原则，在不违反我国法律的前提下，可以按照外国法院请求的特殊方式进行司法协助，包括执行程序。我国法院可以请求外国法院按照我国法律规定的方式进行司法协助，执行位于被请求国的财产，若该方式不违反被请求国的法律且被被请求国允许，我国财产执行规则即可域外适用。

第二，该条规定是关于涉外民事诉讼的特殊规则，且未将人民法院可以执行的、非法院作出的执行名义纳入。人民法院受理申请执行非法院作出的裁决不能通过司法协助进行执行。

第三，该条规定不排除当事人在符合条件时向我国法院申请执行该条所涉执行名义。其一，被执行人或者其财产不在中华人民共和国领域内，

则我国法院对我国涉外仲裁机构作出的仲裁裁决没有管辖权。但是，“根据相关法律和司法解释规定，仲裁权利人向域外法院申请对我国涉外仲裁机构仲裁裁决的承认与执行，并不排除我国法院的执行管辖；被执行人或者其财产不在中华人民共和国领域内，住所地或财产所在地人民法院有执行管辖权”。① 其二，对“其财产”的理解，应包含被执行人实际控制的财产，而非其名下的财产。在引例二中，涉案财产在由申请人缴存至托管银行，并由被执行人控制，但并不属于外国被执行人，如果按照财产归属理解，则我国对本案无管辖权。其三，被执行人为外籍且履行行为在我国的，不能根据该条款获得执行。

（三）现行民事执行规则的域外效力分析

根据立法机关的解释，诉讼程序和诉讼行为仅在一国管辖领域内发生效力。然而，传统的解释已经不能满足社会发展的需要，且该解释与《民事诉讼法》的其他规定是矛盾的。

前文已经论述，外国人、无国籍人、外国企业和组织，在我国“进行诉讼”，包括进行执行，同我国公民、法人和其他组织“有同等的诉讼权利义务”。问题的关键是“进行诉讼”是否包含在域外作出参与诉讼的行为。在一国法院审理或执行案件时，应当遵循法定的诉讼程序，诉讼程序只能在一国领域内管辖法院的参与下进行。但是，参与诉讼的各方主体的诉讼行为则可能发生在一国管辖领域之外。无论是发生在域外还是域内的诉讼行为均应当遵守《民事诉讼法》。换言之，位于域外的主体应遵守《民事诉讼法》在域外实施诉讼行为。此时，《民事诉讼法》具备域外效力，且可以在域外适用。比如，外国主体委托代理人代理参与诉讼的行为，应当符合《民事诉讼法》第二百七十五条的规定。

故，《民事诉讼法》具备域外效力，民事执行规则当然也具备域外效力。即在我国领域内进行民事执行/涉外民事执行的，即使诉讼行为发生在我国领域外，亦应遵守我国的民事执行规则。

---

① 刘少阳、吴光侠：《〈上海金纬机械制造有限公司与瑞士瑞泰克公司仲裁裁决执行复议案〉的理解与参照》，载《人民司法（案例）》2015年第18期；参见指导案例37号：上海金纬机械制造有限公司与瑞士瑞泰克公司仲裁裁决执行复议案，最高人民法院指导案例37号（2014年）。

（四）指引民事执行规则域外适用的规则和理论缺失

虽然民事执行规则具备域外效力，但是我国相关法律中并无民事执行规则域外适用的规定，理论研究寥寥，致使法院在执行类似引例中的案件时，无法可依，无理论可循。

1. 我国法律中没有民事执行规则域外适用的规定

"现行域外适用规则散见于各类法律和行政法规之中，所涉领域较为广泛"。[①] 且"现行立法的不足之处，是侧重对国家利益和社会公共利益的保护，但缺乏对重大私人利益的关照，且缺乏对法律责任的具体规定"[②]。在民事诉讼法和民事诉讼法司法解释中，"承认"与"执行"均以"承认和执行"的形式并列出现，相关规则均为如何审查是否承认与拒绝的规则，对于执行规则如何进行域外适用缺乏规定。

2. 国际公约、双边条约没有民事规则域外适用的规定

关于"承认与执行"的国际公约有《纽约公约》、《联合国关于调解所产生的国际和解协议公约》（又称《新加坡调解公约》）和《海牙判决执行公约》（本文统称该三个公约为"承认与执行公约"），依据该三个公约提出的"承认与执行"得以进入执行程序的执行，本文统称"公约执行"。"承认与执行公约"的主要条款是关于"承认与执行"及"不予承认与执行"条件的内容，均缺少进入执行后执行规则的域外适用的规定。截至2021年10月20日，我国共缔结且已生效的国际民商事以及民刑事司法协助条约37项[③]。这些司法协助条约的规定与国际公约的与约定一样，均未对执行规则的域外适用作出规定。

3. 理论研究欠缺

当前国际法学者们探讨的国际法、国际私法、国际公约、双边条约适

① 霍政欣：《我国法域外适用体系之构建——以统筹推进国内法治和涉外法治为视域》，载《中国法律评论》2022年第1期。

② 韩永红：《美国法域外适用的司法实践及中国应对》，载《环球法律评论》2020年第4期。

③ 中华人民共和国司法部：《我国开展国际民商事司法协助工作概况》，载中华人民共和国司法部网2021年10月20日，http：//www. moj. gov. cn/pub/sfbgw/jgsz/jgszzsdw/zsdwsfxzjlzx/sfxzjlzxxwdt/202110/t20211020_ 439659. html。

用的研究大都限于相关规则在纠纷确定阶段的适用问题，对执行规则的域外适用问题研究不足。遍观国际法、国际私法学术著作，所论皆限于国际法、国际私法规则如何“定分止争”，确定纠纷解决的程序规则。至于如何实现胜诉裁决，学者们的讨论仅仅停留在“承认和执行”审查程序的层面，论述寥寥。

二、对引例所涉民事执行规则域外适用的实践分析

（一）引例中反映的民事执行规则域外适用问题

1. 域外机构作出影响执行进程的裁决

引例一中，域外裁决机构作出裁决要求申请执行人“不得采取原裁决的一切执行行动或基于原裁决而针对B公司、其法定代表人或负责人采取任何其他限制性措施；立即向中国法院提交停止执行程序的申请，直至新仲裁完结或新仲裁庭作出相反裁定为止”。当域外机构作出意图影响民事执行进程的裁决时，我国民事执行的程序规则如何应对？

2. 域外发生影响执行进程的法律事件

引例二中域外法人已经撤销，在符合条件的情况下，根据我国民事执行规则，可以终结执行。域外发生了影响执行进程的法律事件，我国民事执行规则如何涵摄适用？

3. 域外发生规避执行的行为

引例三中，执行名义作出时，申请人与被执行人均为国内主体，且发生争议的事实也在国内。被执行人在国外有资产。执行中，被执行人前往国外。但是，我国与该国没有双边司法互助条约。应当如何规制被执行人前往国外规避执行的行为？我国法院对被执行人采取了惩戒措施，应当如何实施才能使被执行人感受到威慑，履行判决确定的义务？引例四中，执行名义作出时，被执行人为大陆籍。执行过程中，被执行人取得香港籍。是否应当以及如何规制被执行人变更国籍规避执行的行为？

4. 如何适用法律

引例一中，当事人就外国执行名义确定的义务发生争议，由哪国管辖？适用哪国法律？引例四中，申请执行人申请追加域外主体作为被执行

人。追加被执行人的程序如何进行？如何适用法律？境外法人作为被执行人时，能否追加股东作为被执行人？如何追加？

综上，引例中反映的民事执行规则域外适用情形复杂多样，比如域外机关作出影响执行进程的裁决、域外发生了影响执行进程的事件、被执行人发生域外规避执行的行为、申请人申请追加域外主体作为被执行人，等等；涉及域外适用的民事执行规则则包括执行中止、终结规则、追加域外主体的规则、执行惩戒规则等。

（二）民事执行涉外因素不同于民事诉讼涉外因素

根据《涉外民事关系法律适用法解释（一）》第一条的规定，民事诉讼中的涉外因素主要包括三个方面：（1）诉讼当事人一方或者双方是外国人、无国籍人、外国企业或者组织。（2）诉讼当事人之间民事法律关系的设立、变更、终止的法律事实发生在外国。（3）诉讼当事人争议的诉讼标的物在外国。有上述情形之一的，即为涉外民事诉讼。

通过分析引例可见，执行中的涉外因素与审判中的涉外因素存在不同之处。

第一，审判时无涉外因素，但是在执行中存在或出现涉外因素。比如，引例三中被执行人定居域外；被执行人的财产转移至域外，或原本就在域外；或者被执行人在域外规避执行、拒绝执行或抗拒执行，抑或者其违反执行中义务性规则的行为发生在域外。

第二，审判时的涉外因素并非当然构成执行中的涉外因素。审判中的涉外因素构成了审判管辖或则确定准据法的连接点。但执行时的涉外因素可能是审理完成后新增的其他的涉外连接点。因此，民事审判的涉外因素，与执行程序的涉外因素并不等同。执行时的涉外因素存在明显的特殊性、独立性。

因而，确定审判管辖和法律适用的连接点的涉外因素并不当然构成执行规则适用的连接点。当执行名义进入执行程序后，其原有的审判管辖连接点已经通过确定管辖法院或准据法发生法律效力，不再对执行程序当然存在拘束力。比如，依照《民事诉讼法》第二百七十六条规定，通过“合同签订地、合同履行地”“侵权行为地或者代表机构住所地”确定管辖法院并对纠纷进行审理裁决，而依照该法第二百三十五条规定，对该裁决的执行享有管辖权的法院可以第一审人民法院同级的被执行的财产所在地人民法院执行。

第三，根据我国法律规定，执行中发生了特定情形的，执行应当中止、终结或者发生其他执行效果。在执行程序中，如果这些特定情况发生在域外也会产生民事执行规则域外适用的需求。

此外，引例中没有反映但是实践中已经发生或可能发生的情形，还有债权债务的变更、被执行人对域外第三人享有的到期债权，域外进行执行和解，提供执行担保，也会导致执行程序涉外因素的出现与变化，等等。

总之，执行程序的涉外因素不同于审判程序的涉外因素，且执行程序中的涉外因素是动态发生的，一个涉外因素发生后，可能会继续产生其他新的涉外因素。可见，民事执行规则的域外适用具有特殊性和独立性。

三、民事执行规则域外适用的类型化

从民事执行规则域外适用的目的来分析，有必要确定具有域外效力和域外适用的规则，主要有程序性规则、义务性规则用、惩戒性规则和民事执行中的刑事规则。

（一）程序性规则的域外效力与域外适用

民事执行中的程序性规则又可分为指引性规则和执行进程规则。指引性规则指的是对相关人员参与执行做出形式要求或行为指引的规则，比如对域外授权委托的要求、域外提供证据的要求；执行进程规则是指影响执行进程，改变执行进展的规则，比如，使执行程序中止、暂缓、终结的规则，或则改变受偿结果的规则。

根据《民事诉讼法》第四条和第二百七十条的规定，指引性规则当然在域外发生法律效力，域外当事人参与执行的亦应当遵守。域外当事人按照指引性规则的要求参与执行程序，提交证据及法律文件或实施执行行为。执行进程规则在域外适用的前提是域外发生的法律事实、法律行为触发了规则适用的条件，进而导致执行程序中止、暂缓、终结或执行进程发生其他改变。比如，引例二中，域外主体被注销、撤销，或者死亡；引例一中，域外机构作出意图改变执行进程的裁决。

可见，程序性规则的域外适用，需要解决的问题是在何种情况下域外发生的法律事实或行为可以被我国法院采信并据此依据执行进程规则作出改变执行进程的裁决。

（二）义务性规则与惩戒性规则的域外适用

义务性规则是指为执行参与人或则第三人设定义务的规则。如报告财产的义务、如实陈述的义务、配合执行的义务等。惩戒性规则是保障执行推进的规则，是对违反义务性规则的罚则。如限制高消费措施、纳入失信被执行人名单的措施等。义务性规则与惩戒性规则的域外适用需要明确的问题有二。其一，义务性规则的义务人是否包含未直接参与执行的域外第三人。其二，域外参与人在域外违反民事诉讼法的规定，我国法院针对其违反义务性规则的行为采取惩戒措施后，惩戒措施如何在域外发生效力并产生法律效果，即威慑到违反义务性规则的义务人。

（三）直接执行规则的域外适用

直接执行规则是指直接实现执行名义确定的内容的规则，包括金钱债权执行规则和行为执行的执行规则以及意思表示的执行规则。目前，尚未见我国有域外适用直接执行措施的案例。根据国际法原则和国际惯例以及我国《民事诉讼法》的规定，直接控制和处置域外财产的规则不能直接在域外适用。但是，根据其他国家的实践，直接执行规则也存在域外适用的可能。如国际债权的执行、跨国原物发还的执行、国际作为执行和不作为执行以及意思表示的执行。

比如，关于债权的执行，德国学者认为德国应当有条件的“承认债务人国的扣押裁定，在授予裁定时配合（根据1965年的海牙送达条约送达）”，且德国法律“广泛地、一般得允许对在国外作出的扣押裁定进行送达”。[①] 鉴于此，在执行被执行人对域外第三人享有的债权时，至少可以依据我国现有执行规则通过司法协助或《民事诉讼法》第二百七十四条的规定送达执行该债权的文书。第三人所在国是否进行执行或协助，第三人所

① 参见［德］弗里茨·鲍尔、［德］尔夫·施蒂尔纳、［德］亚历山大·布伦斯：《德国强制执行法》（上册），王洪亮、郝丽燕、李云琦译，法律出版社2019年版，第571页。

在国可依据其国内法作出判断。

有关执行行为和意思表示的执行规则的域外适用，在不涉及国家主权的情况下，通过司法协助直接送达法律文书要求域外主体履行，如果接受协助的国家同意送达执行文书，则关于执行行为和意思表示的执行规则即具备域外效力并可域外适用。

（四）民事执行规则中的刑事责任规则的域外适用

民事执行规则中也包含对拒绝履行执行名义或者拒绝配合执行的人予以刑罚的刑事规则。比如，根据《刑法》第三百一十三条规定的拒不执行判决、裁定罪。然而，该罪的最低刑为 3 年以下有期徒刑，《刑法》第八条规定“外国人在中华人民共和国领域外对中国犯罪”，“最低刑为 3 年以上有期徒刑的”可以适用本法，且“按照犯罪地的法律不受处罚的除外”。因此，外国人在域外构成拒不执行判决、裁定罪的，入罪条件不成就，不能适用《刑法》追究其刑事责任。可是，该罪的最高刑为 7 年以下，根据《刑法》第七条的规定，中国公民域外犯该罪的，可以依法追究其刑事责任。域外主体在域外拒不执行执行名义的，无法依刑法追究外籍主体的刑事责任，但却可以追究我国主体的。此外，无论是本国单位还是外国单位在域外构成拒不执行判决、裁定罪的，因单位犯罪无法适用徒刑，单位犯该罪的，更加难以追究。

四、民事执行规则域外适用的正当性

（一）新时代要求民事执行规则域外适用

党的十九大作出了“中国特色社会主义进入新时代，我国社会主要矛盾已经转化为人民日益增长的美好生活需要和不平衡不充分的发展之间的矛盾”的重大判断。其中，“执行难”是这一矛盾的重要体现，而跨国执行更是难上加难，实践迫切需要解决“跨国执行难”。

为了适应新的发展阶段，我国已经成立多个国际法庭。成立国际法庭可以有效解决涉外审判遇到的特殊问题。但是，涉外执行方面依然沿用之前本就规则不足的执行程序，难以满足涉外执行的现实需求。无论是国内法还是国际法在“承认和执行”的程序设计上存在“重承认，轻执行”的现实，与执行的复杂情形不相适应。引例中体现的、涉外执行中遇到的典型问题，现行法律没有明确规定，人民法院在执行中经常无所适从，致使执行争议大，执行效率低，执行效果差，严重影响人民法院司法权威和案件当事人的权利。因此，构建民事执行规则的域外适用体系，是回应时代要求之举，是新时代司法为了满足人民日益增长的美好生活需要的必然要求。

（二）“承认与执行”程序失范

“承认与执行”是域外执行名义在一国领域内进入执行的前置程序，是一国执行名义在另一国获得执行的世界通行做法。当前，我国执行名义在他国获得执行的途径只有依据“承认与执行公约”、司法协助条约或者依据互惠原则向他国申请“承认与执行”。目前，域外执行名义能够为我国承认与执行的及我国执行名义可被域外承认与执行的，只有仲裁裁决与法院裁决两类。

1. “承认与执行公约”

截至2022年6月15日，《纽约公约》的成员国已有170个，我国也已经批准加入《纽约公约》。因此，仲裁裁决的国际流通相较于判决的国际流通更加普遍。我国虽然已经签署《海牙判决执行公约》，但是尚未批准生效，向外国申请承认与执行我国法院裁决的，只能依据我国与其他国家签订的双边司法协助条约或互惠原则进行提出，但互惠原则在实践和理论中均难以有效落实。此外，《新加坡调解公约》是关于国际调解承认与执行的公约，我国也已经签署，但尚未生效。因此，国际调解协议在我国不能得到承认和执行。

随着我国签署的贸易协定不断增加并生效，我国与其他国家和地区的经济交往效率也在不断提高。尽管国际社会在加快制定各类承认与执行的公约，且部分已经生效或开放签署，但是由于各国不同的法律制度、语言等障碍致使执行名义的流通速度仍然远远低于经济的流通速度，执行名义得到承认和执行的速度依然十分缓慢。单纯依靠承认和执行程序获得执行名义的执行远不能满足现实需求。

2. 司法协助条约数目少，无法满足涉外执行需求

笔者现有的数据来源渠道无法获知当事人直接向被请求国直接申请的数据，但根据司法部办理的司法协助案件情况可以“管中窥豹”（见表 3.3）。

表 3.3　我国司法部办理的司法协助案件概况①

<table>
<tr><th colspan="2">司法协助类型</th><th>2021 年（至 9 月）</th><th>2020 年</th><th>2018 上半年</th><th>2017 年</th><th>2016 年</th></tr>
<tr><td rowspan="2">接收国外司法协助请求</td><td>送达文书请求</td><td>1754 件</td><td>1518 件</td><td>680 件</td><td>1557 件</td><td rowspan="6">截至 2016 年 9 月，本年度我中心共办理民商事司法文书送达请求 1928 件，调查取证请求 39 件，判决承认与执行请求 14 件，处理有关民商事司法协助的各类咨询约 300 件</td></tr>
<tr><td>调查取证及判决承认与执行请求</td><td>97 件</td><td>31 件</td><td>27 件（15 件承认和执行）</td><td>36 件（9 件承认和执行）</td></tr>
<tr><td rowspan="3">向国外发出司法协助请求</td><td>送达文书请求</td><td>958 件</td><td>1021 件</td><td>—</td><td>1194 件</td></tr>
<tr><td>调查取证</td><td>0</td><td>0</td><td>1 件</td><td>0</td></tr>
<tr><td>判决承认与执行</td><td>2 件</td><td>0</td><td>0</td><td>0</td></tr>
<tr><td>办结</td><td></td><td>1448 件</td><td>2327 件</td><td>600 余件</td><td>—</td></tr>
</table>

上述数据是根据司法部司法协助交流中心发布的数据整理得来。数据显示，通过司法协助的官方渠道进行判决承认与执行的情况极少。同时，根据有关判决执行的国际公约和双边司法协助条约签署的情况来看，可以推测实际情况并不理想。

我国缔结且已生效的涉及民商事的司法协助条约 37 项，我国与大多数国家未缔结双边司法协助条约。可见，我国法院作出的裁决在世界上多数国家无法通过双边条约获得承认和执行。如果我国民事执行规则不能域外适用，被执行人一旦前往我国未缔结条约的国家，申请执行人的权益将无法获得国家救济。比如引例三中，被执行人 B、C 前往瑞士逃避执行的行为，我国与瑞士既无双边司法协助条约，也无互惠关系，我国判决在瑞士

① 根据司法部司法协助交流中心已发布的民商事司法协助案件统计整理，载司法协助交流中心网，http：//www. moj. gov. cn/pub/sfbgw/jgsz/jgszzsdw/zsdwsfxzjlzx/。

获得执行或者胜诉方的权益在瑞士得到保护的过程将变得困难。

（三）民事执行规则域外适用符合国际法原则

国际法可分为国际公法、国际私法。“国际法，旧称万国法，是国家之间的法律，或者说主要是国家之间的法律，是以国家之间的关系为主要对象的法律，是国家在他们彼此往来中有法律拘束力的规则、原则和制度的总体。”① “国际法有时为了强调其内涵和外延而称为‘国际公法’，以别于国际私法。”② “国际法渊源指的是确定国际法原则和规则的现实存在及其法律效力的表现形式。这些表现形式是条约、国际习惯和一般法律原则。国际法学界通常把这些国际法渊源的外延以‘国际法的渊源’一词予以概括。”③ “所谓一般法律原则是各国国内法律体系中共有的法律原则。”④ “民事执行”作为各国实现胜诉方权利的公权力救济方式，虽然各国的执行体制不尽相同，但它是现代国家均采取的救济制度。作为各国法律中都有的执行规则，可以作为“国际法渊源”中的一般法律原则为各个国家所接受。因此，我国在构建民事执行规则域外适用体系时，可借鉴国际法中的“一般法律原则”，在国内法中予以规定。

国际法调整的是国家之间的关系，国际法中的“一般法律原则”是调整国家间关系的法律渊源，一国国内法将作为国际法的“一般法律原则”通过国内立法将其转化为国内法，符合国际惯例。比如，“管辖权是国家主权的体现，是一个国家通过立法、司法或行政等手段对于本国领土范围之内和/或之外的一定的人、事、物进行支配和处理的权利”⑤。但是，“大部分关于国家行使管辖权的法律是由国内法予以规定的”⑥。民事执行规则中的义务性规则等是各国执行规则中普遍规定的共同规则，因此，在强制执行法中规定民事执行相关规则域外适用条款符合国际法，具有国际法基础。

---

① 周忠海主编：《国际法》，中国政法大学出版社2013年版，第1页。

② 周忠海主编：《国际法》，中国政法大学出版社2013年版，第2页。

③ 王虎华：《国际法渊源的定义》，载《法学》2017年第1期。

④ 王虎华：《国际法渊源的定义》，载《法学》2017年第1期。

⑤ 王虎华：《国际法渊源的定义》，载《法学》2017年第1期。

⑥ 王虎华：《国际法渊源的定义》，载《法学》2017年第1期。

（四）阻断法域外体系建设需要民事执行规则域外适用

为了阻断外国法不当域外适用或制裁给我国带来的不利影响，我国先后制定了《不可靠实体清单规定》、《阻断外国法律与措施不当域外适用办法》和《反外国制裁法》，初步建立起我国的阻断法体系。① 根据前述法律规定，针对外国法不当域外适用或制裁，我国主管机关可以进行行政或者刑事处罚、相关主体可以提起民事“侵权之诉”和民事“违约之诉”。②“中国阻断法体系在未来司法适用中很可能也会以民事‘违约之诉’为主。这种诉讼的原告和被告均可能是外国人和中国人……”③ 即使相关主体依据我国阻断法、通过诉讼取得胜诉判决，由于阻断法的公法性质、承认与执行中的“公法禁忌”④ 和胜诉判决所涉制裁因素，胜诉判决也难以获得外国法院的承认和执行。若我国民事执行规则不能域外适用，则相关主体的依据阻断法获得的胜诉权益也无法得到有效保障，在执行中难以实现。因此，民事执行规则的域外适用应成为阻断法域外适用的一环，民事执行规则应当设定域外适用规则与已经制定的阻断法共同构成阻断法域外适用体系。

五、构建我国民事执行规则域外适用体系的建议

（一）在强制执行法中规定域外适用条款

由前文第一部分的讨论，通过解释，民事执行规则在一定范围内、一定程度上具有域外效力，可以域外适用。但是，这种解释在实践层面尚无适用案例，难以发挥法的指引作用；并且，缺失执行进程规则、惩戒性规则和刑事规则的域外适用和落实的条款。因此，需要通过明示的规则明确

① 参见叶研、张晓君：《从欧盟实践看中国阻断法体系的法律适用》，载《法律适用》2021年第10期。

② 参见叶研、张晓君：《从欧盟实践看中国阻断法体系的法律适用》，载《法律适用》2021年第10期。

③ 参见叶研、张晓君：《从欧盟实践看中国阻断法体系的法律适用》，载《法律适用》2021年第10期。

④ 参见章晶：《反思冲突法“公法禁忌”原则之突破》，南京大学2012年硕士学位论文。“公法禁忌”原则一般指“当涉外民商事案件的法律适用中涉及公法时，要么适用法院地公法，要么驳回案件；当判决的承认与执行涉及依外国公法作出的判决时，不予承认与执行”。

规定民事执行规则域外适用的条款，维护我国法律的权威，保护我国利益。但是，鉴于缺少实践经验和成熟的理论基础，宜先对民事执行规则的域外适用作出概括性规定，为未来可能发生的适用情况提供法律依据，同时授权最高人民法院、国务院根据情况制定相关司法解释或规章，以适应实践需求。

鉴于民事执行规则域外适用类型多样，单独规定民事执行规则具备域外效力的概括性规定不能适应复杂的国际执行实践。未来，条件具备时单独设置涉外执行编，就民事执行规则的域外效力、各类需要域外适用特殊规则的作出规定。

（二）充分发挥法院在国内法域外适用中的作用

“外国裁判的承认或执行程序是阻断法司法适用的重要场域。”① “域外适用的效果还要依赖国内法院通过个案的适用和裁决来加以实现。”② 有学者指出，构建中国法律域外适用法律体系时，我国应建立维持三对关系的平衡的国内法域外适用制度，“即国际法与国内法、本国利益与他国利益、本国法律目标与政策目标之间的平衡”。为此，应通过发挥我国法院的审判职能，在个案中实现三对关系的平衡。” 众多学者在研究国内法域外适用时均建议加强国内法院在域外适用中的作用③，但是均限于法院在审理案件时解释法律、适用法律以达到国内法域外适用的目的，却对如何发挥法院在民事执行程序中的独特地位的作用以促进国内法域外适用，构建我国法律域外适用法律体系付之阙如。

民事执行是实现民事裁判、仲裁及其他具有执行效力的法律文书的国家强制手段。民事执行规则的域外适用不同于民事审判规则的域外适用，其更具有强制性、单向性、主动性、形式化和职权主义色彩等特性④。在我国，民事执行规则除了适用于法院裁决外，还适用于仲裁裁决、公证债

---

① 钱振球：《论阻断法的司法适用》，载《中国应用法学》2022 年第 2 期。

② 钱振球：《论阻断法的司法适用》，载《中国应用法学》2022 年第 2 期。

③ 参见廖诗评：《中国法域外适用法律体系：现状、问题与完善》，载《中国法学》2019 年第 6 期。

④ 参见廖诗评：《中国法域外适用法律体系：现状、问题与完善》，载《中国法学》2019 年第 6 期。

权文书、行政非诉执行等，其适用范围之广，为国内法域外适用提供了丰富的适用场景，能够为国内法域外适用提供直接、丰富的实践素材。同时，法院系统聚集了大量法律专业人才，能够在短时间内通过民事执行规则域外适用的实践总结出对国内法域外适用具有指导意义的规律和指导理论。

（三）探索建立域外适用实施机制

域外适用条款的适用是否能够达到立法目的，关键看实施效果。程序性规则和义务性规则的域外适用后，如果域外当事人或第三人不按照规则参与执行，将承担不利的法律后果。程序性规则的域外适用结果是违反规则的一方在程序上遭受不利。惩戒性规则和刑事责任规则需要实际实施才能使违反规则的义务人实际承担不利。但是，由于其在域外，其所受不利益如何才能使遭受不利结果，让其感受到不利益对其造成的影响，才是民事执行规则域外适用的关键。这就有赖于构建民事执行规则域外适用的实施机制。

鉴于国家主权原则，一国不得在另一国执法。在跨国实施惩戒措施方面应构建“人民法院+政府”的大执行模式，结合阻断法实施体系一体构建。对于域外规避执行的行为人发布限制措施，禁止或限制我国主体、我国主体投资控制的主体不得与其进行交易、合作，并借鉴阻断法经验，赋予权利人在我国起诉违反限制措施的主体。

（四）加强执行规则域外适用理论研究

国内理论界在民事执行规则域外适用方面的研究尚处于空白阶段，有许多基础性问题需要研究，许多争议性问题需要明确，许多实践问题需要探索。为了更好地维护我国的发展利益，应该加强民事执行规则域外适用相关理论研究，为民事执行立法、司法提供理论依据。加强相关理论研究应当从民事执行规则域外适用的国际法基础、民事执行规则域外适用的类型化研究、民事执行规则域外适用的实施机制构建研究，重点放在民事执行规则域外适用的规则体系与实施机制的构建上。

具体而言，在民事执行规则域外适用的国际法基础方面，重点研究民事执行规则域外适用的国际法路径，即如何通过国际公约、双边条约、地区公约的路径实现。在执行进程性规则的域外适用方面，重点研究不同性质的域外事件如何在民事执行进程中被涵摄进我国民事执行规则中，进而触发执行进程的改变。比如执行过程中域外有权机关作出的对执行进程产生影响的裁决，是否对我国执行程序具有约束力？是否需要经过“承认与执行”认定？而义务性规则和惩戒性规则的域外适用需要进一步研究违反了义务性规则后及被采取惩戒措施后如何让域外的违法行为人得到应受的惩戒和处罚，即惩戒措施如何实施。直接执行措施需要明确哪些直接执行措施可以赋予域外效力并进行域外适用，如何实施以达到直接执行的效果。此外，还需要明确民事执行规则域外适用与其他实体法和程序法之间的关系问题，尤其与冲突法规范之间的关系。

结　语

当前，我国民事执行规则域外适用需求迫切，但现行规则和理论不足以为司法实践提供指引。通过立法确定我国民事执行规则域外适用的效力具备国际法基础，是正当的。但是，鉴于相关研究和司法实践欠缺，在民事执行立法中，应当坚持循序渐进的原则，先行作出原则性规定，并授权相关部门根据实践和研究的深入适时制定具体规则。应加强理论研究，为民事执行规则域外适用的立法、执法、司法提供理论指引。

习近平法治思想引领下失信惩戒退出与信用修复机制的审视与优化

孙 倩*

“人无信不立，业无信不兴，国无信不强。”习近平总书记强调：“对突出的诚信缺失问题，既要抓紧建立覆盖全社会的征信系统，又要完善守法诚信褒奖机制和违法失信惩戒机制，使人不敢失信、不能失信。”

从首部国家级《社会信用体系建设规划纲要（2014—2020年）》出台，到加强政务诚信建设、商务诚信建设等纳入全面深化改革部署，再到统一社会信用代码等制度实施，党的十八大以来，社会信用体系顶层设计日趋完善，建设步伐明显加快。以国务院办公厅印发《关于加快推进社会信用体系建设构建以信用为基础的新型监管机制的指导意见》（以下简称《新型监管机制意见》）为标志，作为我国信用建设新的顶层设计，其首次对构建以信用为基础的新型监管机制进行系统、全面的规划，并提出了一系列创新性、具体化措施。

党的十九大报告从多个方面强调了诚信、公信力和信用建设的重要性，体现了党中央对信用体系建设的重视。2016年11月1日召开的中央全面深化改革领导小组第二十九次会议就曾强调：“加强政务诚信、个人诚信体系和电子商务领域诚信建设，是社会信用体系建设的重要内容。”在习近平新时代中国特色社会主义经济思想的指导下，我国的信用体系建设也将走向新征程。

---

* 孙倩，北京市第四中级人民法院综合办公室副主任。

在我国信用体系建设中，法院失信惩戒体系作为极为重要的组成部分，建立较早、发展较为完善，《最高人民法院关于公布失信被执行人名单信息的若干规定》更是在法律层面对失信惩戒进行了详细规定。在司法实践中，相当一部分被执行人迫于失信惩戒的压力主动履行义务，极大推动了案件的执行，有效保障了当事人的胜诉权利。但是，法院失信惩戒体系依然将较多的精力放在了失信惩戒中，对于失信惩戒的退出仅限于在系统中进行屏蔽或删除，对不利影响的消除或信用的恢复鲜少关注。以北京某中院为例，2021 年纳入失信被执行人名单 353 人次，屏蔽 107 人次，已被屏蔽失信的被执行人中，有十余名被执行人反映其后续的融资、贷款等经济行为受限，申请法院向其出具加盖公章的说明或结案报告，用以向金融机构或第三方机构证明其失信情形已消除，这从侧面深刻反映出了失信屏蔽信息共享水平仍有较大上升空间。

信用体系的建立既要建立失信惩戒制度，也应当将失信惩戒的退出和信用恢复作为重点项目来建设。本文从司法实践中失信惩戒退出机制的现状入手，针对该机制当前存在的问题，从理论基础中升华总结出失信惩戒机制优化措施，并着重对信用修复进行规则制定，以期对后续失信惩戒退出机制的完善有所启发。

一、我国当前失信惩戒退出机制的运行模式

（一）我国当前失信惩戒运行模式

1. 联合惩戒

2016 年 4 月，国家发展改革委、最高人民法院等 44 部门印发《关于对失信被执行人实施联合惩戒的合作备忘录》（以下简称《惩戒备忘录》），参与部门以信息共享为基础，对最高人民法院公布的失信被执行人实施联合惩戒，惩戒措施包括对失信者设立公司、发行债券、担任公司高管、从事特定职业、出行方式和高消费等数十项行为进行限制。联合惩戒的模式，旨在形成“一处失信，处处受限”的局面，敦促被执行人主动履行法律义务，推动执行难的解决。

2. 社会曝光

除了对被执行人特定行为进行限制外，降低其社会评价也是全国各级法院普遍适用的方法。法院通过张贴公告、公共场所公示、新闻媒体曝光等方式，将失信被执行人的失信行为进行全社会曝光，通过社会舆论降低其社会评价，进而对其信誉造成负面影响，给其带来强大的心理压力，敦促其尽早履行法律义务。

（二）失信惩戒退出机制运行模式

失信惩戒“退出”机制，顾名思义，也就是从原本的失信状态变更为非失信状态，在司法实践中，操作层面包含纳入错误而撤销和法定情形应删除两种。

1. 不应纳入——撤销

《最高人民法院关于公布失信被执行人名单信息的若干规定》（以下简称《失信规定》）第一条以列举式明确规定了纳入失信惩戒的情形，且无“兜底条款”，第二条规定了每种失信情形所对应的惩戒时限，第三条规定了例外情形，即具有第三条规定情形的，即便符合第一条纳入条件的，也不可纳入失信惩戒。这充分说明，法无明文规定不可纳入失信惩戒，立法者深知失信惩戒将会带来的后果，因而规定了“失信法定”原则。

既然失信惩戒是一般人“难以承受之重”，人民法院若不慎或其他原因错误地采取了失信惩戒措施，当如何挽救？《失信规定》第五条规定，错误纳入失信惩戒的，人民法院应在3个工作日内撤销。撤销操作旨在从源头上清除失信痕迹，被撤销的失信惩戒信息，通过中国执行信息公开网是查不到任何信息的，这与删除（屏蔽）不同。

2. 符合条件——删除（屏蔽）

《失信规定》第十条规定了七种依法应当删除失信惩戒信息的情形，主要分为履行完毕、申请执行人书面申请、被执行人确无财产可供执行、程序性事项等。这里说的删除也就是“屏蔽”，是指确实有失信行为，但失信事由消失或法院程序性事由导致失信信息被屏蔽。与撤销失信惩戒相比，删除失信信息不会抹去被执行人曾失信的记录，只是不再向社会公众公布，后台仍留存信息。

综上，针对多部门联合惩戒模式，《失信规定》明确了相应的退出机制，但是，通过社会曝光方式对被执行人采取的惩戒措施如何撤销，却有所欠缺，对于失信退出后实质性负面影响如何消除，更是从未涉及。

二、我国失信惩戒退出与信用修复机制的困境与缺陷

（一）不合法：法院操作不及时、不正确

《失信规定》中无论是错误纳入需撤销还是符合法定情形需屏蔽，均规定了3天的期限，法院应在3天内完成撤销或屏蔽操作。在司法实践中，部分执行人员理念因循守旧，不重视失信惩戒作用，在操作中时常出现操作不及时，以及操作错误，将本该撤销的进行了屏蔽操作，导致被执行人或被错纳者权益长期得不到保障。

（二）不全面：失信惩戒清除不净损害当事人权益

1. 媒体曝光影响难以消除

虽被执行人从失信名单中撤出，但其刊载于报纸、公告栏等地的信息，因其具有大量实物承载的特殊性，其不可去除性同样昭然。而各类曝光方式将被执行人最大限度地聚焦于公众的视野中，虽互联网信息可予删除，但广而告之的目的已经达成，手段行为已然失去独立存在的意义，予以撤除已经无法阻断目标的达致。在此情况下，被执行人虽履行完毕所有法律义务，但曝光对其造成的损害已不可逆转，这显然无法鼓励被执行人积极履行义务，有违失信名单创设的初衷。

2. 信息共享水平不平衡，联合惩戒单位措施迟滞

大数据、云计算、物联网等信息技术的不断发展，在改变人们生产生活方式的同时，也为建立以信息共享为基础的失信惩戒制度提供了可能。但由于我国信息化建设起步时间较晚、各地经济发展水平不均衡，各惩戒单位不同程度地存在推进态度不积极、共享意识不强、顶层设计不够、资金投入不足等问题，造成“信息孤岛”现象普遍，信息共享渠道不畅、办公信息化程度不统一等问题已成为制约实现自动惩戒这一目标的“瓶颈”。各地法院与其他相关部门共建共享，着力于构建失信被执行人信息交流平台，但这些平台是各地各部门各自构建的，并非统一、同步的信息共享平

台，信息发布和更新存在较为明显的滞后现象。因此，在被执行人履行完毕所有法律义务后，法院一般均能即时进行系统操作屏蔽被执行人相关信息，而民航、工商、银行等各信用监督、惩戒单位解除相关措施迟滞，容易造成当事人无法及时开展融资信贷等经营活动，正常生产生活受到不应有的影响。

（三）不彻底：失信退出后负面影响犹存

北京某公司因到期未偿还某银行金融贷款被诉至法院，后进入执行程序。法院将北京某公司纳入失信被执行人名单，该公司法定代表人外出无法乘坐飞机，商业洽谈受到影响，公司无法融资，企业经营举步维艰，在多重压力下，北京某公司与某银行和解，分期履行完毕了法律文书确定的义务，法院依法屏蔽了其失信信息。结案数月后，北京某公司向执行法院反映，其向银行申请贷款时，银行以其存在失信记录为由，拒绝向其授信，公司急需资金投入生产。法院与银行沟通了解到，但凡申请贷款主体有失信记录，银行均严格控制授信额度。经多次协调，法院出具了案件结案证明及情况说明后，银行同意向北京某公司放款。

上述案例在执行工作实践中并不少见，时常有被执行人反映，其主动履行义务后，银行等部门仍对其行为进行限制，其合法权益难以保障。失信信息被屏蔽后，原失信者就不再是失信被执行人，根据《惩戒备忘录》和《失信规定》，相关部门将不能再对其进行惩戒。无论是联合惩戒部门基于“安全”考量，抑或是相关规定落实不力，失信惩戒退出后如何修复原失信者的信用，是当前一段时期亟须解决的问题。

（四）新需求：善意执行与优化营商环境内在需要

《善意文明执行意见》用近乎 1/3 的篇幅对失信惩戒措施的采取进行了严格规范，全面体现了对失信惩戒严谨的态度和对守信的鼓励态度。同时，完善失信惩戒退出机制有利于激励失信主体兑现法律文书，信用的恢复有助于失信主体重塑自身诚信形象，帮助其在未来社会资源配置和自身发展中获得更多的机会，也有助于失信主体尽快投入市场，恢复生产建设，这对优化我国营商环境也是大有裨益的。

三、优化失信惩戒退出与信用修复机制之前提——理论基础

（一）诚实信用原则

在我国发展过程中，诚实信用逐步从衡量个人道德水平上升为法律原则，这在《民法总则》、《民事诉讼法》以及《合同法》等法律条文中均予以体现。《社会信用体系建设规划纲要（2014—2020 年）》（以下简称《信用体系纲要》）要求我国建立守信激励和失信惩戒机制，在全社会形成守信光荣、失信可耻的良好氛围。对失信被执行人信用惩戒是社会信用体系建设的重要组成部分，直观体现了违反诚实信用原则所应承担的不利后果。惩戒不是目的，目的在于引导和督促，失信纠正也是社会信用体系建设和诚实信用原则的应有之义，失信惩戒退出机制正是着重鼓励失信主体纠正失信行为，重塑良好信用，这与诚实信用原则要求也是相一致的。

（二）对人执行理论

有学者认为，一切强制执行，本质上都是对人执行，对人执行是执行法律关系的本质属性，对物执行只是对人执行的具体表现形式之一，[①] 笔者赞同这一观点。对物执行是对被执行人所有的银行存款、动产、不动产等财产采取控制和处置等执行措施，是直接针对被执行人财产权利的执行方式；对人执行是通过对被执行人自由权、就业权、荣誉权等权利的限制或剥夺来迫使其主动履行义务的执行方式。无论对物质性还是对人执行，实质上都是通过限制或剥夺被执行人相关权利来实现执行目的，区别仅在于对物执行更能直接实现执行目的，对人执行相对间接，执行效果没有对物执行明显。对失信被执行人采取的惩戒措施本质上就是对人执行措施的一种，限制或剥夺与人身相关的权利并非无期限或无限制，失信的予以惩戒，失信情形消除后，惩戒就应当停止。此外，对人执行的前提是存在未履行的债务，但如若债务已经履行，对人执行的前提也就不存在了，失信惩戒这一对人执行措施就应当予以解除，即退出。

---

① 胡志超：《我国对人执行制度的构建意义和适用原则》，载《武汉大学学报（哲学社会科学版）》2008 年第 3 期。

（三）征信理论

有学者在研究美国的失信惩戒机制后提出，重视信用法律制度的建立、切实发挥政府部门和司法机构的信用监督管理作用、建立健全市场化运作的征信系统、完备的信用报告制度等，是美国失信惩戒机制发挥作用，成为征信国家的原因①。在德国、美国、法国、日本等信用发达国家，失信惩戒制度都是各国征信制度的一个重要组成部分，该制度不仅有完备的惩戒机制，还设立了完善的退出机制，即信用修复，可见，失信惩戒制度的创设以完善的征信制度为前提，其惩罚、震慑的功能也有助于征信制度全面发挥作用。从《信用体系纲要》不难看出，我国社会信用体系建设的指导思想是在征信系统形成的基础上建立失信惩戒机制，明确了征信制度是失信惩戒机制的重要制度基础。以美国为例，其建立了完备的异议处理机制和征信投诉机制，拥有专业化的信用修复机构，专门帮助信用不良者出谋划策，提高其信用评分。可见，征信制度并非一味地“扣分”，失信惩戒时理应对失信者扣分，不过，一旦其失信行为消失，征信制度就应当为其“正名”，允许其修复信用。

（四）善意执行理念

在2017年全国法院执行工作会议上，时任中央政法委书记孟建柱提出了善意执行的概念，他指出：“要树立善意执行理念，在不损害债权人利益前提下，尽量优先采取方便执行且对当事人生产经营影响较小的执行措施，尽可能保全资产的市场价值，努力实现多方共赢。”② 善意执行，顾名思义，即秉持“善意”，到达“好”的执行效果，也就是“在执行工作中，秉持善良好意，以科学、高效、经济、合理的执行措施和方法实现执行目的，同时，有效平衡被执行人和其他社会主体的利益，实现好的社会效果”③。结合《善意文明执行意见》可知，在失信惩戒中，应坚持善意执行理念谨慎适用，突出执行强制性的同时要做到“寓教于执”。注重失信惩

① 周素萍：《征信国家失信惩戒机制的建立及启示》，载《经济纵横》2007年第7期。

② 李阳：《孟建柱在全国法院执行工作会议上强调 主动作为综合治理全力解决执行难 切实维护人民群众合法权益维护法制尊严》，载《人民法院报》2016年9月30日。

③ 江必新：《国家治理现代化背景下的善意执行》，载《中国应用法学》2017年第1期。

戒的教育引导作用，失信程度不重的，给予一定“宽限期”，失信情形消除的，及时删除并着手信用修复工作，这无一不是善意执行理念的重要体现。

（五）发扬企业家精神，增强社会活力的需要

中小企业融资难、融资贵一直是困扰我国中小企业的难题，为了获得贷款维持公司的正常经营，中小企业的股东或者实际控制人在融资时，往往不得不接受贷款人提出的一系列苛刻的条件，例如，要求公司的股东或实际控制人对公司的债务承担连带保证责任。其内在的逻辑无非是，法律在通过有限责任制度保护股东的同时，就意味着把公司破产的风险转移给了债权人，贷款人要求公司的股东或实际控制人对公司的债务承担连带保证责任无疑是规避风险最佳手段，因为公司可以破产，但对于自然人而言，由于《民事诉讼法》奉行“继续执行”规则，因此即使是被执行人将来的收入，仍然属于法院应当强制执行的财产。一方面，在缺乏个人破产制度的背景下，“继续执行”规则无疑会导致被执行人采取隐匿财产、拒不报告财产等一系列触发法律对其进行信用惩戒的行为；另一方面，对于那些通过自己的双手劳动，努力还款从而使失信情形消失的人继续进行惩戒，不仅是对当前国家提倡的“鼓励创新、宽容失败”人文理念的背离，也不利于让这些“诚实而不慎”且富有企业家精神的人尽快恢复为成为有生产力、有创造力的社会成员，充分发挥人力资本的作用，进而增进社会的福祉。①

四、我国失信惩戒退出与信用修复机制的优化

失信惩戒机制旨在督促被执行人尽早履行法律文书确定的义务，首要目的在于引导、督促，而非惩罚。完善失信惩戒退出机制，不仅有助于鼓励失信主体主动履行义务，还能有效保障其合法权益，这与设立失信惩戒机制的初衷是一致的。习近平法治思想的根本立足点是坚持以人民为中心，坚持法治为人民服务，通过失信惩戒退出机制以及信用修复促使“失信者”变成“守信者”，既有利于激发失信主体守信意愿，保障失信主体

① 参见许德凤：《破产法论：解释与功能比较的视角》，北京大学出版社2015年版，第516－519页。

的合法权益，又能够推动信用建设规范化、系统化，释放市场主体的活力，意义重大。

笔者认为，除了引起执行人员对失信惩戒退出机制的重视，提高其业务能力外，还应从以下几方面着手，全面优化失信惩戒退出机制。

（一）多方法、全方位删除失信信息

对于通过张贴公告、公共场所公示、媒体曝光等方式发布失信信息的，法院应通过多种方式，至少应不低于发布信息时影响力的方式对失信信息进行更正。法院可在征求被执行人同意后，将其履行义务情况进行社会公布，并明确已将其从失信名单中删除，先前发布的失信惩戒信息将失效，以此来对被执行人进行反向保护，确保全方位消除失信曝光对其造成的负面评价。解除失信惩戒措施的公告详见附件一。

（二）全面提高信息共享水平

一是强化信息共享意识。联合惩戒单位应摒弃狭隘的地方和部门保护主义思想，强化信息共享意识，彻底打破信息壁垒，依据《惩戒备忘录》及有关规定的要求，全面实现失信信息的共享，为失信惩戒退出机制提供最广泛的信息数据支持。二是建设全国层面的信息共享平台。根据《惩戒备忘录》的规定，国家发展改革委将基于信用信息共享平台建立失信行为联合惩戒系统，就目前来看，该系统尚未上线，成员单位获取信息仍依托最高人民法院的信息推送，无法实现失信信息的实时交换。不只失信惩戒退出机制，整个失信惩戒机制的有效运行需要全国性的信息共享平台来进行海量信息交换，并确保当事人隐私在信息传输中有效保护。为此，必须加大资金投入、信息技术投入，提高信息化水平，建设好全国失信联合惩戒系统的同时，实现法院办案系统与惩戒单位的远程信息交互，为实现失信惩戒退出提供软件及功能支持。

（三）坚决规制第三方软件非法展示已删除的历史记录

中国执行信息公开网是最高人民法院唯一、权威、官方向全社会公开执行信息的网站，任何人只要在查询栏准确输入被查询自然人姓名和身份证号码、企业名称和组织机构代码，均可以公开查询到被查询人的执行信息。按照相关的规定，失信信息被删除后，被执行人曾经的失信历史记录就不在该网站公开继续展示。但这并不意味着，被执行人的失信历史记录会彻底在互联网上彻底消失，以当前市面上较为常用的查询公司主体信息的企查查为例，在被查询企业的主页面“法律诉讼”部分，赫然显示着被执行人曾经的“限高”和“失信”历史记录。需要说明的是，企查查以及同类软件的信息并不生产信息，其页面上显示的公司信息均来自各官方网站的信息记录，通过重新建模、组合，以供公众公开更为方便的综合查询。即使认为这些软件从官方网站上搬运和展示企业信息，不涉嫌违法，但对于在官方网站上都不能获取到的“失信被执行人”“限制消费令”等涉及社会公众对个人评价的信息无疑属于敏感的个人信息，如果企查查等同类软件继续通过其服务器内曾经储存的信息记录予以展示，无疑违反了《个人信息保护法》中关于敏感个人信息的处理规则，是对公民个人信息权益的侵犯，甚至可能构成破坏计算机系统罪、侵犯个人信息罪，对此“爬虫”行为必须予以规制。

（四）推动信用修复，设立“白名单”制度

失信惩罚措施和纠错机制是一个硬币的两面，二者密不可分。[①] 如前文所述，失信惩戒制度并非要将失信被执行人钉在“耻辱柱”上，而是为督促其履行义务，失信纠正、信用修复从长远来看，有利于社会信用体系的构建，自然也是失信惩戒制度的应有之义。笔者建议，根据被执行人申请，法院应启动信用修复程序，审查符合条件的，作出允许其信用修复的决定，并根据其信用修复情形确定其信用修复完成进展。因不符合条件而不允许申请人信用修复的，申请人可向作出决定的法院申请复议一次。信用修复完成的，法院将原失信主体纳入“白名单”，实时向社会公布。“白名单”公布曾有失信行为，经过失信修复，信用恢复至失信前状态的主体，同“黑名单”效力相同，应由最高人民法院在中国执行信息公开网中予以公开，若全国层面的信息共享平台建成后，还应在该平台公开，以供联合惩戒单位所需。当“黑名单”与“白名单”不一致时，以“白名单”为准，以弥补现有退出制度的缺漏。笔者起草了关于失信被执行人信用修

① 王伟：《失信惩戒的类型化规制研究——兼论社会信用法的规则设计》，载《中州学刊》2019 年第 5 期。

复的实施细则，对信用修复的要求条件及具体操作流程（见图3.6）进行了简要设想，以期能对信用修复机制的完善有所启发，详见附件二。

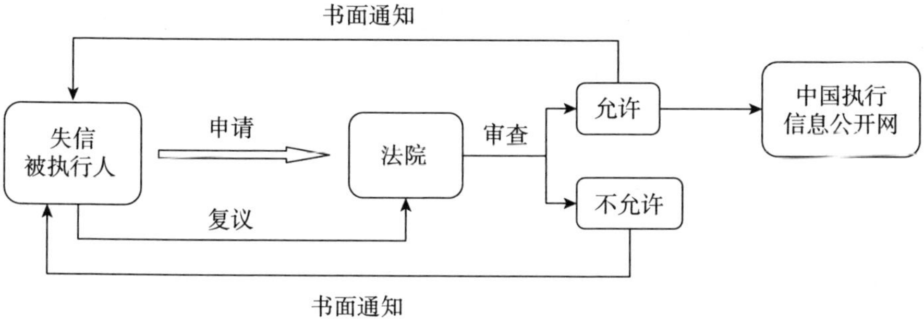

图3.6 申请信用修复流程

结 语

失信惩戒退出机制的优化与完善可谓任重道远，更是“箭在弦上，不得不发”，但明确协作路径、职责分工是目前做好这一工作的当务之急。笔者在失信联合惩戒相关规定的基础上，借鉴部分法院经验，起草了《×××人民法院关于对××解除失信惩戒的公告》《××人民法院关于失信被执行人信用修复的实施细则（建议稿）》，拟对推进失信惩戒退出机制的优化提供参考。

附件一

×××人民法院关于对××解除失信惩戒的公告

本院于×年×月×日发布了执行案号为××××、被执行人为××的公告，现该案因______________（《失信规定》第十条第一款情形），解除对××采取的失信惩戒措施，特此公告。

×××人民法院

××××年××月××日

附件二

××人民法院关于失信被执行人信用修复的实施细则

（建议稿）

为深入贯彻落实《关于对失信被执行人实施联合惩戒的合作备忘录》以及《最高人民法院关于公布失信被执行人名单信息的若干规定》等文件精神，推动切实解决执行难的同时，保障失信被执行人合法权益，驱动健全社会信用体系，结合人民法院工作实际，制定本细则。

第一条　本细则所指信用修复是指对失信被执行人失信信息的删除以及后续信用逐步恢复的程序，是失信被执行人退出失信惩戒措施的保障。

第二条　人民法院在失信修复工作中应坚持依法依规、逐级修复原则，落实善意文明执行理念。

第三条　具有下列情形之一的，失信被执行人可以向法院申请信用修复：

（一）被执行人主动履行法律文书确定的义务的；

（二）双方当事人达成执行和解，被执行人按期履行的；

（三）遵守财产报告制度，遵守限制消费令的；

（四）主动配合法院处置涉案财产的；

（五）为其它企业生产、经营需要提供担保，本身生产经营情况良好，且配合法院执行的；

（六）企业的法定代表人及其家庭成员为企业生产、经营需要提供担保，而被列为被执行人，且配合法院执行的；

（七）被执行人确因自然灾害、重大突发公共卫生事件等不可抗力因素暂时无法履行生效法律文书确定的义务，或者出于抢险救灾、疫情防控等公共利益需要不宜纳入失信被执行人名单的；

（八）其他积极履行生效法律文书确定的义务或主动纠正失信行为的。

被执行人在法院有多个案件的，每一个案件都符合上述条件方可申请信用修复。

第四条　失信被执行人具有下列情形之一的，不予修复：

（一）以伪造证据、虚假诉讼、虚假仲裁、虚假承诺等方法规避执行的；

（二）以伪造、暴力、威胁等方法妨碍、抗拒执行的；

（三）隐藏、转移、故意损毁财产或者无偿转让财产、以明显不合理的低价转让财产的；

（四）其他有履行能力而不履行情形的。

第五条　失信被执行人申请信用修复的，应提交书面申请和相关证据材料，书面申请应载明当事人基本信息、生效法律文书确定的义务履行情况、申请事项及理由等。

第六条　法院审查信用修复申请时，应依照本规定并结合被执行人纠正失信的表现进行综合审查。

法院收到信用修复申请的，应组成合议庭于十五日内审查完毕，必要时，可提交法官专业会议讨论。作出的信用修复决定应报执行局长或主管院长审批。

第七条　法院作出是否准许信用修复决定的，应于作出决定后三日内送达失信被执行人。

第八条　法院决定准许失信被执行人信用修复的，应于三个工作日内删除失信信息，将原失信被执行人纳入“白名单”，并同时推送至中国执行信息公开网。

通过公告、报纸、电视媒体等方式公布失信信息的，还应通过相应方式向社会公布信用修复情况。

第九条　法院不准许失信被执行人信用修复的，应书面通知失信被执行人。

对法院决定不服的，可于收到决定后五个工作日内向法院申请复议。

第十条　完成信用修复的失信被执行人存在第四条规定情形的，法院应重新对其进行失信惩戒，并在一年内不得准许其申请信用修复。

第十一条　本细则自发布之日起实施。

论应收账款质权之实现

——兼从质权实现视角审视应收账款质押制度

孙 彬*

【内容摘要】 本文首先在第一部分将应收账款质押实现方式划分为自力救济与执行救济，并通过一则案例引入实现应收账款质权的困境。

本文在第二部分、第三部分以应收账款质权实现的强制执行为主线，兼论自力救济制度存在的问题，依次从执行措施的选择与争议、执行名义的取得的角度，分析应收账款质权在实现过程中遇到的实践问题、法律问题和争议，进而在第四部分从实现应收账款质权视角审视应收账款质押制度，得出应收账款质权人未享有完整质权且未获得与其他担保物权平等保护的结论。

本文在第五部分结合权利质权的相关理论，并在现有法律规定下，提出应收账款质权的完整享有与平等保护的规则解释与适用解决方案，并提出构建入质应收账款的执行规则体系的原则与设想。

引 言

一般债权作为债务人的财产，在强制执行时面临诸多争议与困难①，而包含一般债权在内的应收账款作为担保财产设质后，由于相关法律规定过于粗疏，理论研究争议较大，商业习惯并不成熟，诚信体系尚不完备，

---

* 孙彬，北京市第四中级人民法院民庭法官助理。

① 周继业：《强制执行新实践》，法律出版社 2018 年版，第 300 页。

使应收账款质权的实现路径既模糊，又难以操作，质权人既不能享有完整质权，也不能得到平等保护。

一、应收账款质权的实现方式：认知与困境

一直以来，关于担保物权实现方式的理论研究偏重于抵押权，忽视了质押权。很多学者、实务工作者甚至以偏概全地认为抵押权的实现方式就是担保物权的实现方式，导致理论和实务对包括应收账款质权在内的担保物权实现方式的认知，或模糊不清，或失之片面。同时，应收账款因其在中国民法体系中的特殊性①，致使以应收账款作为担保财产的质押权在实现时困难重重。

（一）全面认识我国担保物权实现方式

1. 传统认知之不足

担保物权的实现，一般认为包括“私力救济”和“公力救济”两种方式②。也有学者将其分为“约定的实现程序”，即“担保物权人与担保人协商实现担保物权”和“法定的实现程序”，即“担保物权人或担保人请求法院实现担保物权”，并将法定的实现程序分为非讼程序和诉讼程序。③ 也有观点认为广义的非讼程序是指不经诉讼程序实现担保物权，包括协商和申请实现担保物权的程序，进而得出非讼程序也包括自力救济和公力救济的结论。④

上述分类均没有全面、清晰地反映我国法律规定中担保物权实现方式的特点。首先，任何权利都有自力救济和公力救济之分，“私力—公力”的划分不能揭示担保物权实现路径的独有特点，且没有直接反映实现担保物权时的强制执行特点。其次，“约定—法定”的划分难以自洽，且失之片面。根据《民法典》的规定，约定的实现程序和法定的实现程序都是法

---

① 承认应收账款可以作为商业主体融资的手段，但却未从法律上明确界定应收账款的概念与内涵。

② 高圣平：《担保物权实行之研究——兼及民事诉讼法的修改》，载《法学》2008 年第 1 期。

③ 程啸：《担保物权研究》，中国人民大学出版社 2019 年版，第 141－165 页。

④ 周继业：《强制执行新实践》，法律出版社 2018 年版，第 301 页

律规定的实现方式[①]。此外，质权的法定实现方式还包括“非约定”的自力救济，即质权人直接拍卖、变卖质物。最后，担保物权的非讼实现是指权利人向法院申请强制拍卖担保财产，属非讼事件，适用非讼程序。[②] 为避免认识混乱，不应将非讼程序扩大解释包括自力救济。

2. 重新认知

担保物权的实现方式依权利人是否申请强制执行可划分为“自力救济”和“执行救济”（见表3.4）。自力救济是指担保权人或其他权利人自行对担保财产进行变价或以其他方式自主实现担保物权实现方式。执行救济是指担保物权人或其他权利人取得执行名义后，申请法院强制执行以实现担保物权的实现方式。[③]

表3.4　担保物权实现方式分类

担保物权	实现方式			
	自力救济	执行救济		
		非诉程序	诉讼程序	其他
抵押权	抵押权人与抵押人协商折价或拍卖、变卖	协商不成，抵押权人提起	债权人提起	仲裁、公证
质押权（留置权）	质权人与出质人（留置权人与债务人）协商折价或者质权人（留置权人）直接拍卖、变卖	质权人（留置权人）不行使质权（留置权），出质人或留置债务人提起	债权人提起	
是否需要执行名义	否	是	是	是

注：质权人取得执行名义后，可以选择自力救济或者向法院申请强制执行。

① 有些国家并不允许担保物权人通过“协商”实现担保物权，而必须通过强制执行实现，如德国、奥地利，参见程啸：《担保物权研究》，中国人民大学出版社2019年版，第155页；以及日本，参见周继业：《强制执行新实践》，法律出版社2018年版，第301页。

② 参见程啸：《担保物权研究》，中国人民大学出版社2019年版，第162、169－179页。

③ 参见周继业：《强制执行新实践》，法律出版社2018年版，第297页。

（二）应收账款质权实现之困境：一则案例

笔者执行了一例典型的案件。该案中，执行名义确认某银行对应收账款池中 44 笔应收账款享有优先受偿权，但至今尚未实现一笔。笔者将其共性问题总结如下：

1. 自力救济受阻。质权人通知次债务人履行，但无一次债务人履行；质权人未占有债权凭据，无法处分应收账款，代为权、撤销权难以行使。

2. 执行救济不彰。执行名义未审查应收账款履行情况，法院的强制执行措施难以适用。

其困境产生原因有人的原因、应收账款本身的原因以及程序的原因（见表 3.5）。[①]

表 3.5　案例所涉应收账款质权实现路径受阻原因分析

原因	表现	后果
人	1. 出质人、次债务人故意躲避并以各种理由不愿配合质权人或法院 2. 次债务人地址变更，无法取得联系	
应收账款本身	3. 案外人对应收账款主张权利 4. 次债务人在质权实现条件成就前已经履行或部分履行	自力救济受阻 执行救济不彰
程序原因	5. 判决中未核实应收账款履行情况、未确定次债务人权利义务 6. 尚无执行质押应收账款的相关规则，法院执行无据	

二、入质应收账款的强制执行：措施与选择

强制执行是实现担保物权的保障。强制执行的内容实质是对执行措施的选择与实施，即根据不同的财产选择执行措施并实施之。

（一）现状——法律规定的执行措施

强制执行措施包括直接强制执行措施（对物）和间接强制执行措施

① 储瑾伟：《论应收账款质押权的实现》，载《法制与经济（上）》2017 年 8 期。

（对人）。本文中执行措施指直接强制执行措施。执行措施的选择依财产的性质确定，法定的执行措施详见表 3.6。

表 3.6　执行措施分类

<table>
<tr><th colspan="2">种类</th><th colspan="2">适用情形</th></tr>
<tr><td rowspan="3">调查措施</td><td>申请人提供</td><td colspan="2" rowspan="3">所有财产都适用</td></tr>
<tr><td>被执行人申报</td></tr>
<tr><td>法院依职权调查</td></tr>
<tr><td rowspan="4">控制措施</td><td>查封</td><td colspan="2">一般指不实际占有地控制不动产和动产</td></tr>
<tr><td>扣押</td><td colspan="2">一般指剥夺占有地控制动产、权利凭证</td></tr>
<tr><td>扣留</td><td colspan="2">协助义务人协助控制非银行管控的金钱收入、收益，不向被执行人支付</td></tr>
<tr><td>冻结</td><td colspan="2">一般用于控制银行存款及权利型财产，如股票、债权等权利，禁止被执行人支取或处分</td></tr>
<tr><td rowspan="5">处置措施</td><td>划拨</td><td colspan="2">一般用于执行银行存款</td></tr>
<tr><td>提取</td><td colspan="2">用于其他金钱收入、收益，如被执行人的已到期的股息、红利、自然人的劳动报酬</td></tr>
<tr><td>拍卖</td><td rowspan="3">执行需要变价的财产，如不动产、动产、股权等</td><td rowspan="3">不同的财产处置方式有所不同，一般财产须经拍卖、变卖变价，但鲜活易腐物可依市价直接变卖</td></tr>
<tr><td>变卖</td></tr>
<tr><td>折价</td></tr>
<tr><td>控制处分</td><td>通知履行</td><td>执行到期债权</td><td>通知次债务人限期向申请人履行</td></tr>
</table>

注：上述措施并无法律规定之概念及内涵，乃笔者据执行实践总结出的一般适用情形。

现状：入质应收账款是需要通过国家强制力“调查、控制、处置”的财产——执行的标的①，但现行执行规则中虽有执行一般债权、股息、红利和自然人收入的措施，却无执行入质应收账款的规则。

（二）借鉴——现行一般应收账款的执行措施

应收账款作为法律概念的内涵和外延的争议焦点为哪些将来债权可以

① 权利质押的性质有“权利让渡主义”与“权利标的主义”之分。我国民法学通说认为我国《物权法》关于权利质权采用的时权利标的主义，认为“权利质权时在权利上设定的质权”。参见程啸：《担保物权研究》，中国人民大学出版社 2019 年版，第 144 页。

质押[1]，但一般认为应收账款包括一般债权、不动产收费权等[2]。因此，关于一般债权、收入、收益的现行执行规则对入质应收账款的执行实践有重大影响。实践中，执行法院一般直接援引一般债权的执行规则适用于入质债权的执行。

1. 债权执行

到期债权的执行规则见表3.7。

表3.7 到期债权执行规则

债权种类	执行依据	执行措施
到期债权	《最高人民法院关于人民法院执行工作若干问题的规定（试行）》（以下简称《执行工作规定》）第六十一条至第六十九条	1. 直接向次债务人送达到期债务履行通知书 2. 次债务人不履行的，法院可直接裁定执行次债务人 3. 次债务人对到期债权提出异议的，人民法院不得执行该到期债权，且不进行实质审查

债权未到期的，虽没有法律规定，但执行法院可以冻结并禁止其向债务人履行。[3]

2. 股息、红利执行

股息、红利执行规则见表3.8。

表3.8 到期债权执行规则

股息红利种类	执行依据	执行措施
应付	《执行工作规定》第五十一条	1. 法院有权裁定禁止被执行人提取和有关企业向被执行人支付被执行人应得的已到期股息或红利等收益，并要求有关企业直接向申请执行人支付 2. 次债务人不履行的，法院可直接裁定执行次债务人
预期		1. 人民法院可以冻结，禁止到期后被执行人提取和有关企业向被执行人支付 2. 到期后，执行法院有权提取

① 崔建远：《关于债权质的思考》，载《法学杂志》2019年第7期。

② 孙超：《〈物权法〉中“应收账款”的解释论——以法律概念的规范目的为中心》，载《山东审判》2017年第5期。

③ 参见周继业：《强制执行新实践》，法律出版社2018年版，第341-344页。

3. 收入执行

《民事诉讼法》第二百四十七条及《执行工作规定》第三十六条规定了对收入的执行措施是“扣留或提取”，但仅适用于自然人收入中“未支取的”劳动报酬，“其他类型的财产，原则上不能适用提取的规定”①。

借鉴：一般债权入质后，成为质权标的，其执行应与物权的执行规则与保护力度一致，比现有普通债权的执行规则更具强制性。否则，质权人的权利将无法得到公平保障。金钱的提取、划拨是最直接、有效的执行措施。因此，收入、收益质押的，可参照个人收入、股息红利的执行规则执行并制定相应规则。

（三）争议——执行措施的选择

执行实践中，应收账款作为财产性权利，对其强制执行的措施选择存在不同意见。

（1）应收账款可收取金钱，法院得直接提取之。除法律规定的自力救济方式外，多数学者认为在质权实现条件成就时质押债务到期的，应收账款质权人可以直接收取应收账款②③④⑤，甚至“取代出质人的地位”⑥；比较法上也有国家规定质权人可以直接收取⑦⑧⑨。因此，法院当然亦可以提取。

但是，我国立法上并未规定质权人可直接向次债务人收取，司法实践对此亦有不同认识。最高人民法院在2015年11月19日公布的第53号指

① 参见周继业：《强制执行新实践》，法律出版社2018年版，第320－325页。

② 参见马俊驹、余延满：《民法原论》，法律出版社2010年版，第453页。

③ 参见高圣平：《物权担保新制度新问题理解与适用》，人民法院出版社2013年版，第389页。

④ 参见崔建远：《物权法》（第4版），中国人民大学出版社2017年版，第570页。

⑤ 参见王利明：《物权法研究》，中国人民大学出版社2016年版，第1384页。

⑥ 参见黄松有主编，最高人民法院物权法研究小组编著：《〈中华人民共和国物权法〉条文理解与适用》，人民法院出版社2007年版，第673页。

⑦ 参见陈华彬：《物权法研究》法律出版社2009年版，第306页。

⑧ 参见高圣平：《物权担保新制度新问题理解与适用》，人民法院出版社2013年版，第388页。

⑨ 参见崔建远：《物权法》（第4版），中国人民大学出版社2017年版，第1377页。

导案例中认为可直接收取[①]，但其在 2017 年 5 月所作裁判中却认为不可直接收取[②]。而后，2020 年 1 月 13 日，其却又于另案中认为可直接收取。[③]裁判理由见表 3.9。

表 3.9 裁判理由

时间	是否可以直接收取	理由
2015 年 11 月 19 日	是	污水处理项目收益权属于将来金钱债权，质权人可请求法院判令其直接向出质人的债务人收取金钱并对该金钱行使优先受偿权，故无须采取折价或拍卖、变卖之方式
2017 年 5 月	否	应收账款质押的，出质人并非将其对应收账款债务人享有的债权转让给质权人，质权人无权请求应收账款债务人直接向其支付案涉应收账款
2020 年 1 月 13 日	是	“由于应收账款质权的标的仅限于金钱之债，故质权人行使质权时有权直接要求应收账款债务人给付相应款项，而无须采取折价、拍卖或变卖之方式”，且“一审法院关于应收账款质权人……无权请求应收账款次债务人直接向其支付所涉应收账款的认定确有不当”

（2）应收账款可转让，法院可拍卖、变卖。理由有三。一有理论基础。应收账款须可转让方能出质，可转让的财产当然可以拍卖、变卖。二有法律依据。《民事诉讼法》和《民法典》规定，担保财产变价的，应拍卖、变卖之[④]。三有现实需求。若次债务人暂时不具备偿还能力，申请人急于获得清偿或出质人急于变现时，当然可以拍卖应收账款；实践中也有拍卖案例（表 3.10）[⑤]。

---

① 福建海峡银行股份有限公司福州五一支行诉长乐亚新污水处理有限公司、福州市政工程有限公司金融借款合同纠纷案，最高人民法院指导案例 53 号（2015 年）。

② 最高人民法院民事裁定书，（2017）最高法民申 1572 号。

③ 最高人民法院民事裁定书，（2019）最高法民终 1023 号。

④ 参见程啸：《担保物权研究》，中国人民大学出版社 2019 年版，第 147－152 页。

⑤ 参见屈晨希、王威：《应收账款质权的行权困境及解决方法》，载微信公众号“审判研究”，2020 年 1 月 21 日，https://mp.weixin.qq.com/s/sxuPs_lzBt4fybccQ4Bd7w。

表 3.10 淘宝网应收账款司法拍卖统计

标的	新疆某公路收费项目两年收益权	潭衡某高速公路收费权	柴蹬壕至榆林子公路收费权
拍卖次数/次	4（撤回一次）	3（中止一次）	1
拍卖结果	流拍	成交	流拍

（3）第三人负有给付义务，法院得裁定执行之。质权实现条件成就时，入质应收账款到期的，入质应收账款债务人应当履行。其与一般债权不同，实不该苛求质权人必须经代位诉讼或行使撤销权实行质权。因此，执行程序中法院可以不经通知直接裁定执行负有给付义务的次债务人。

争议：关于入质应收账款执行措施选择的争议包括两个方面。一是能否适用。上述执行措施均有反对者，其主要理由是，应收账款设质后，可能因为清偿而消灭或贬损，价值不确定；次债务人对应收账款享有的抗辩权、抵消权、解除权等权利，应予保护，应收账款能否实现也不确定。二是如何适用，即只能适用一个措施还是多个皆可适用，有无先后次序。

三、实现入质应收账款的执行名义：取得与问题

执行名义是质权人据以向法院申请强制执行的法律文书，也是自力救济的重要手段。执行名义有多种，本文研究的执行名义限于民事裁判文书。在取得实现应收账款质权执行名义时存在的问题，一是非讼取得的，请求权基础缺失；二是诉讼取得的，执行名义不具备可执行性。

（一）取得执行名义的主要方式

2020 年 5 月 1 日，笔者以表 3.11 所列检索条件进行检索，检索结果及结论如表 3.11 所列。

表 3.11　入质应收账款执行名义检索结果分析

检索条件	检索结果	结论
1. 案由“应收账款质权纠纷”、关键词“《民事诉讼法》第二百零七条”	暂无数据	1. 未发现应收账款质权人通过非讼程序获取执行名义的案件 说明：条件 1 和条件 2 中的法条是实现担保物权非讼程序的裁判依据 2. 应收账款质权执行名义的获取主要通过诉讼程序实现 说明：通过在裁决主文中检索“应收账款”和“收费权”所得裁判文书多为涉及应收账款质押的案件，但以条件 1 和条件 2 检索，结果却是“暂无数据”。这表明，就检索结果而言，应收账款质权人均通过诉讼程序行权
2. 案由“应收账款质权纠纷”、关键词“《民事诉讼法》第二百零八条”	暂无数据	
3. 案由“申请实现担保物权案件”、关键词“质押”	共得 16 篇裁判文书，其中 12 件案件为保证金质押串案，另外 4 件分别为存款存单质押、股权最高额质押、股权质押和小型普通客车质押	
4. 在判决主文中以关键词“应收账款”进行检索	共得裁判文书 4401 篇，其中 2898 篇为民事案由，243 篇为执行案由	
5. 在判决主文中以关键词“收费权”进行检索	共得裁判文书 193 篇，其中 136 篇为民事案由，56 篇为执行案由	

（二）非讼取得：请求权基础缺失

《民事诉讼法》第二百零七条、《民事诉讼法司法解释》第三百五十九条、《民法典》第四百一十条第二款、第四百三十七条第一款、第四百五十四条构成了权利人提起实现担保物权之非讼程序的法律渊源。根据前述规定，非讼程序是指担保物权人依据物权法等法律“请求人民法院拍卖、变卖”担保财产的程序。

《民事诉讼法司法解释》第三百五十九条规定，《民事诉讼法》第二百零七条中规定的有权提起实现担保物权的担保物权人包括质权人。但是，《民事诉讼法》第二百零七条中的“法律”应指与物权法位阶相同的由全国人大制定的法律。而鉴于质押关系中质物为质权人占有，法律制度的设计在于防止质权人怠于行使质权而给出质人造成损害①，物权法只规定了抵押权人有权提起非讼②（《民法典》未改变这一规定），并未赋予质权人该权利（见表3.4）。因此，我国民法规则中无质权人申请实现担保物权非讼程序的请求权基础。

（三）诉讼取得：不具备可执行性

1. 次债务人不参与诉讼

实践中，质权人就主债权起诉时，虽然就质押应收账款一并起诉，但是应收账款债务人除与主合同有直接法律关系外，并未不参与诉讼或以第三人参与诉讼；法院对此亦不做要求，且只审查质权成立与否，不审查应收账款履行情况。

2. 裁判模式不利于质权实现

根据检索所得的裁判文书分析，应收账款质押裁判的主文有多种表述模式，本文将其总结分类列如表3.12所示。

表3.12 应收账款质押裁判文书裁判主文表述模式分类

模式划分		示例
原告享权模式	模式一：优先受偿	原告对被告的应收账款及其收益享有优先受偿权
	模式二：质权享有	原告在《质押合同》约定的担保范围对被告的电费收费权享有质权
	模式三：质权享有＋优先受偿	原告对被告的经营权、开发权及被告电费收费权享有质押权，并优先受偿
	模式四：变价受偿	原告有权以拍卖、变卖被告的电费收费权所得的价款优先受偿
	模式五：直接收取模式	原告于本判决生效之日起有权直接向某建设局收取应由某建设局支付给某公司的污水处理服务费，并对该污水处理服务费就本判决第一、二项所确定的债务行使优先受偿权

① 参见程啸：《担保物权研究》，中国人民大学出版社2019年版，第147－167页。

② 参见魏沁怡：《论担保物权的实现：实体法与程序法的体系衔接》，载《东方法学》2019年第5期。

续表

模式划分		示例
被告承责模式	模式五：被告承担权利质押责任	被告以其在第三人处应收取的全部电费收入扣除回供电费及其他欠款后的净收入对上述一、二项承担权利质押责任

上述裁判模式乃是因担保物权的认知“偏于抵押，失于质押”所致。其问题在于，实现其他物的担保时，法院可直接处置担保财产，对执行救济并无实质影响。但是，执行应收账款面临诸多重大争议问题，执行部门无法解决。比如，应收账款债务人的抵销权、抗辩权的保护等问题。

因此，无论选择直接提取、裁定执行次债务人还是折价、拍卖和变卖应收账款，应收账款债务人不参与诉讼，执行名义不审查应收账款的履行情况，也不确认次债务人的权利义务，执行的强制力将成为“无的之矢”，难以产生实效。

四、审视应收账款质押制度：规则与缺陷

有关应收账款质押制度的法律规定，仅见于《民法典》物权编第四百四十条第六项和第四百四十五条两个条文，并可通过第四百四十六条引致适用动产质押规定。指导应收账款质押实践的是中国人民银行制定的《应收账款质押登记办法》，以及一些行业管理部门或地方政府或部门出台的规章。从应收账款质权实现的角度来看，应收账款质押规则严重滞后，不能平等、有效保护应收账款质权，且使应收账款质权人不能完整享有质权权能。

（一）规则滞后：立法落后于实践

“在物权法上，不动产物权是物权法的重点和核心。法律总是考虑不动产物权的同时，方考虑到动产物权的特性，动产物权的制度比不动产制度要简单得多。”[①] 尤以担保物权的实行方面为甚，立法、司法、执行以及理论研究担保物权的实现多以抵押权为重点，顺便提及质押权，且以动产

① 孙宪忠：《中国物权法总论》，法律出版社2018年版，第133页。

质权为主，甚少甚至不提及权利质权。但是，“物权的种类多系因应当时社会之所需，因此不能适应现代高速发展的市场经济”。[①] 担保物权的实现规则亦同此理。

实践中新的担保方式不断涌现，尤以权利质押为甚，且价值巨大。据中征应收账款融资服务平台统计应收账款质押融资总额已经超过10万亿元（见图3.7）。现有应收账款质押实体法规则与执行规则早已不敷使用。为因应现代中国社会之所需，在以不动产为重点的立法导向的同时，亦应重视权利质押立法。

数据统计 STATISTICAL DATA

◆ 用户注册信息（截至上一日）

注册用户总数	**201066 家**
其中，应收账款债权/债务人	**161667 家**
资金提供方	**39399 家**

◆ 业务信息（截至上一日）

上传账款数量	**448182 笔**
确认账款数量	**125847 笔**
有效融资需求	**241158 笔**
融资成交量	**205908 笔**
融资成交金额	**109368.35 亿元**

图3.7　应收账款质押数据

注：图片截取自中国人民银行征信中心应收账款融资服务平台，链接 https：//www. crcrf-sp. com/index. do。

① 高圣平：《担保法前沿问题与判解研究》（第4卷），人民法院出版社2019年版，第305页。

（二）规则不公平：同权不同护

1. 相较动产质押，应收账款质权人处分权受限

根据《民法典》第四百三十六条第二款的规定，“质权人有单方面变卖、拍卖质押财产的权利”[①]。在实现质权的条件成就时，质权人控制质物或权利凭证可以参照市场价格进行拍卖、变卖并就变价款优先受偿。然而，应收账款质权“带有浓厚的抵押色彩”[②]，其质押以登记为生效要件，而非“交付”。并且，登记机关对应收账款并不进行实质审查，且无法控制应收账款的转让及清偿，质权人也未“占有”质押财产。在质权实现条件成就时，质权人实质上无法如一般动产质权人享有单方不经司法程序变卖、拍卖应收账款以实现质权的权利。

2. 相较抵押，质权人无提起实现质权的实体法依据

相较于诉讼程序，非讼程序提高了司法效率、减轻法院面临的诉讼压力、降低了担保物权实现成本。[③] 但是，《民法典》并未改变物权法未赋予质权人“请求法院拍卖、变卖质押物”的规定。应收账款质权人仍无法如抵押权人一样直接提起非讼程序实现质权。

应收账款质权与抵押权、动产质权及其他有权利凭证的权利质权，虽同属法定物权，却在法律上遭受了权利实现上的实质不公——“同权不同保护”。

（三）规则不合理：质权享有实质不完整

“担保物权是对他人之物所享有的变价处分权和优先受偿权，因此担保物权人的支配表现为对物的变价处分以及优先受偿。”[④] 但是质权人并未因登记而实质享有对质物的处分权，质权人所享有的质权实质不完整。其原因有二。

---

① 参见黄松有主编，最高人民法院物权法研究小组编著：《〈中华人民共和国物权法〉条文理解与适用》，人民法院出版社2007年版，第646页。

② 参见王利明：《物权法研究（修订版）》（下卷），中国人民大学出版社2007年版，第588页；陈福录：《应收账款质押贷款的风险及其防范》，载《新金融》2007年第7期。转引自刘宝玉：《担保纠纷裁判依据新释新解》，人民法院出版社2014年版，第291页。

③ 参见周继业：《强制执行新实践》，法律出版社2018年版，第298页。

④ 孙宪忠：《中国物权法总论》，法律出版社2018年版，第97页。

一是应收账款质押不以交付为生效要件，质权人不持有应收账款凭证，无法直接处分应收账款。前文已述，此处不赘述。

二是应收账款的价值不确定。“不确定”是指应收账款质权人不掌握质押期间应收账款的价值变动情况及相关凭据。虽然出质人与次债务人均有维持入质应收账款价值稳定的义务，但债权仍被其实际控制（未“质”），且仍能在质权人不知情的情况下清偿、转让、抵销。

五、实现应收账款质权：规则与路径

“应收账款有两个属性最明显：不确定性和风险性，这两个属性也是立法时反对物权法规定应收账款质押的主要理由。”[①] 因此，完善应收账款质押制度，应在形式上使之出“质”，降低应收账款的“不确定性和风险性”。

（一）规则解释：形体固定与价值相对确定

一般认为，“只有形体固定（有形式上的固定要求）、价值相对确定（形式上权利价值已经确定）的债权，才能作为权利物权的客体”[②]。“形体固定”，质权人方能占有应收账款的形体；“价值相对确定”，质权人在实现质权时才不会有障碍。因此，在完善立法时确保应收账款“形体固定、价值相对确定”才能保证应收账款质权人享有“完整物权”。

1. 形体固定

前文已述，“登记”未使质权人实质上获得质权的处分权能，即质权人并未获得“完整质权”。质押要求交付质物。应收账款质押的，必然要求应收账款形式上有固定要求。一般债权出质的，其形式为基础合同，无合同的次债务人应以书面形式确认；收益权或收费权出质的，出质人应提供具备收费或收益资格的证明文件。交付固定形体的，质权人实现质权时提起诉讼或非讼、行使代位权、拍卖、变卖“质物”方能顺利进行。

2. 价值相对确定

就质权的实现而言，维持主债务履行过程中应收账款的“价值相对确定”也是质权人享有“完整物权”的必然要求。“价值相对确定”是指主

① 程啸：《担保物权研究》，中国人民大学出版社 2019 年版，第 717 页。

② 孙宪忠：《中国物权法总论》，法律出版社 2018 年版，第 86 页。

债务履行过程中，质权人知悉并掌握应收账款变动的相关情况及凭证，否则质权人就法行使处分权将价值不确定的财产变价或者主张收取。

质权设定后，应收账款的价值变化是趋向贬损的。但一般债权与收费权或收益权价值变化的不同是，一般债权贬损是因为债权的转让、清偿、抵消、解除等事由；收费权、收益权的价值贬损，除一般债权价值贬损的原因外，还有权利的丧失与期限的缩短。因此，一般债权的价值相对确定应指质押时价值已经相对明确、主合同履行完毕之前不出现未经质权人或确认的贬损；收益权、收费权价值相对确定是指质押时收费权、收益权已经存在且具备行使条件或已经行使，主合同履行期间的收费、收益的支配、使用应由质权人知悉或同意。

（二）公示再造："登记"、"交付"与"通知"

为实现质权享有的完整性和保护的平等性，出质应收账款应"形体固定"并使之"价值相对确定"并得以维持。如此，应收账款质押时"登记""交付""通知"，不可缺一。

1. "登记"的法律效果：优先受偿权与顺位保障

"登记"虽不能起到确保应收账款"价值相对确定"的作用，但是"登记"公示依然有其价值。普通质押、抵押，由于担保物为实体物，不易"伪造"；而应收账款质押，出质人与次债务人串通的，却可以轻易再造债权文书，并予以转让或质押。应收账款质押登记后，质权人就入质应收账款享有优先受尝权和顺位利益，对抗应收账款的转让、抵销、再质及第三人。

2. "交付"的解释适用：处分权获得

《民法典》第四百四十五条规定的应收账款制度的实质是一种广义的动产抵押制度。[①] 但未使质权人享有质权的处分权能。根据《民法典》第四百四十六条的规定，应收账款质押可引致适用动产质押规定。在应收账款质押时，出质人应交付前文所述的固定形体，质权人占有权利凭证后获得处分权。

3. "通知"的制度功能：维持价值稳定

"价值相对确定"必然要求应收账款次债务人的履行行为受限，否则

① 刘宝玉：《担保纠纷裁判依据新释新解》，人民法院出版社2014年版，第293页。

质权人权益将无从保障。通过质押通知，约束次债务人在主合同履行期间的应收账款履行、抵销、解除等行为，保证应收账款的价值相对确定，为质权的实现奠定基础。

具体而言应收账款质押应当通知次债务人，未通知次债务人的，次债务人履行债务的行为有效；通知次债务人的，次债务人应主动向次债务人告知入质应收账款价值变动事项并提供相关凭据。次债务人因为通知或提供相关凭据产生的费用，可以参照债权转让后债务人因履行债务增加的成本由出让人承担的规则，由出质人承担。通知后，因次债务人的原因致使应收账款的价值减损但未告知或未经质权人同意的，不对质权人生效，质权人得直接请求次债务人赔偿损失。

4. 质押通知之可行性

有学者认为，将来债权以及基础设施和公共服务项目收益权中无法确认次债务人①，无法通知。这其实是错误认识。应收账款必须符合特定性要求方能质押，这已为理论②和司法实践所确认，没有特定次债务人的将来债权不能质押。此外，收费权、受益权中的付款义务人并非消费者，而是实际经营者或收取费用的单位。比如，公路收费权质押中，所收车辆通行费归集至省级高速公路联网结算中心，进行利益分配，然后支付给收费权人，应收账款债务人应为高速公路联网结算中心。发电企业电费收费权质押中，发电企业与电网公司签订《购售电合同》或以经审批的未来的发电额度进行质押，无论现有的或是将来的“收费”质押，应收账款次债务人都是确定的，即电网公司。

（三）执行名义取得：畅通路径与奠定基础

1. 畅通路径：设立质权人非讼程序

“质押标的一般是普通动产，价值不会太大”，且需要移转占有，在质物上不可能设定多个担保，涉及债权人较少，法律关系较为简单，《民法

① 参见王乐兵：《“物权编”与“合同编”体系化视角下的应收账款质押制度重构》，载《法学家》2019 年第 3 期。

② 参见刘智慧：《中国物权法解释与应用》，人民法院出版社 2007 年版，第 641 页。

典》允许质权人拍卖、变卖质物[①]，而未规定质权人得向法院申请拍卖、变卖质物。但是现在社会动产也价值不菲，并且质押权利价值也较大，涉及主体较多，法律系也非常复杂。因此，允许质权人申请实现担保物权是提高实现应收账款质权效率的需求。实践中也有质权人提起实现担保物权的判例。由于《民法典》未明文规定，可将第四百三十六条规定的质权人“也可以就拍卖、变卖质押财产所得的价款优先受偿”解释为质权人可以直接拍卖、变卖质押财产，也可以向法院申请拍卖、变卖质押财产。

2. 奠定基础：次债务人以“必要的共同诉讼人”参与诉讼

代位权、撤销权行使耗时、费力[②]，“质权只能以代位权的方式实现，无疑将导致应收账款质押制度的空转。”[③] 因此，实现质权的条件成就时，应收账款也到期的，如果出质人、出质债权的债务人拒绝履行，质权人可以根据《最高人民法院关于适用〈中华人民共和国担保法〉若干问题的解释》第一百零六条“将出质人和出质债务人作为共同被告提起诉讼，也可以单独起诉出质债权的债务人”。[④]

必要的共同诉讼是指“当事人一方或者双方为二人以上，其诉讼标的是共同的”，“其中一人不参与诉讼，争议的权利义务关系以及当事人之间的权利义务关系就难以确定”，基于“同一物权或者连带债权债务”或“同一事实和法律上的原因”产生的诉讼[⑤]。而，应收账款质押后，质权人对应收账款享有质押权，该权利属于法定担保物权。因此，取得应收账款质押权执行名义的非讼程序基于“同一物权，即质押权”而产生；诉讼程序虽由债权人（质权人）基于主合同而提起，但包含对“同一物权，即质押权”的诉讼；并且，如果次债务人不参加诉讼质权人的权利、出质人与次债务人应当承担的义务将无法确定。

---

① 参见王利明：《物权法研究》，中国人民大学出版社2016年版，第1382页。

② 参见王乐兵：《“物权编”与“合同编”体系化视角下的应收账款质押制度重构》，载《法学家》2019年第3期。

③ 参见屈晨希、王威：《应收账款质权的行权困境及解决方法》，载微信公众号“审判研究”，2020年1月21日，https://mp.weixin.qq.com/s/sxuPs_lzBt4fybccQ4Bd7w。

④ 程啸：《担保物权研究》，中国人民大学出版社2019年版，第728页。

⑤ 参见全国人大常委会法制工作委员会民法室：《〈中华人民共和国民事诉讼法〉解释与适用》，人民法院出版社2012年版，第64页。

综上，取得实现应收账款质权执行名义的诉讼或非讼属于基于“同意物权”的必要的共同诉讼，次债务人应当以被告的身份参与主债权诉讼。法院应一并审查应收账款的履行情况并在判决中确认；采用“享有质权并优先受偿”模式裁判，并确认应收账款质权人能否直接收取应收账款。质权实现的条件成就时，应收账款未到期的，可待应收账款届期时起诉或申请实现担保物权。

（四）救济规则：自治、规范、高效

立法、司法为应收账款质权实现奠定基础之后，只需明确质权救济程序与规则，即可实现对应收账款质押权的有力保护。应收账款质押的实现应以自力救济为首选方式，以降低实现质权的成本，但当事人可直接申请执行救济。同时，依据不同类型的应收账款规定不同的执行措施，规范执行行为，提高质权实现的执行救济效率。

1. 一般债权的执行

首先，一般债权到期的，质权人可直接向次债务人收取，协议折价或直接转让、拍卖、变卖；次债务人对直接收取有异议的，可以向法院提起诉讼；次债务人没有异议，又不履行的，质权人可以提起诉讼或非讼，取得执行名义后，向法院申请强制执行。执行法院在通知次债务人履行的同时可出具强制裁定并送达次债务人，发现次债务人有可执行财产的可以提取或拍卖、变卖。

其次，一般债权未到期的，质权人需通知次债务人不得向出质人履行；待债权到期后，依到期债权的方式实现质权。

最后，经执行未实现的一般债权，拍卖已无意义。但若次债务人有财产且能产生稳定的现金流，但财产无法变价或不宜变价的，经当事人申请，法院可以拍卖应收账款。否则，不宜拍卖、变卖一般债权。

2. 收益权、收费权的执行

对于收益权、收费权，应明确规定质权实现条件成就时，质权人可以直接收取。给付义务人不支付的，可参照到期债权的实现路径申请执行救济，包括诉讼执行救济和非讼执行救济。进入执行程序的，应优先提取收益或所收费用；经申请执行人申请，可以折价、拍卖、变卖收费权、收益权或收费、收益额度。

机制探索

北京市第四中级人民法院打造“四色执行”助推执行工作高质量发展

范宗斌* 赵 赫**

2023年北京市第四中级人民法院在执行工作中坚持“四色执行”的工作理念，信访化解率100%、首次执行案件执结率81.01%、有财产可供执行案件法定期限内实结率95.68%、旧存案件清理率95.12%、已结案件终本占比21.07%，均位居全市中级人民法院第一。

一是明确重心主动履职，持续强化引领力，打造红色执行。细化目标责任制考核，以指标为引领，以群众诉求和执行效果为导向，以发挥审判管理功能为重点，针对关键指标和落后指标，实行“一月一分析、一季一会商、半年一评估、年度总考核”的实时动态考核管理机制，针对执行难度较大、存在争议的案件，2023年专门召开执行法官会议8次，发放督办单5次，对案件执行情况进行逐案分析，一案一册，倒逼指标提升。

二是围绕中心服务大局，持续加强执行力，强化蓝色执行。深入贯彻蓝色公正理念，依托国际商事法庭建设及涉外审判工作特色，大力推进对涉外执行难点热点问题的调查研究。形成10余份工作信息和《关于“保交楼”背景下在建工程强制执行疑难问题的调研报告》等5份调研报告，通过召开“新类型财产执行新闻发布会”等10场新闻发布会介绍经验做法，创新总结出“四个平衡工作法”。优化执行资源配置，发挥执行指挥

* 范宗斌，北京市第四中级人民法院督察室副主任。

** 赵赫，北京市第四中级人民法院审判管理办公室法官助理。

中心“三统一”作用，做到以责设岗、责任到人。优化评估模式，采用“无人机航拍 + 传统拍照录像”模式，实现对特殊财产的精准评估。深化“云拍卖 + 专场直播”司法网拍模式，提升财产处置效率效果。

三是坚守初心司法为民，持续增强战斗力，推进绿色执行。一体化做好涉外执行工作，通过积极妥善采取强制措施、有力有序推进财产处置等，有效破解涉外商事案件执行难题。积极运用执行信息化建设成果，大力拓展线上执行，助推企业复工、复产。在北京某生物科技有限公司进出口代理合同纠纷执行案中，组织双方当事人通过云审判系统进行谈话，仅用不到 48 小时即促成双方握手言和，并立即远程对被执行人账户进行了解封，该案入选最高人民法院第三批全国法院服务保障疫情防控期间复工、复产典型案例。创新建立“协助执法业务线上通道”，与中国结算北京分公司签署合作备忘录，通过电子平台实现协助执法业务线上办理、线上传输，优化协助执法业务办理方式，提高执行查控办理效率。大力推动执行期限缩短、执行措施穷尽，加大惩戒力度，2023 年实施限制高消费 45 人次，拘留 4 人次，限制出境 420 余人次，悬赏举报 2 次，有效压缩“老赖”生存空间。

四是守正本心务实规范，持续增强约束力，促进纯色执行。强化善意文明执行、协同执行、依法强制执行理念，坚持规范、分离、制约执行权的基本原则，严守纯色廉政底线，通过深化一项教育、扭住三个风险点、强化三重监督，不断健全完善“133”执行监督管理体系。严格案款管理，一律执行“一案一账号”的案款规范化管理要求，发还案款必须坚持承办人提起、部门审查、财务审核“三级防控”。出台《加强执行案款发还工作办法》《关于落实善意文明执行理念的意见》等文件，实行案件终本法官裁量提起终本、合议庭合议、指挥中心检查机制、“强化三重监督”，确保执行工作高效规范运转。

北京市第四中级人民法院牵头京津冀五家法院共建执行“5＋5”联动机制

贾丽英* 薄秋菊**

2023年，由北京市第四中级人民法院牵头，天津市第一中级人民法院、河北雄安新区中级人民法院、天津铁路运输法院、石家庄铁路运输法院三地两级五家法院共同研究制订的京津冀法院执行“5＋5”联动机制方案正式议定签署。

京津冀法院执行“5＋5”联动机制由五家法院协同合作、优势互补，致力于打造各方积极参与、有机衔接、协调联动、高效便捷的“五位一体”执行工作协同协作体系。协定搭建“五子联动”执行资源共建共享平台。坚持“服务大局、统筹推进、共建共享”的合作理念，充分发挥京津冀法院各自区位优势，推动优质资源共建共享。

一是创新党建亮点特色项目，合力打造党建联建平台。通过多种形式开展京津冀三地支部联学联建，联合开展主题党日活动、加深党建与业务融合、探索协同推出党建创新模式，不断提升执行队伍政治素质。

二是厚植类案同执基础，蓄力构建联合调研平台。通过对前沿性法律问题和类型化案件的深入沟通交流，开展实地调研走访，深入挖掘京津冀法院执行工作中亟待解决的问题，推动执行机制的统一。

三是汇聚执行工作发展合力，全力搭建联动协作平台。深化执行查

* 贾丽英，北京市第四中级人民法院执行局副局长。
** 薄秋菊，北京市第四中级人民法院执行局书记员。

询、异地执行通报和保障等联动机制建设，实现执行无缝对接及执行信息共享；深化落实失信被执行人联合信用监督、警示、惩戒机制，推进京津冀地区社会诚信体系建设；建立法院跨区域重大疑难案件执行共商机制，努力攻坚解决被执行人信息分散、跨区域执行难题。

四是推进一体化人才培养格局，着力创建同学共进平台。加大人员培训和业务交流，共享优质学习教育资源，开展联合培训、定期召开执行工作交流会，共同推动京津冀三地法院执行人才高地建设。

五是深化执行信访协作优势互补，大力建设执源共治解纷平台。狠抓纠纷实质化解，联动实质化解执行信访，共同研究解决执行工作中涉及三地的涉法涉诉问题，聚力攻坚克难。

四方面因素影响涉外仲裁执行案件法定审限内结案率提升

贾丽英[*]　丛　丹[**]

自2024年北京市涉外案件管辖范围调整之后，北京市第四中级人民法院集中受理应由北京法院管辖的涉外仲裁执行案件，经调研发现，存在以下四方面因素制约和影响涉外仲裁执行案件审限内结案率的提升，对执行工作质效有很大影响。

一是非诉执行案件法定期限设定较短，无法满足财产处置周期的现实需要。根据《最高人民法院关于严格执行案件审理期限制度的若干规定》第五条的规定，执行案件应当在立案之日起6个月内执结，非诉执行案件应当在立案之日起3个月内执结。涉外仲裁执行案件以非诉执行案件进入执行程序，3个月的执行期限难以满足通常情形下的财产处置所需用时。首先，对需要进行拍卖、变卖的财产，如只计算财产处置过程中涉及的评估、报告发送、拍卖公告、一拍、二拍、交付尾款及所有权转移这几个法定环节的程序性用时就已超出了3个月的执行期限。但实践中还普遍存在财产流拍、变卖、参与分配、腾退等其他更为复杂的情形，对这些情况的处理还将需要更多时间。其次，涉外执行中一般难以通过其他方式向境外当事人送达执行文书，在公告送达的情况下，公告期就需要3个月，而非涉外送达公告期仅为30日。但在涉外案件的审理程序中，考虑到涉外因素

* 贾丽英，北京市第四中级人民法院执行局副局长。
** 丛丹，北京市房山区人民法院执行局法官助理。

对送达和审判的影响，《民事诉讼法》对涉外案件并未作审理期限的规定。

二是涉外仲裁裁决内容不明确存在争议，与仲裁机构沟通需要占用大量执行期限。与诉讼案件由一审法院负责执行不同，仲裁案件的执行是由被执行人住所地或者被执行的财产所在地人民法院负责执行。部分涉外仲裁裁决存在主文内容不明确，双方当事人对执行内容存在争议的情形。为确定裁决内容，执行法院需向仲裁机构进行发函询问，但双方之间的函询答复周期较长。截至2024年6月，北京市第四中级人民法院受理的涉外仲裁执行案件中，涉及中国国际经济贸易仲裁委员会、北京仲裁委员会、上海国际经济贸易仲裁委员会、深圳国际仲裁院、天津仲裁委员会、佛山仲裁委员会等多家仲裁机构，其中54%的仲裁裁决系外地仲裁机构作出，而外地仲裁机构相对于北京地区仲裁机构在沟通协调方面便利性较低、协商周期更长。北京地区仲裁机构相比于法院内部审执部门之间的沟通，也存在沟通不畅、效率低下等问题。以北京市第四中级人民法院受理的由中国国际经济贸易仲裁委员作出的涉外仲裁裁决案件为例，该案在执行过程中，双方当事人对仲裁裁决的内容理解存在分歧，被执行人某公司认为仲裁裁决为确认性裁决，无可执行内容，应该驳回申请人的执行申请。为此，执行法院需向仲裁机构发函要求对裁决事项作出说明，而从发函到收到复函的周期为30天，占据法定执行期限1/3，执行进程被相应拖延，影响执行效率。

三是申请撤销、不予执行仲裁裁决审查期间长，非诉案件执行期限无法覆盖仲裁司法审查的合理用时。根据法律的规定，仲裁司法审查的申请费用为固定金额400元，由于其诉讼成本较低，部分被执行人只要认为仲裁裁决不利于自己就会向法院申请撤销仲裁裁决或者申请不予执行，以此达到拖延执行的目的。虽然执行法院可以此为法定理由中止执行，但案件的法定执行期限并不会因此而停止，且涉外仲裁司法审查案件无审限要求，故执行结案用时因此会受到极大拖延。例如，在阿布贝德承包贸易集团有限责任公司涉外仲裁执行一案中，被执行人某国际建材公司在执行中以仲裁庭的组成、仲裁程序与仲裁规则不符等为由向本院申请撤销仲裁裁决，该涉外仲裁的司法审查期间共计54天，占据了执行期限的60%。再如，某租赁公司申请执行由深圳国际仲裁院作出的仲裁裁决一案，在该案执行过程中，深圳市中级人民法院于2月19日受理了被执行人吴某的撤销仲裁裁决申请，截至2024年6月底，该案的司法审查期间已有132天，已比法定执行期限长了42天。

四是涉外仲裁中财产保全比例低，执行程序查人找物难、耗时长。保全具有督促当事人积极履行的重要作用，是否在仲裁过程中采取过保全措施对执行效率有较大影响。申请人从申请仲裁到仲裁裁决生效后立案执行，存在财产控制“真空期”。如果在仲裁过程中，申请人未积极采取保全措施，那么在立案执行后需要花费一定的时间对被执行人进行财产查控。而当被执行人为涉外主体时，“总对总”网络查控系统对其几乎“失灵”，无法查询出相应的财产信息，查人找物主要依赖线下查控手段，且涉外被执行人的财产调查对国内法院而言相对有限，局限于一个国家的法域之内。此时，更存在财产不明确、线索少、人难找、送达难、耗时长等各种难点，申请人也往往面临被执行人转移财产或者执行不能的风险。但如果在仲裁中就已经保全完毕，那么在裁决生效后不仅能督促被执行人自动履行亦能通过法院强制执行快速实现合法权益。例如，在北京某律所申请执行薛某等涉外仲裁执行案件中，该律所在仲裁审理期间申请保全了薛某名下的银行账户存款，在经法院立案执行后50天内实现全部案款实缴到位，极大缩短了结案用时，审限内结案率大幅提升。

建议：一是完善相关立法司法解释，修正民事程序分类方法，细化诉与非诉案件分类标准，构建科学的民事程序体系结构，优化审限设定；二是加强与仲裁机构的沟通交流，就涉外仲裁执行共性问题形成定期会商研讨机制，合力提高仲裁裁决可执行性；三是修订涉外仲裁司法审查申请收费标准，防止当事人滥用申请撤销仲裁裁决程序拖延执行，浪费司法资源；四是提高涉外仲裁案件保全比例，加大保全力度，引导申请人及时、正当地申请仲裁中财产保全，以保促执；五是拓展、完善“总对总”网络查控系统对涉外主体的财产查控范围和功能，提高执行财产查控能力和智能化水平；六是多方联动进行“查人找物”，加大执行和解力度，实质化解矛盾纠纷，促进当事人自动履行。

以区政府为被执行人的行政案件执行存在四方面问题

孙 彬[*] 张丽同[**]

北京市第四中级人民法院集中管辖以区政府为被执行人的行政执行案件。2016年至2023年9月，共受理此类案件104件。梳理发现，此类案件呈现所涉领域集中、调解结案占比高、执行周期较长、纠纷实质化解不易、群众意见突出等特征。调研发现，此类案件办理中存在四方面问题，不利于“民告官”案件中原告胜诉权的及时兑现。

一是缺乏配套的执行实施细则，导致执行措施作用发挥不足。《行政诉讼法》第九十六条规定了对行政机关拒绝履行法院生效裁判的执行措施，主要包括划拨、罚款、公告、司法建议、拘留和追究刑事责任等方式。但具体执行过程中缺乏专门且具体的实施细则，同时囿于行政机关所具有的公权力属性，较为成熟的民事执行措施在行政案件执行中往往会遭遇“适用不能”的困境，可以适用的强制措施较少，无法对行政机关产生较强的约束力。如某公司与某区政府执行案件中，某区政府迟迟不履行法院生效裁判所确定的对该公司合法财产损失的补偿职责，考虑到行政机关内部财务的审批流程，法院难以通过划拨的形式直接兑现原告的胜诉权益，且现行法律规范就此类情形也缺乏有效且合适的执行措施。

二是行政诉讼判决类型多样，导致执行完毕评价标准难统一。行政诉

* 孙彬，北京市第四中级人民法院民庭法官助理。

** 张丽同，北京市第四中级人民法院行政庭法官助理。

讼判决包括撤销判决、履行判决、确认判决、变更判决等不同类型，每一类型又可细分为不同情形。审判阶段中履行法定职责判决、撤销重作判决是否具有执行力尚存在争议，导致执行阶段相应判决类型的执行标准、执行完毕评价标准难以统一。104 件案件中，履行法定职责判决的执行案件有 59 件，占比 56. 7%；撤销重作判决的执行案件有 31 件，占比 29. 8%。如在某公司与某区政府执行案件中，双方就生效裁判所确定的履行方式、履行内容和履行标准争议较大，致使法院无法准确把握执行标的的完毕标准。

三是执行阶段府院联动机制欠缺，导致执行程序缓慢。实践中，区政府主要承担统筹协调、督促指导的职责。以征收补偿行为为例，区政府作出征收补偿决定前一般需要协调规划、住建、财政等多个行政机关。但执行阶段法院协调各委办局难度较大，同时也缺乏执行阶段的联动机制，导致执行难度较大。如某养殖企业与某区政府执行案件中，区政府实质履行补偿职责的过程就需要区司法局、区农业农村局、镇政府等多个职能部门配合，导致实行执行程序推进缓慢。

四是申请执行人对执行结果认可度不高，导致行政诉讼程序空转现象加剧。在行政执行案件尤其是履责类案件中，行政机关多以原则性答复甚至是重复答复作为最终履行方式，难以满足申请执行人的要求，申请执行人对执行结果认可度不高。104 件案件中，申请执行人因不满执行结果再次提起行政诉讼的案件有 28 件，高达 26. 9%。如在张某与某区政府的执行案件中，区政府在执行过程中重新作出行政行为，但张某认为区政府并未完全履行生效判决所确定的义务，即再次针对重新作出的行政行为提起行政诉讼。

建议：一是牢固树立公正司法的理念，构建行政案件审执一体化模式。引导审判法官将执行理念贯穿审判全过程，进一步加强裁判文书说理，注重判项的明确性和可执行性，充分释放审执一体化的“乘法效应”。二是牢固树立双赢、多赢、共赢的理念，推动行政争议的实质化解。坚持依法调解和实质化解相结合，积极搭建申请执行人与被执行人沟通交流平台，加强对被执行人的履职指导，争取同一争议在同一诉讼、执行程序实质化解。三是坚持和发展新时代“枫桥经验”，推进行政争议的实质化解。健全行政执法与司法审判的衔接机制，完善行政执行案件府院联动机制，推动将行政机关自动履行法院裁判纳入法治政府考核体系，促进行政机关在行政执行案件中做实依法行政。四是完善行政诉讼执行规则，明确类案执行标准。加强行政执行案件问题的梳理分析，总结执行规律，形成执行标准，及时通过发布典型案例、司法建议等方式，把司法理念、执行标准传导至行政机关，促进形成行政争议化解合力。

涉外商事执行案款发还尚存三大难题

王志鹏*

2019年至2021年，北京市第四中级人民法院共受理涉外商事执行案件1378件，其中526件案件申请执行人为外国、港澳台企业，涉案金额达300亿元。调研发现该类案件执行案款存在发还难题。

一是将案款直接发还至境外账户缺乏依据。外国、港澳台企业的申请执行人在境内没有银行账户的占比近20%，由于目前法律尚未明确规定涉外商事案件的执行案款发还方式，导致法院将案款直接发还至境外账户缺乏依据和流程指引，加之该类案件一般为集中管辖，数量相对较少、可借鉴的经验不多，案款发还难问题难以根治，损害司法权威。

二是案款发还耗时长，影响外商权益保障。目前该类执行案款的主要发还方式是由代理权限为特别授权的案件代理律所代为接收案款。但实践中，案件代理律师转所、申请执行人更换代理律师、代理律师为一般代理权限等情况时常发生，均需重新授权，由于该类案件授权需在境外办理并公证，受疫情影响，所需时间往往更长，不利于外商合法权益的保护。另外，即使案件代理律师为特别授权，若具体授权事项中未明确“代为接收执行案款”，也需对授权材料进行补充完善，由于相关费用较高，在案件标的额较小或案款到位数额较小的情况下，申请执行人重新出具或补充授权材料的积极性不高，影响外商投资经营信心。

三是律所代为接收案款参与度不高，影响执行效果。律所代为接收案

* 王志鹏，北京市第四中级人民法院综合审判庭法官助理。

款，虽能避免由于发还程序不通畅造成的案款长期积压的情况，但律所对代为接收的案款，尤其是数额较大的案款是否会被认定为律所营收而缴纳较大金额税款存在顾虑，导致代为接收执行案款的积极性和参与度大打折扣，主动配合法院工作的在申请执行人为外国、港澳台企业的执行案件中占比仅为5%。

建议：一是明确将案款发还委托公证材料作为立案材料的一部分，由申请执行人指定委托收款账户，与授权手续等一并进行公证并提交法院。二是制定律所代为接收涉外执行案款相关免税政策，简化以律所为主体发还执行案款的手续材料。三是引入第三方合作机制，由固定银行网点等办理相关业务，申请执行人签收法院出具的提款单后即视为执行案款发还完毕。

五心聚力·四色执行　北京市第四中级人民法院以特色党建文化为指引，助推执行工作高质量发展

贾丽英[*]　薄秋菊[**]

近年来，北京市第四中级人民法院执行局坚持以习近平新时代中国特色社会主义思想为指导，深入学习贯彻习近平法治思想，全力打造“五心聚力·四色执行”特色党建文化，将党建引领、党旗飘扬和党员先锋模范作用贯穿于执行工作全过程，努力实现法院文化建设特色项目与党的主题教育实践活动、党支部的日常活动、司法改革的深入推进的融合发展，形成以党建带队建、以党建凝人心、以党建促执行的立体化、可持续的新时代党建格局。党建文化建设助推执行工作取得优异成绩，北京市第四中级人民法院执行工作连续三年在最高人民法院执行四项核心指标及北京法院目标责任制考核中名列前茅。

维护核心对党忠诚，持续强化引领力，打造红色执行

北京市第四中级人民法院执行局党支部坚持以政治建设为统领，赓续红色基因，巩固拓展近年来开展的“不忘初心、牢记使命”主题教育、党史学习教育以及政法队伍教育整顿活动成果，深入开展学习贯彻习近平新时代中国特色社会主义思想主题教育，牢牢把握“学思想、强党性、重实

* 贾丽英，北京市第四中级人民法院执行局副局长。
** 薄秋菊，北京市第四中级人民法院执行局书记员。

践、建新功”的总要求，不断强化政治引领。坚持以组织建设为保障，开展“弘扬模范精神凝聚榜样力量”“红心向党，勇当先锋”“迎七一、守初心、强党性”“执行战线绽放军转风采”等一系列主题党日活动，支部书记讲授《深刻领悟两个确立决定性意义　坚决做到两个维护打造风清气正的执行铁军》党课，不断强化组织引领。坚持以建设学习型党支部为落脚点，以线上平台为抓手，不断延伸党建工作触角，通过充分调动干警参与党课、党日活动、专题组织生活会、宣讲活动、征文活动等实践活动，不断强化行动引领。坚持广泛动员、积极组织，推进“我为群众办实事”，支部积极响应机关党委号召，选派精干人员驰援基层社区，参加疫情防控志愿服务活动，为首都疫情防控加油助力，不断强化服务引领。

围绕中心服务大局，持续加强执行力，强化蓝色执行

作为跨行政区划改革法院，北京市第四中级人民法院受理的执行案件往往具有当事人数量多、财产分布广、标的额大、财产种类复杂、产权明晰难、查人找物难、案款发还难等特点。执行局党支部深入贯彻蓝色公正理念，依托本院国际商事法庭建设及涉外审判工作特色，大力推进对涉外执行难点热点问题的调查研究。形成多份信息和调研报告的同时，通过召开《新类型财产执行新闻发布会》、《善意文明执行工作新闻发布会》以及《申请承认和执行域外仲裁裁决和法院判决十大执行案例新闻发布会》介绍经验做法。创新总结出“四个平衡工作法”，即执行案件要着力平衡依法保障胜诉当事人合法权益与尽量减损对被执行人影响的关系，平衡严格规范公正执行与善意文明妥当执行的关系，平衡依法打击惩处规避、逃避执行等违法行为与营造鼓励自动履行、支持诚实信用良好氛围的关系，平衡执行案件公正办理与优化营商环境的关系。

坚守初心司法为民，持续增强战斗力，推进绿色执行

北京市第四中级人民法院执行局党支部强化绿色科技支撑，依托科技赋能，推出多项司法便民举措。一体化做好涉外执行工作，通过集智攻关深度调研、积极妥善采取强制措施、有力有序推进财产处置等，有效破解涉外商事案件执行难题。积极运用执行信息化建设成果，大力拓展线上执行，助推企业复工复产，确保抗疫和执行两不误。在北京某生物科技有限公司进出口代理合同纠纷执行案中，组织双方当事人通过云审判系统进行谈话，仅用不到48小时即促成双方握手言和，并立即远程对被执行人账户进行了解封，该案入选最高人民法院第三批全国法院服务保障疫情防控期间复工复产典型案例。依托科技手段开展普法宣传，制作时尚潮流普法剧《这！就是执行》，通过微信、微博、抖音、快手、今日头条、腾讯视频多平台推送，及时回应社会关切，提高全民学法守法意识，视频总播放量近百万。创新建立“协助执法业务线上通道”，与中国结算北京分公司签署合作备忘录，通过电子平台实现协助执法业务线上办理、线上传输，优化协助执法业务办理方式，提高执行查控办理效率，为构建全社会解决执行难大格局拓宽渠道。

守正本心务实规范，持续增强约束力，促进纯色执行

北京市第四中级人民法院执行局党支部始终坚持规范、分离、制约执行权的基本原则，严守纯色廉政底线，通过深化一项教育、扭住三个风险点、强化三重监督，不断健全完善“133”执行监督管理体系。“深化一项教育”，即通过支部党员大会、组织生活会等形式将廉政教育常抓不懈，确保廉政要求落实落细。“扭住三个风险点”，即聚焦案款管理、财产处置和终本规范，确保重要环节万无一失。出台加强案款发还工作办法，督导案款专管员严谨履职，常态保持案款规范化管理，严防执行案款底数不清、管理混乱、去向不明的问题；制定执行财产处置流程指引，促进财产线索接转中心规范高效运行，防止出现财产处置流程不畅、效率低下问题；实行案件终本法官裁量提起终本、合议庭合议、指挥中心检查机制，确保终本案件始终保持全部合格。“强化三重监督”，即围绕内部、外部和环节织密监督网，确保执行工作高效规范运转。建立首责监督制，执行局长一竿子插到底，对执行干警亲抓亲管、全面监督；实行执行实施和执行裁决分立，执行实施由执行局负责，执行裁决由审判庭审理，确保执行工作公平公正有序开展；充分有效发挥廉政监督员的职能作用，切实抓好在

执行各环节的日常廉政管理。

勠力同心团结奋进，持续提升凝聚力，共筑“四色执行”

北京市第四中级人民法院执行局党支部着力发扬融洽合作、强力执行的支部精神，把支部核心精神融入执行干警的行动准则中，切实转化为执行干警锐意进取、开拓创新的强大动力。建立亲情廉政监督员制度，培育良好家风，开展形式多样的家风培育活动，携手家庭成员共同践行社会主义核心价值观，选树优良家风典型，召开干警家属座谈会，通过典型引路、样板示范，引导执行干警和家庭成员积极营造良好家庭氛围，让优良家风引领家人向上向善，成为执行工作的坚强后盾，稳固执行队伍大后方。着力讲好执行故事，结合自身办理执行案件的特点，紧扣直接提升人民群众司法获得感的执行工作，聚焦广大一线执行干警，原创制作了执行主题歌曲《守望者》及 MV，将执行工作的日常融于歌曲和视频，通过展现执行干警执着奋斗的缩影，唱出了执行干警的初心，唱出了执行干警保障胜诉权益实现的决心和勇气，讴歌了执行干警的忠诚奉献担当，展现了执行工作新成效新气象，为努力开创新时代执行工作新局面，谱写切实解决执行难新篇章营造更加良好的舆论氛围。

截至 2023 年 9 月底，北京市第四中级人民法院四项核心指标均位居全市中院第一，已结案件终结占比、已结案件终本占比、信访办结率、信访化解率等指标位居全市法院第一，旧存案件清理率达到 95. 12% ，取得较好成绩。成绩的取得，离不开最高人民法院执行局和北京高级人民法院执行局的大力支持和指导。下一步，北京市第四中级人民法院执行局党支部将以党的二十大精神为指引，继续发扬执行铁军精神，秉承善意文明执行理念，坚持司法为民、公正司法，踔厉奋发、勇毅前行，持续深化党建文化建设，提升人民群众的司法获得感，助力执行工作不断迈上新台阶，为优化营商环境提供坚实的司法服务保障，为建设法治中国添砖加瓦、保驾护航！

四方面问题掣肘涉外案件执行效能提升

张　琮[*]　孙　彬[**]

2019 年至 2023 年，北京市第四中级人民法院集中管辖本市标的额在 50 亿元以下的一审涉外及涉港澳台商事案件，其间共受理此类执行案件 844 件，涉案执行标的金额约 163 亿余元，执行到位约 35 亿余元，涉及日本、沙特、俄罗斯、英国、美国、阿根廷、肯尼亚、澳大利亚及我国港澳台地区等 51 个国家和地区，遍布亚洲、欧洲、美洲、非洲、大洋洲。经调研发现，涉外民商事执行案件办理中存在四方面问题，制约和影响申请执行人胜诉权益的实现。

一是财产登记与查控存在漏洞，致使执行强制措施效果不佳。被执行人为外国国籍的，由于名字中中英文、大小写及特殊符号、国籍变更等问题，不同登记部门的登记身份信息与法院案件信息存在不一致的情形，造成财产查控及采取限制高消费、限制出境等惩戒措施时无法一一对应，网络查控财产的效果不佳，惩戒措施威慑力大打折扣。如 2021 年立案执行的成功（中国）大广场有限公司与周某等申请认可和执行香港特别行政区仲裁裁决一案中，周某拥有香港永久居民身份证，但其房产却登记在原大陆居民身份证下，依据其现有香港身份信息无法通过网络查控系统有效查实财产。

二是涉外执行款的缴纳、扣划与发放不畅，致使执行款发放效率较

---

* 张琮，北京市第四中级人民法院综合办公室法官助理。
** 孙彬，北京市第四中级人民法院民庭法官助理。

低。目前，人民法院外汇账户的开立尚未普及，一方面，外币账户无法直接网络扣划；另一方面，申请执行人等境外主体未开立境内账户的，导致案款发还不畅。如在2023年执行的保讯企业有限公司与张某铭保证合同纠纷一案中，申请执行人为境外公司，约1900万元案款到账后，因其在境内没有账户，代理律师所在律所亦不愿意代收，导致案款拖延数月无法发还。

三是涉外执行法律规则尚不健全，影响执行程序进程的法律行为或者事实发生在境外时的执行规则不明。执行过程中，境外当事人发生有关主体民事行为能力的诉讼、境外就已经承认与执行的案件所涉纠纷启动刑事程序、被执行人境外破产、境外作出要求停止请求执行的决定等情形发生时，执行程序对此如何应对尚无法律规定，具体处理规则缺少统一尺度。在2023年立案执行的笃遐科技有限公司与冯某申请认可和执行香港国际仲裁中心仲裁裁决一案中，作为申请执行人笃遐科技有限公司股东的被执行人向执行法院主张其已向仲裁所在地法院提出解散该公司的申请，并称根据当地法律规定，公司解散后将由作为股东的被执行人行使公司权利，此时执行法院应当如何处理，没有相应法律规定。

四是现有文书送达制度与执行质效要求不符，致使被执行人诉讼知情权保障难。涉外执行与涉外审判需送达的诉讼文书类型及频次有较大差异，涉外执行存在更多需要送达文书的执行节点。按照民事诉讼法及相关规定，在“查、扣、冻、评、拍”等节点均需向被执行人送达各类通知书、评估报告等材料，如通过司法协助或者涉外公告送达所有执行文书，将严重制约执行效率，增加执行成本。

建议：一是做好涉外执行顶层设计，完善涉外执行规则，增加涉外法律规则规范的供给。加强府院联动，统一外籍人员的信息登记标准，建立移民人员身份信息保留制度和移民财产报告制度，探索建立失信外企警示机制，形成涉外执行工作合力。二是根据涉外执行案件特点完善涉外执行案件监督管理制度，制定科学的涉外执行案件考核体系提高涉外执行的管理效能。三是加强科技赋能，提高涉外案件中查人找物的能力。

“保交楼”背景下在建工程司法处置中的法律风险分析及应对建议

贾丽英* 孙 倩** 陈 涛***

近年来，受经济下行等因素影响，部分房地产开发企业因资金链断裂出现停工、停建现象，逾期交付、烂尾楼引发社会问题。与此同时，房地产开发企业因债务、工程等纠纷被频繁诉至法院，大量在建工程被采取查封措施而进入司法处置阶段。在建工程作为特殊类型财产，所涉利益关系复杂，在司法处置程序中面临着从查封、拍卖到过户的一系列法律风险。“保交楼”系列政策出台、施行后，在建工程司法处置呈现出新变化。近期，我们聚焦“保交楼”政策的深入推进和落地，调研在建工程的司法处置新的解决方案，推进在建工程复工、交付，总结梳理了相关法律风险，并提出对策建议，以供参考。

一、涉在建工程执行案件的形势特点

网络拍卖是人民法院处置包括在建工程等资产最主要的方式。据不完全统计，2020 年至 2023 年人民法院在淘宝网和京东网司法拍卖平台处置在建工程的案件数量共 1500 余件，主要分布在二、三、四线城市，涉及住宅用房、商业用房、工业用房等多个领域。涉在建工程执行案件牵涉主体

---

* 贾丽英，北京市第四中级人民法院执行局副局长。
** 孙倩，北京市第四中级人民法院综合办公室副主任。
*** 陈涛，北京市第四中级人民法院执行局法官助理。

复杂、处置变现涉及查封、评估、拍卖以及案款分配等环节，需要平衡好债权人、被执行人以及消费者等各方的利益，各个环节中均易衍生出各类执行异议和异议之诉，案件执行面临较大压力。

具体来看，随着“保交楼”政策的深入推进和落地，涉在建工程司法处置案件呈现以下突出特点：一是涉在建工程执行案件数量逐渐回落。案件总数在连续两年快速上升后（其中 2021 年同比增长 15%，2022 年同比增长 20%），在 2023 年呈现出下降趋势，同比下降 16%，反映出随着“保交楼”政策的深入实施和房地产市场的逐渐稳定，房地产开发企业“暴雷”风险得到一定程度化解。二是住宅和商业类型的在建工程占比多。2020 年至 2023 年，人民法院通过京东网和淘宝网司法拍卖平台拍卖的在建工程数量共 3900 余处，除 2023 年外，住宅和商业类型的在建工程拍卖数占本年度在建工程拍卖总量比重均超过 90%，反映出在房地产市场波动影响下，住宅用房和商业住房最容易受到冲击。三是非一线城市在建工程“暴雷”风险高。2020 年至 2023 年人民法院公开处置在建工程数量排名前十的城市基本为非一线城市，数量总和超过了拍卖总量的 50%，反映出这些城市城镇化进程较快，房地产企业一定时间内发展势头较猛，但是商品房预售资金监管制度落实不严等原因导致部分项目在资金链断裂或市场需求变化时，在建工程因不能获得新的资金投入而出现停工、停建现象，使风险较为集中。四是在建工程司法拍卖成交率总体呈下降趋势。2020 年至 2023 年人民法院拍卖在建工程的成交率总体呈下降趋势，其中 2020 年成交率为 26%；2021 年成交率为 10%；2022 年成交率为 12%；2023 年成交率为 13%。市场供需关系的变化是导致成交率下降的重要原因。近年来，受知名房地产开发企业陆续出现“暴雷”现象的影响，社会公众的市场信心明显不足，加之在建工程不稳定因素较多且产权登记困难较大，社会公众对通过司法拍卖平台购买在建工程持有谨慎态度，潜在买家的参与度和购买意愿较低，导致处置在建工程的难度加大。

二、在建工程司法处置中的法律风险

一是涉在建工程法律法规缺位。在建工程处置难很大程度在于在建工程司法处置部分关键环节缺乏清晰明确的法律规定或者可操作性的规则。如,《善意文明执行意见》第五条对查封在建工程予以规定,但未明确查封在建工程的具体方式。当不同的执行法院对在建工程采取公告查封或登记查封等不同的查封方式的情况下,在法律法规未明确规定前,首封处置权的归属的争议在所难免。

二是在建工程登记和管理机关不统一。我国的不动产登记模式长期存在分散登记、多头管理的弊病,《不动产登记暂行条例》没能从制度层面和法律层面彻底解决当前我国不动产登记机构分散的现状,这也直接导致了全国不动产管理制度不统一,各地对在建工程的管理权力分散在自然资源和规划局、行政审批局等名称不一的权力机关,使在建工程登记和管理较为混乱,相关不动产登记信息无法共享,易导致土地和房屋登记信息不能全部一一对应。如人民法院查封了在建工程中的土地使用权,由于对土地使用权的查封一般由自然资源部门下的不动产登记部门负责,囿于不同部门之间的信息的不对称、不共通,住建部门往往还会继续为商品房消费者办理商品房的销售(网签)备案。

三是不动产登记管理的配套政策不完善。由于相关配套政策不完善、贯彻不彻底,导致实践中出现因"一房多卖""先卖后押"等多次处分引发的权利冲突、因预售资金监管不严引发房地产项目"暴雷"风险、因购房者信息掌握不全面引发的权利冲突等。此外大量的房地产开发企业"先上车后买票"欠缴土地出让金,之后再用建好的房屋来抵顶欠缴的土地出让金,而相关纠纷进入强制执行阶段,欠缴的土地出让金以及各种税费严重影响执行工作的进行。

四是对商品房消费者保护机制不健全。为了保护商品房消费者生存权这一基本权益,相关司法解释均强调"以居住为目的"的商品房消费者的房屋交付请求权等权利优于建设工程价款优先受偿权、优先于抵押债权和普通债权这一基本原则。但实践中,对于一般购房者的权利保护门槛则较高。由于商品房销售过程中存在信息不透明的问题,要求一般购房者在购房前去查阅不动产登记簿以了解在建工程有没有被查封或者有无抵押权、有无建设工程价款优先受偿权或其他债权,显然过于苛刻。在此情况下,一般购房者权利受损的现象频发。

五是在建工程处置成功后难以过户。即使在建工程通过现状拍卖成功，由于在建工程未办理竣工验收，不具备办理不动产登记的基本条件，因此法院在向买受人出具成交裁定后，往往面临买受人难以办理过户的情况，进一步加剧在建工程无人竞买的现状，使在建工程的处置陷入恶性循环中。

六是案件易引发社会稳定风险。涉在建工程强制执行案件的案由一般是借款类合同纠纷和建设工程施工类合同，这两类案件在审判阶段虽然法律关系较为清晰明了，但是在处置阶段往往涉及多方利益主体，如建筑工程承包商、建材供应商、农民工、购房人、金融机构等，各方利益冲突犬牙交错。在建工程能否妥当处置不仅关系到执行案件办理的成效，更关系到民生福祉。如果处置不慎，极容易引发群体事件。

三、应对建议

一是强化府院联动助推在建工程复建交付。人民法院应坚持依法履职，积极与属地政府沟通协调，建立有效的“保交楼”政策协调沟通机制，加强信息交流、意见沟通、协商协作。认真研判被执行人具体情况，积极与申请执行人、被执行人以及相关政府部门沟通在建工程复建方案，在尊重当事人的意思自治和权利处分的基础上，积极促成案件当事人之间达成执行和解协议，对在建工程暂缓采取变价措施。对符合政策专项借款条件的在建工程，积极引导申请专项借款，同时联动住建部门依法释放预售监管资金，增加对在建工程复建的资金支持，推动在建工程的复建交付，打破执行僵局，从而实现各方利益的最大化和社会资源的优化配置，实现政治效果、社会效果、法律效果的有机统一。

二是以“破”促“执”保障在建工程复工复建。对于符合破产条件的案件，人民法院应当积极引导债权人申请“执转破”，依托“执破融合”机制，充分发挥破产程序的债务概括清偿功能，以“破”促“执”推动纠纷化解。在破产程序中，积极发挥债权人会议的作用，依托债权人会议就在建工程复建融资方案、资金封闭管理方案、投资人的权益保障、债权人监督复建工作等进行协商，聘请第三方评估机构对已完成工程量进行现场确认并审计，确定在建工程复建所需融资金额，争取达成共识，引进破产重整投资人，找到平衡各债权人以及债务人利益的最优解。优化管理人选任方式，通过落实工作方案、定期对接、周报制度、薪酬激励机制、考评反馈机制等一系列制度指导监督管理人工作，确保管理人积极认真履职，保障在建工程复建完工。

三是健全合同备案与预告登记衔接机制。促进房地产市场平稳健康发展，需要“抓前端、治未病”，从源头上防范化解房地产行业不稳定风险，切实将“以人民为中心”落到实处。聚焦在建工程司法处置中的法律空白和法律法规冲突，及时向立法部门提出工作建议，制定出台落实《民法典》预告登记制度的细化操作办法，明确预告登记的主体、流程、时间、后果，在合同示范文本中增加办理预告登记的条款，积极引导、鼓励权利人及时办理预告登记，防范后续风险。积极推进“一窗通办”“一网通办”，实现网签与预告登记同步申请办理；建立健全行政、司法数据信息共享机制。推动不动产部门与住建部门打破信息壁垒，实现网签信息、查封、产权登记等信息共享，提供便捷的一站式信息查询服务，从源头上减少消费者购买已被查封、抵押商品房的情况发生，更好地保护购房人的权利，真正实现纠纷实质化解。

四是加大商品房预售资金监管力度。围绕在建工程执行案件中发现的行政管理漏洞，及时向行政机关发送司法建议，对突出法律问题作重点提示。在总结各地现有监管规则和实践经验的基础上，加快制定效力层级更高的商品房预售资金监管法规，或由各主管部门联合发布监管行政规章，进一步明确监管主体、监管要求、监管标准、监管措施、监管责任，完善恶意逃避监管的民事、行政、刑事责任三位一体的法律责任体系，保证预售资金专款专用、封闭运行，监管全面到位且有力有效，解决好当前监管规则不统一、责任轻等影响监管成效的突出问题。

五是畅通多元化解纠纷渠道。坚持把非诉讼纠纷解决机制挺在前面，积极推动建设行业调解中心建设，充分发挥建设行业纠纷矛盾与解决机制作用，建立健全建设行业纠纷诉调对接机制，依托人民法院审判资源优势，提供建设工程领域纠纷研判、咨询和保障“一站式”服务，推动纠纷实体性化解，持续深化法治化营商环境，服务保障经济高质量发展。

北京市第四中级人民法院执行财产处置辅助系统运行助力破解执行难

张 卫[*] 孙 倩[**]

为助力执行难问题的解决，北京市第四中级人民法院立足于跨行政区划法院职能定位，积极探索借助网络大数据推进执行信息化建设，开发“四中院执行财产处置辅助系统”并于 2017 年 11 月 21 日正式上线运行。该系统将执行财产处置程序中的评估、拍卖预测、信息告知、拍品推广、法规查询等功能集于一体，让当事人在执行财产处置过程中充分感受到执行程序的公开、公平、公正。

一是智能评估，客观、快速预测待处置财产评估价格。“智能评估”模块依托网络大数据建设的各类商品数据平台，根据执行财产的价格特点，综合参考其自身现状、产权及该类财产市场价、历史成交量等因素，对执行财产进行实时评估。如待处置房产，仅需几秒钟时间，系统就能得出相对客观、贴近市场价格的预评估价格，一定程度上解决了评估周期长、评估价格与市场价格差距较大等问题，进一步规范执行财产价格评估工作的同时，为今后价格评估模式的创新提供新思路、新方向。

二是拍卖预测，让起拍价格确定有据可依。在智能评估的基础上，“拍卖预测”模块建立拍卖预测模型，并智能匹配相似财产的起拍价、成

---

* 张卫，北京市第四中级人民法院执行局原局长，现任北京市第一中级人民法院审判委员会专职委员。

** 孙倩，北京市第四中级人民法院综合办公室副主任。

交价、拍卖次数、拍卖时间等数据，经测算给出一个较为客观的建议起拍价，为执行法官最终确定起拍价格提供较为科学的参考依据，既有助于提高执行财产处置工作的规范性，又能确保拍卖程序更加公平、公正，还为待处置执行财产进入市场提前预热。

三是法规支持，为财产处置提供政策、法律参考。“法规支持”模块在获取全面、详细的法律文书、资产购买资料数据的基础上，基于先进的NLP识别方法，解析执行案件涉及的法律、法规及拍卖财产信息，并自动进行税费计算、购买资质与购买限制查询、购买风险识别；根据关键字自动关联识别相关或相近的案件及判案资料，方便法官实时查询相关信息，为法官处置执行财产提供相关法规参考。

四是信息告知，让当事人“话语权”落地有声。法官通过“信息告知”模块，一键形成二维码并发送至当事人手机，当事人扫描二维码即可进入拍品信息页面，案件相关信息及待处置财产状况、评估价格、拟起拍价格以图文方式呈现，页面还设置有“建议留言”模块，当事人可以对上拍价格及其他事项提出建议，不仅方便当事人快速、便捷获取相关案件执行财产基本信息、评估信息，及时知晓涉案财产处置的相关进展，还便于其反馈对拟拍卖财产的定价建议，让当事人“话语权”落地有声，确保执行财产处置流程更加公开、透明、规范。

五是拍品推介，个性化推广助推拍品高效、溢价成交。“拍品推介”模块借助庞大的网络客户群体，根据客户不同喜好和自身经济实力，将待处置财产个性化地推广至相应客户，拓宽待处置财产的受众范围，协助法院在执行财产变价中进行大数据推介，破解法院待处置执行财产社会关注度低乃至“无人问津”的困境，提高法院执行财产处置效率及溢价率。

北京市第四中级人民法院“三强化一缩短”促进执行质效快速提升

孙　倩*

2020年以来，在全市法院新收案件数量总体下降态势下，北京市第四中级人民法院执行收案不降反升，前三季度新收首执案件数同比增长69%，平均申请执行标的金额2.14亿元，执行总收案数同比增长22.5%，增长率全市第二。通过“三强化一缩短”，着力提升办案质效，提前超额完成超期案件清理工作任务，前三季度“3+1”核心指标、案拍比等多项数据居中级人民法院第一。

一是强化财产调查。首次、恢复执行案件收案后3天内全部集约发起“最高网络查询”，成为全市唯一网络查控措施期限内发起率达100%的法院；累计签发180余份调查令，积极引导律师参与财产调查程序，推动财产调查向纵深发展；结合涉案财产多位于外省市的特点，灵活运用事项委托平台，请求财产所在地法院协助办理，事项委托发起率达213.4%，大量事务性工作得以高效办理。

二是强化财产处置。开发“执行财产智能辅助系统”，将全部待处置财产录入系统进行归集管理，符合处置条件的一律进入评估、拍卖程序，对工作不力的督办到人并在全局范围内进行通报；提高财产处置参考价定价效率，当事人议价、网络询价方式采用率高达58%，平均个案定价周期缩短30余天；网拍事项集约化、流水化办理，辅助机构在网拍组指导下集

* 孙倩，北京市第四中级人民法院综合办公室副主任。

约办理各类网拍事项，提高网拍效率和规范度的同时，减轻了承办法官事务性工作负担。前三季度案拍比达7.63%，高出全市平均值200%。

三是强化异地执行。作为跨行政区划法院，北京市第四中级人民法院绝大多数案件当事人或涉案财产位于外省市，受疫情影响2020年前7个月大量案件处于停滞状态。北京疫情防控形势见好后，集中力量开展异地执行工作，执行局局长带头、全员出动，仅8月、9月、10月三个月，全体20名干警出差总里程就达21万余公里，足迹遍布全国30个省、直辖市、自治区，人均月出差天数14天，大量财产得以成功上拍。8月、9月两月发布拍卖标的数量占1~9月数量的83.6%，极大地推动了执行工作进展。

四是缩短执行用时。秉承简案快执、难案精执原则，成立速执团队和普通执行团队，实行类案专办工作模式；严格设立案件办理期限，财产保全案件30天内办结，简单执行案件15天内办结，无财产终本案件30天内办结，涉及财产处置案件3个月内办结。多措并举下，该院1~9月首执案件结案平均用时从去年的162天缩短至99天，较全市平均执行用时节省近13天，位居全市中级人民法院第一，执行效率极大提升。

新定价模式下司法网拍工作尚存三个问题

孙　倩*

自《最高人民法院关于人民法院确定财产处置参考价若干问题的规定》实施以来，多元高效的网拍参考价确定方式推进法院网拍工作快速发展。2020 年全市法院发布网拍标的总金额 704 亿余元，成交额 264 亿余元，案拍比 5.14%，同比提升 66.3%，位居全国法院第二。但随着网拍工作的推进，新定价模式下的司法网拍工作存在的一些问题也日益凸显，主要体现在以下几个方面。

一是标的信息获取困难，竞买人知情权亟须保障。新定价模式一改传统评估“一枝独秀”的局面，当事人议价和网络询价因其高效便捷和零成本的优势而成为主要的定价方式。但是新模式缺少评估机构的协助，大量财产调查工作转由执行干警承担，工作量骤然增大，且系统对标的物信息抓取量较少，如不动产仅需填写产权证号、标的物坐落、建筑面积、所在楼层等信息后即可进行定价操作，标的物详细情况较少涉及。房产入户难、股权信息调取难等问题短期内难以解决，导致网拍公告中对于标的物信息披露有限，意向竞买人难以从网拍公告中获取详细标的信息，如房屋户型、属性、朝向、装修以及租赁情况等。

二是税费查询机制不畅通，竞买人承担责任不明确。《最高人民法院关于人民法院网络司法拍卖若干问题的规定》中明确因网拍本身形成的税费依照相关规定由相应主体承担，未对标的物本身欠费作出规定。实践

* 孙倩，北京市第四中级人民法院综合办公室副主任。

中，由于税收计算标准、负担主体等信息法院难以查明，虽经北京市高级人民法院执行局多次提示，但受制于客观条件，部分法院对费用承担的适用标准仍难以统一。经调研，80% 以上的法院在网拍公告中并未进行区分，部分法院甚至载明所有费用“一律由买受人承担”，标的物此前产生的物业费、取暖费、水电费等欠费一并转嫁到买受人身上，增加了买受人额外不确定的经济负担。

三是不良中介违规参与司法拍卖，或侵害当事人权益。为掌握拍卖标的更加详尽的信息，加上部分意向竞买人存在低价竞买的侥幸心理，一批“法拍中介”应运而生。中介人员自称手握“内部关系”，可获取“内部消息”，持有法院委托等，通过各种方法获取标的物信息后以法院名义发布，协助意向竞买人竞拍标的物，甚至承诺办理后续财产腾退、交接事项，并收取高额费用。中介的上述行为极易诱导买受人，使其误认为房产的腾退交付是由中介负责。经查，北京法院并未授权任何中介机构办理相关拍卖事项，中介机构上述自发行为可能损害意向竞买人合法权益，并扰乱北京法院网拍秩序，此“灰色地带”亦有损法院形象。

针对以上问题，北京市第四中级人民法院建议：

一是完善网拍公告内容。拍卖法院需加大对拍卖标的物调查力度，从意向竞买人关注的重点问题入手丰富网拍公告内容；从技术层面扩大执行办案系统“财产明细”必填项范围，进而在询价报告中予以公示；还可根据司法实践需要制定全市网拍公告模板，统一确定公告内容，规范网拍工作的同时提高拍卖成交率。

二是明确各类费用负担。拍卖法院应加强与税务机关沟通协调，查明税费负担主体及数额并进行明确公示，避免使用“一律由××承担”的字眼，以防给买受人带来不必要的损失。建议市高级人民法院主管部门加大监督力度，发挥指引作用的同时，定期对网拍不规范情况进行通报。

三是肃清非法中介机构。建议以法院名义向社会大众发布声明，提醒意向竞买人严防风险，铲除非法中介滋生土壤；同时向行政主管部门提出司法建议，严格审查拍卖公司经营范围，严厉打击虚假宣传、非法代理等行为，保障网络司法拍卖健康发展。

北京市第四中级人民法院全年发还案款35.86亿元不断提升人民群众获得感与满意度

范宗斌*

2022年，北京市第四中级人民法院深入贯彻善意文明执行理念，坚持创新工作思路方法，大力推进执行和解和以物抵债工作，努力提升案款发还质效，依法保障胜诉当事人合法权益，不断提升人民群众司法获得感与满意度。全年发还案款907笔，创历史新高，发还金额35.86亿元。

一是坚持善意文明执行理念，“执行和解”破僵局。针对部分执行案件当事人数量多、财产分布广、标的额大、财产种类复杂、产权不明晰、案款发还难度大等特点，始终坚持善意文明执行理念，着力平衡依法保障胜诉当事人合法权益与尽量减少对被执行人影响的关系，妥善处理依法打击惩处规避、逃避执行等违法行为与鼓励自动履行、支持诚实守信行为的关系，充分挖掘双方当事人的利益契合点，坚持反复沟通协调，大力抓调解促和解。全年和解结案214件，促进被执行人主动还款14.2亿元，其中现场还款7.92亿元，实现了政治效果、法律效果和社会效果的有机统一。

二是实施灵活执行措施，“以物抵债”促履行。坚持具体案件具体分析，充分考虑案件现实特点，杜绝僵化执行、教条执行。针对执行财产处置过程中，经过一拍、二拍、变卖等程序因无人竞买流拍，申请执行人权益难以保障的问题，进行深入研究，详细调查被执行人财产状况，提前摸底相关资产性质，全面分析“以物抵债”的可行性，准确把握利弊得失，

* 范宗斌，北京市第四中级人民法院督察室副主任。

确保打消申请执行人顾虑思想，积极推进“以物抵债”工作。顺利推进以物抵债工作。全年共以“以物抵债”方式办理执行案件 4 件，案件标的额高达 30 余亿元，有效保障了胜诉当事人的合法权益，促进了案结事了。

三是兼顾发还效率安全，“创新机制”提质效。在 2021 年执行案款专项清理行动的基础上，把提升案款发还质效作为全年执行工作的重点。严格落实北京市第四中级人民法院《加强执行案款发还工作办法》，充分发挥执行指挥中心案款专管员沟通协调、督办核查作用，在各执行团队设置案款管理员。建立团队案款台账，每日查看、及时收发、动态调整，坚决做到案款到账后及时认领，满足发还条件的案款及时发还，符合特定条件无法在规定期限内发还的及时推迟，确保案款发还工作绝不超期。探索建立承办人发起、部门审查、财务审核、院领导批准的全方位防控管理体系，坚决做到符合发还条件的一次性发放、发现问题一律核查、财务台账和案款系统核对一致，确保案款发还安全。2022 年，北京市第四中级人民法院案款发还周期同比缩短 18.2%。

执行局反映域外仲裁裁决和法院判决执行难的原因及处理路径

陈康辉*

北京市第四中级人民法院自集中管辖申请承认与执行域外仲裁裁决和法院判决审查案件以来，每年受理的该类案件平均维持在70件左右。按照制度设计，申请人向人民法院承认和执行域外仲裁裁决和法院判决时，承认审查与执行审查一般是同时进行的，在裁定承认与执行后，审查部门再将案件移送执行部门。执行局在办理该类案件过程中，发现该类案件在前期的审查阶段与后续的执行阶段存在脱节等问题，从而出现了已裁定承认和执行的域外仲裁裁决和法院判决在进入执行阶段后因各种原因而无法得到执行的情况。

经调研，主要有以下三个方面的原因：一是法系差异。域外仲裁裁决和法院判决往往适用的是域外法，以承认和执行英国法院作出的生效判决为例，因为英国为判例法国家，而我国为成文法国家，法律专业术语无法完全对应的问题司空见惯，加上翻译过程中可能出现的讹误，难免出现一些裁判内容在域外可顺畅执行，但在境内却无法顺利执结的情形。二是制度差异。在国内，人民法院在解决纠纷往往会在审执兼顾的基础上作出裁判，从而避免发生法律效力的裁判无法得到执行的情况。与此相对的是，域外仲裁机构和法院判决在适用域外法进行裁判时，当然不会将中国的法律法规及监管政策作为裁判的考量因素，由此必然会出现部分已裁定承认

* 陈康辉，北京市第四中级人民法院执行局法官助理。

和执行的域外仲裁裁决和法院判决在执行阶段因为违反我国相关的法律法规或监管政策而无法执行的问题。三是认识差异。申请承认与执行域外仲裁裁决和法院判决审查案件一般由审判庭的法官进行办理，由于缺乏相关的执行工作经验，承办法官往往存在重审查、轻执行的办案习惯，即在办理该类案件中往往侧重于审查域外仲裁裁决和法院判决的效力是否应当得到承认和执行，而忽视了域外仲裁裁决和法院判决在裁定承认与执行后，其裁判内容在执行阶段能否得到顺利执行等问题。

建议：一是要统筹兼顾，厘清承认与执行之间的关系。执行作为执法办案工作的最后一公里，切实关系到当事人的合法权益的实现。在办理域外仲裁裁决和法院判决承认与执行案件中，承办法官应转变重审查、轻执行的办案思维，要在审查阶段充分考虑到域外仲裁裁决和法院判决在国内执行的特殊性，积极主动同执行部门建立常态化沟通调研机制，对于在执行中违反相关法律法规、监管政策的域外仲裁裁决和法院判决内容，对该部分内容可裁定不予承认与执行。二是要区分类别，尽可能尊重境外裁判的内容。域外仲裁裁决和法院判决在裁定承认与执行后出现确无法执行的原因多种多样，有的是因为在执行中违反相关法律法规、监管政策，有的是因为技术等客观原因无法执行，除因为域外仲裁裁决和法院判决在执行阶段违反相关的法律法规、监管政策而无法执行的情况外，则应当最大限度尊重域外仲裁裁决和法院判决的内容，在执行阶段再对相关问题另行区处。三是要灵活处理，保障胜诉当事人的合法权益。在对域外仲裁裁决和法院判决进行承认与执行审查的过程中，为保证域外仲裁裁决和法院判决在得到承认与执行后能在执行阶段顺利，在保证执行不得违反相关的法律法规、监管政策的基础上，可以在民事裁定中进一步明确执行的具体方式或者表明执行中灵活采取有利于执行的其他执行方式，从而尽最大可能实现胜诉当事人的合法权益。

执行局调研财产处置权商请移送制度存在的问题并提出优化建议

孙　彬*

实践中，首封法院在查封特定财产后因各种原因长期未启动处置程序的情况多发，轮候查封法院只能通过商请移送制度向首封法院商请移送特定财产的处置权，从而获得对该财产处置权。北京市第四中级人民法院执行局经调研财产处置权商请移送制度，发现商请移送执行是一个复杂耗时且落实困难的制度，主要原因有以下三个方面：一是权责规定不明。无论是《最高人民法院关于人民法院办理财产保全案件若干问题的规定》，还是《最高人民法院关于首先查封法院与优先权执行法院处分查封财产有关问题的批复》，均未对作出商请移送决定的部门或责任人作出明确。比如，根据《最高人民法院关于人民法院办理财产保全案件若干问题的规定》，首先查封法院采取查封措施后超过一年未对保全财产进行处分的，在先轮候查封的执行法院可以商请保全法院将被保全财产移送执行。但是，保全查封超过一年未处分的案件，多存在案情复杂、审判周期长的问题，普遍存在保全查封措施由一审法院实施，而商请移送时可能在二审、再审的情况。此时，应当由哪个法院、哪个部门、哪个法官作出移送执行的决定，法律规定不明、实践中多有争议，致使商请移送效率较低。类似情况还有，有的法院实行裁执分离，审判部门作出保全裁定，执行部门实施保全措施；有的是保全措施所涉裁决已经生效，但是债权人未申请执行；有的

---

* 孙彬，北京市第四中级人民法院民庭法官助理。

是申请保全的当事人撤诉或者与被告达成和解，但是保全措施未解除。二是商请移送的衔接机制不畅。比如，保全措施所涉案件虽然进入执行程序，但是根据保全裁定及实施保全所留法律文书，难以及时确定执行案件案号和执行法官。再如，抵押财产存在抵押，首封法院及债权人往往没有动力启动处置程序，导致虽然财产被查封，但长时间不启动处置程序。这种情况下，许多案件进入终结本次执行程序，由于承办法官变更、不同法院内部案件管理模式不同，导致首封法院承办人难以确定。三是法律位阶较低，规则适用受阻。关于商请移送执行的两个规定，均是司法解释，适用范围较窄且较为专业，许多当事人及审判人员，甚至执行人员对该制度的了解还不够，在执行过程中，常常产生适用争议。比如，许多保全法院在审判阶段收到商请移送函后，以案件尚未进入执行程序为由，不予移送。

建议：一是规定首先查封为保全查封的，在先轮候查封的执行法院有权不经商请移送处置保全财产。保全查封的目的是防止被告转移财产，保全查封后，限制被告转移财产的目的已经达到，但是保全法院尚未获得财产的处置权。因此，在先轮候查封的执行法院可以不经商请移送处置保全财产。二是在强制执行法中规定商请移送执行制度，提高商请移送法律规则的法律位阶、普及性和强制性。三是将商请移送纳入委托事项范围，依托事项委托系统办理商请移送执行事项，畅通商请移送执行衔接机制，提高商请移送衔接、沟通效率。

四重障碍影响涉外商事案件执行成效

孙 倩*

自北京市第四中级人民法院集中管辖涉外商事案件以来，受理的涉外、涉港澳台商事执行案件数量呈现逐年快速增长的趋势，其中2019年238件，2020年455件，2021年685件，年均增长率超过50%。截至2022年8月31日，2022年收案数也已突破320件，超去年同期。经调研发现该类执行案件高效办结面临四重障碍，不利于首都营商环境优化。

一是网络执行查控系统功能不完善，涉外财产难查询。据统计，北京市第四中级人民法院受理的涉外、涉港澳台案件中60%以上的案件被执行人为非我国内地人员，且呈现当事人身份复杂、涉及国家地区众多等特点。因涉外被执行人特殊身份与当前网络执行查控系统不适配等因素影响，九成以上被执行人为非我国内地人员的案件无法通过线上系统查询到可供执行财产，财产查询难给该类案件执行带来较大阻碍。

二是部分被执行人利用“多重身份”消极对抗执行，执行措施被架空。因法院仅能查询到涉外、涉港澳台当事人在登记机关备案的合法、有效证件，实践中部分被执行人往往利用其持有的、不被法院掌握的证件，消极对抗执行，导致部分执行措施无法对其起到限制或震慑作用。如在一起案件中，法院在依法对某被执行人的香港居民往来内地通行证采取限制高消费措施后，其继续利用外国公民护照购买机票出行。

三是执行程序设计较烦琐，执行效率打折扣。对于出入境频率较高的

---

* 孙倩，北京市第四中级人民法院综合办公室副主任。

失信被执行人，采取限制出境措施的效果显著，但执行实践中采取限制出境措施不但要先查询被执行人证件信息及出入境记录，往往耗时15天以上，且其报批程序也较为烦琐。一方面，需填写《边控对象通知书》层报至市高院签署。另一方面，若被执行人涉及美、加等特定国家，还需提前将“三同步”工作方案层报至市高级人民法院多个部门进行审批，审批人员多达十人。经统计，该类案件中仅被执行人涉美国、加拿大的案件就占了近半数。此外，法院尚未与边检部门建立常态化沟通协调机制，办理限制出境的时长一般需2个月以上，执行效率大打折扣。

四是执行案款发还难、耗时长，外商权益保障受影响。受案款管理制度限制，目前法院执行案款只能发还至内地银行账户中，部分外籍、港澳台申请执行人因在内地无银行账户，只得特别授权其委托诉讼代理人、律所或与其有直接关联的企业代为收款。实践中，部分申请执行人无代理人或其代理人仅有一般授权，重新办理委托手续烦琐，往往导致无法代收案款或案款发还耗时较长，不利于外商权益保障。

建议：一是优化财产查控系统。通过技术手段重点解决被执行人特殊身份与当前网络执行查控系统不适配的问题，确保实现全方位查控被执行人财产。二是强化执行联动。与北京市出入境管理总队等建立执行联动机制，着力解决被执行人多重身份确认等问题，努力搭建线上查询当事人证件及出入境记录的信息化平台，为提高执行效率、更好发挥限制出境等执行措施的作用。三是优化案款发还流程。在立案阶段即向当事人送达《告知书》，明确案款领取具体流程要求，为当事人办理委托、公证等手续留足时间。同时，进一步简化代收案款所需手续材料，调动律所等受托主体的积极性，提高案款发还效率。